T0209637

1682

SAMMLUNG METZLER

REALIEN ZUR LITERATUR
ABT. D
LITERATURGESCHICHTE

ROBERT J. ALEXANDER

Das
deutsche
Barockdrama

MCMLXXXIV

J. B. METZLERSCHE VERLAGSBUCHHANDLUNG

STUTTGART

CIP-Kurztitelaufnahme der Deutschen Bibliothek

Alexander, Robert J.:
Das deutsche Barockdrama / Robert J. Alexander. –
Stuttgart : Metzler, 1984.
  (Sammlung Metzler ; M 209 : Abt. D, Literaturgeschichte)
  ISBN 978-3-476-10209-6

NE: GT

ISBN 978-3-476-10209-6
ISBN 978-3-476-03913-2 (eBook)
DOI 10.1007/978-3-476-03913-2

M 209

© Springer-Verlag GmbH Deutschland 1984
Ursprünglich erschienen bei J. B. Metzlersche Verlagsbuchhundlung
und Carl Ernst Poeschel Verlag GmbH in Stuttgart 1984

Inhalt

A. Einleitung 1

B. Ausländische Vorbilder; Übertragungen 20
   I. Das Trauerspiel 21
   II. Das Lustspiel 35
   III. Das Schäferdrama 45

C. Dramentheorie 49
   I. Einleitung 49
   II. Versuch einer Definition des Begriffs ›Drama‹ . 53
     1. Mimesisbegriff, Vers und Prosa; Unterschiede zu
       den anderen Gattungen 53
     2. Das formale Kriterium 55
   III. Definitionen der dramatischen Gattungen nach
      Stoff, Standesbereich, Stil und Wirkungen 59
     1. Das Trauerspiel 59
     2. Das Lustspiel 62
     3. Die gemischte Dramengattung: ›Tragikomödie‹ und
       ›Komikotragödie‹, ›Schäferspiel‹ und ›Allegorie‹ .. 64
   IV. Dramenkritik 66

D. Das deutsche Drama des 17. Jahrhunderts 71
   I. Die Dramengattungen 71
     1. Das neulateinische Drama der Protestanten 72
     2. Das neulateinische Schuldrama der Jesuiten und
       der Benediktiner 77
     3. Das Trauerspiel in Deutschland 90
     4. Das Lustspiel in Deutschland 112
     5. Das Schäferdrama in Deutschland 145
     6. Hoftheater/Festspiel; Oratorium; Singspiel/Oper 151
     7. Dramenproduktion; Autor, Verleger, Publikum . 168

E. Zur Wirkungsgeschichte des Barockdramas 179

Register 189

[Aikin: Drama] *Judith Popovich Aikin:* German Baroque Drama. 1982.

[Asmuth: Lohenstein] *Bernhard Asmuth:* Daniel Casper von Lohenstein. 1971 (M 97)

[Barner: Barockrhetorik] *Wilfried Barner:* Barockrhetorik. Untersuchungen zu ihren geschichtlichen Grundlagen. 1970.

[Benjamin: Ursprung] *Walter Benjamin:* Ursprung des deutschen Trauerspiels. 1963, ²1972.

[Brockpähler: Barockoper] *Renate Brockpähler:* Handbuch zur Geschichte der Barockoper in Deutschland. 1964.

Eckehard Catholy: Das dt. Lustspiel. Vom Mittelalter bis zum Ende der Barockzeit. 1969.

[Deutsche Philologie] Deutsche Philologie im Aufriß. 2. Aufl. 1957 ff.

Gerhard Dünnhaupt: Bibliographisches Handbuch der Barockliteratur. Hundert Personalbibliographien deutscher Autoren des siebzehnten Jh.s. 3 Teile. 1980–81.

Wilhelm Emrich: Deutsche Literatur der Barockzeit. 1981.

[Europäische Hofkultur] Europäische Hofkultur im 16. und 17. Jh. Vorträge und Referate gehalten anläßlich des Kongresses des Wolfenbütteler Arbeitskreises für Renaissanceforschung und des Internationalen Arbeitskreises für Barockliteratur [...], hrsg. von *August Buck, Georg Kauffmann, Blake Lee Spahr, Conrad Wiedemann.* 3. Bde. 1981.

[Europäische Kultur] Deutsche Barockliteratur und europäische Kultur, hrsg. von *Martin Bircher* und *Eberhard Mannack.* 1977.

[Europäische Tradition] Europäische Tradition und deutscher Literaturbarock, hrsg. von *Gerhart Hoffmeister.* 1973.

[Flemming: Kunstdrama] *Willi Flemming:* Das schlesische Kunstdrama, hrsg. und eingeleitet von W. F. 1930 (DLE RB: Barockdrama Bd. 1)

[Flemming: Ordensdrama] *Ders.:* Das Ordensdrama, hrsg. und eingeleitet von W. F. (DLE RB: Barockdrama Bd. 2)

[Flemming: Wanderbühne] *Ders.:* Das Schauspiel der Wanderbühne, hrsg. und eingeleitet von W. F. 1931 (DLE RB: Barockdrama Bd. 3)

[Flemming: Barockkomödie] *Ders.:* Die deutsche Barockkomödie, hrsg. und eingeleitet von W. F. 1931 (DLE RB: Barockdrama Bd. 4)

[Flemming: Oper] *Ders.:* Die Oper, hrsg. und eingeleitet von W. F. 1933 (DLE RB: Barockdrama Bd. 5)

[Flemming: Oratorium] *Ders.:* Oratorium und Festspiel, hrsg. und eingeleitet von W. F. 1933 (DLE RB: Barockdrama Bd. 6)

[Flemming: Festspiel] *Ders.:* Oratorium und Festspiel, hrsg. von W. F. 1933 (DLE RB: Barockdrama Bd. 6)

Karl Goedeke: Grundriß zur Geschichte der deutschen Dichtung. Bd. 2 und 3. 2. Aufl. 1886–87, n. 1975.

[Hammes: Zwischenspiel] *Fritz Hammes:* Das Zwischenspiel im deutschen Drama von seinen Anfängen bis auf Gottsched. 1911, n. 1977.

[Hankamer: Literaturgeschichte] *Paul Hankamer:* Dt. Gegenreformation und dt. Barock. Die dt. Literatur im Zeitraum des 17. Jh.s. 1935, ³1964.

[Holl: Geschichte] *Karl Holl:* Geschichte des deutschen Lustspiels. 1923, n. 1964.

[Handbuch] Handbuch des deutschen Dramas, hrsg. von *Walter Hinck.* 1980.

Walter Hinck: Das deutsche Lustspiel des 17. und 18. Jh.s und die italienische Komödie. 1965.

[Inszenierung] Inszenierung und Regie barocker Dramen. Vorträge und Berichte, hrsg. von *Martin Bircher.* 1976.

[Kaiser: Dramen] *Gerhard Kaiser* (Hrsg.): Die Dramen des Andreas Gryphius. Eine Sammlung von Einzelinterpretationen. 1968.

Erik Lunding: Das schlesische Kunstdrama. Eine Darstellung und Deutung. 1940.

[Mannack: Gryphius] *Eberhard Mannack:* Andreas Gryphius. 1968 (M 76)

[Martino: Rezeption] *Alberto Martino:* Daniel Casper von Lohenstein. Geschichte seiner Rezeption. Bd. 1 (1661–1800). 1978.

Ilse Pyritz: Bibliographie zur deutschen Literaturgeschichte des Barockzeitalters. Teil 2. 1980 ff.

[Reallexikon] Reallexikon der deutschen Literaturgeschichte. 2. Aufl. 1965 ff.

[Reichelt: Absolutismus] *Klaus Reichelt:* Barockdrama und Absolutismus. Studien zum deutschen Drama zwischen 1650 und 1700. 1981.

[Richter: Liebeskampf] *Werner Richter:* Liebeskampf 1630 und Schaubühne 1670. 1910 (Palaestra Bd. 77)

[Roloff: Drama] *Hans-Gert Roloff:* Neulateinisches Drama. In: Reallexikon Bd. 2. S. 645 ff.

[Schings: Gryphius] *Hans-Jürgen Schings:* Die patristische und stoische Tradition bei Andreas Gryphius. 1966.

[Schings: Consolatio] *Ders.:* Consolatio tragoediae. Zur Theorie des barocken Trauerspiels. In: Deutsche Dramentheorien, hrsg. von *Reinhold Grimm.* 1971. S. 1–44.

[Stachel: Seneca] *Paul Stachel:* Seneca und das deutsche Renaissancedrama. 1907 (Palaestra Bd. 46)

[Stadt – Schule . . .] Stadt – Schule – Universität – Buchwesen und die deutsche Literatur des 17. Jh.s, hrsg. von *Albrecht Schöne.* 1976.

[Schöne: Emblematik] *Albrecht Schöne:* Emblematik und Drama im Zeitalter des Barock. 1964, ²1968.

[Valentin: Théâtre] *Jean-Marie Valentin:* Le théâtre des Jésuites dans les pays de langue allemande. 3 Bde. 1978.

[Wiedemann: Barocksprache] *Conrad Wiedemann:* Barocksprache, Systemdenken, Staatsmentalität. Perspektiven der Forschung nach Barners ›Barockrhetorik‹. In: DIAfB 1. 1973. S. 21–51.

[Zu Epicharis] Zu Epicharis. Die Welt des Daniel Casper von Lohenstein, hrsg. vom Schauspiel Köln. 1978.

ADB	Allgemeine Deutsche Biographie
ADL	Ausgaben dt. Literatur des XV. bis XVIII. Jh.s
AfL	Archiv für Literaturgeschichte
AGB	Archiv für Geschichte des Buchwesens
Anm.	Anmerkung
Aufl.	Auflage
AULLA	Australasian Universities Language and Literature Association. Proceedings and Papers.
AUMLA	Journal of the Australasian Universities Language and Literature Association
Bd.	Band
BdK	Bibliothek deutscher Klassiker
CG	Colloquia Germanica
Ders.	Derselbe
Dtld.	Deutschland
DIAfB	Dokumente des Internationalen Arbeitskreises für Barockliteratur
Dies.	Dieselbe
Diss.	Philologische Dissertation
DLE RB/RA	Deutsche Literatur in Entwicklungsreihen, Reihe Barock/Reihe Aufklärung
DN (RB)	Deutsche Neudrucke (Reihe Barock)
DNL	Deutsche National-Literatur
dt.	deutsch
DVjs.	Deutsche Vierteljahrsschrift für Literaturwissenschaft und Geistesgeschichte
ebd.	ebenda
EG	Études Germaniques
Euph.	Euphorion
f., ff.	folgend(e)
FU	Freie Universität
GLL	German Life und Letters
GQ	German Quarterly
GRM	Germanisch-Romanische Monatsschrift
H.	Heft
HA	Hamburger Ausgabe
hrsg., Hrsg.	herausgegeben, Herausgeber
JEGP	Journal of English and Germanic Philology
Jh.	Jahrhundert
Kap.	Kapitel
LA	Leipziger Ausgabe (Lessing)
latein.	lateinisch
LJGG	Literaturwissenschaftliches Jahrbuch der Görres-Gesellschaft
LL	Lateinische Literaturdenkmäler des XV. und XVI. Jh.s

LVSt.	Bibliothek des Literarischen Vereins zu Stuttgart
M	Sammlung Metzler
Masch.	maschinenschriftlich
MLN	Modern Language Notes
MLR	Modern Language Review
MuK	Maske und Kothurne
n.	neu (gedruckt)
NdL	Nachdrucke deutscher Literatur des 17. Jh.s
Ndr.	Neudrucke deutscher Literaturwerke des 16. und 17. Jh.s
NF	Neue Folge
NS	Neue Serie/New Series
PH	Pädagogische Hochschule
Phil.-histor.	Philologisch-historische
PMLA	Publications of the Modern Language Association
Progr.	Programmschrift
PSMG	Publikationen der Schweizer Musikforschenden Gesellschaft
QuF	Quellen und Forschungen zur Sprach- und Kulturgeschichte der germanischen Völker
s.	siehe
S.	Seite
Sp.	Spalte
TuK	Text und Kritik
TWAS	Twayne's World Authors Series
u.	und
u. a. (m.)	und andere (mehr)
UB	Reclams Universalbibliothek
u. d. T.	unter dem Titel
Univ.	University
vgl.	vergleiche
WBN	Wolfenbütteler Barock-Nachrichten
z. B.	zum Beispiel
ZfdPh	Zeitschrift für deutsche Philologie
ZGO	Zeitschrift für die Geschichte des Oberrheins
Zs.	Zeitschrift

A. Einleitung

Bibliographien und Ausgaben

Durch das gleichzeitige Erscheinen Dünnhaupts *Bibliographisches Handbuch der Barockliteratur* (3 Teile, 1980–81) und Ilse Pyritz' *Bibliographie zur dt. Literaturgeschichte des Barockzeitalters* (bisher sind die ersten vier Faszikel des zweiten Teiles, A-Scr., erschienen), die den immer noch unentbehrlichen Goedeke (*Grundriß zur Geschichte der dt. Dichtung* Bd. 2 und 3) ergänzen sowie Franz Heiduks ›bio-bibliographischen Abriß‹ im Neudruck von Erdmann Neumeisters *De Poetis Germanicis* (1695, n. 1978), wird eine der wichtigsten Forschungslücken ausgefüllt. Hingegen ist der Mangel an (historisch-kritischen) Editionen noch zu bedauern, wenn auch das Drama im Gegensatz zum Barockroman besonders gut abschneiden mag.

In der zweiten Hälfte des 19. Jh.s galt das Interesse der Herausgeber den Sing- und Wanderspielen der englischen Komödianten, die in verschiedenen Textsammlungen veröffentlicht wurden, sowie kritischen Editionen der Dramen von Heinrich Julius, Herzog von Braunschweig (1855), Nicodemus Frischlin (*Dt. Dichtungen* 1857), Jakob Ayrer (1865) und vor allem Andreas Gryphius (1878–84), dessen beliebte (Lust-)Spiele in fast allen Nachdruckreihen vertreten sind. Erst um die Jahrhundertwende aber wurde eine Erweiterung des dramatischen Horizonts erreicht durch die Veröffentlichungen einzelner Autoren (Calaminus, Frischlin, Hospein, Hunnius, Rinckart, Rist, Schoch, Weise) und Dramenübersetzer (Spangenberg und Fröreisen) sowie durch die Herausgabe der Dramen Lohensteins und Weises in der Sammlung ›Dt. Nationalliteratur‹ oder der Stücke von Hayneccius, Hollonius, Reuter, Rinckart, Schottelius, Ferdinand II. von Tirol und Weise in der Reihe ›Neudrucke dt. Literaturwerke des XVI. und XVII. Jh.s‹. Zu den ›Latein. Literaturdenkmälern des XV. und XVI. Jh.s‹, die zwischen 1891 und 1912 herausgegeben wurden, gehören Stücke von Rouler und Frischlin.

Die Wiederentdeckung des Barock in den zwanziger Jahren führte – neben Flayder-, Günther- und Opitz-Ausgaben – zur Veröffentlichung bisher wenig beachteter dramatischer Gattungen (Ordensdrama, Oper, Festspiel, Oratorium) in der Sammlung ›Dt. Literatur in Entwicklungsreihen‹ (1930–33), darunter je ein Spiel von Avancini und Rettenpacher, und zum Nachdruck von Volksdramen aus dem süddt. Raum in derselben Reihe (1935–39). Die Wallenstein-Dramen der Neulateiner Narssius und Vernulaeus und Rhodes Geschichtsstück *Colignius* wurden 1933 von Johannes Bolte neu herausgegeben.

Erst nach dem Zweiten Weltkrieg gab es einen Neubeginn, der aber auch gelegentlich auf frühere Anregungen zurückgriff. Neu ediert wurden latein. Ordensdramen von Adolph, Avancini, Balde, Bidermann, Masen, Brecht und Gretser sowie die anonym erschienenen Volksstükke wie die Tiroler Fronleichnamsspiele, die Oberufener Weihnachtsspiele und das Villinger Passionsspiel, denen man einen literarischen Wert nicht von vornherein absprechen sollte.

Forschung

Dem Barockdrama, insbesondere den Theaterstücken von Lohenstein, standen die Aufklärer – mit wenigen Ausnahmen – ablehnend gegenüber (s. S. 181 ff.). Diese Antipathie war trotz des (geringen) Interesses der Romantik bis ins 19. und sogar ins 20. Jh. hinein zu spüren (z. B. W. Kahle: *Geschichte der dt. Literatur*, 3. Aufl. 1958, S. 123). Einen Wendepunkt in der Geschichte der Forschung markieren die Literaturgeschichten von Koberstein, Gervinus und Lemcke (der übrigens die erste Monographie über die dt. Barockliteratur verfaßte), die aufschlußreiche Informationen über die geistigen Hauptentwicklungen und führenden Köpfe des Barockdramas geben, wobei ständig auf den Vorrang Gryphius' hingewiesen wird. Der Nachdruck der Dramen von Heinrich Julius, Ayrer, den englischen Komödianten und vor allem Gryphius in der Palmschen Ausgabe führte neben zahlreichen Studien über die Quellen, fremden Einflüsse und neuzeitlichen Elemente zu den ersten bio-bibliographischen Monographien über Heinrich Julius, Weise, Haugwitz, Hallmann und Ayrer. Besonders zu erwähnen sind die wichtige Lohenstein-Biographie von C. Müller (1882) und die verdienstvolle Reuter-Biographie von F. Zarncke (1884–88).

Dieser Zeit entstammt auch Schletterers Gesamtdarstellung des Singspiels (1863), Bobertags Beitrag zum schlesischen Trauerspiel (1876) sowie die erste umfangreiche Darstellung des Barockdramas, in der R. Prölß (1883) auch weniger bekannte Dramatiker und Gattungen berücksichtigt. Das bis zu dieser Zeit fast völlig vernachlässigte Ordensdrama wurde erst durch K. von Reinhardstöttners bahnbrechende Studie (1889) erschlossen – es folgten bald danach die materialreichen Arbeiten von Bahlmann, Dürrwächter, Scheid und Duhr, dessen monumentale *Geschichte der Jesuiten in den Ländern dt. Zunge vom 16. bis zum 18. Jh.* (4 Bde., 1907–28) noch heute sehr von Nutzen ist. Auch mit den Beiträgen aus dem südt. Raum zum Volks- und Jesuitendrama befaßte sich J. Nadler in seiner *Literaturgeschichte der dt. Stämme und Landschaften* (1918), die die Namen vieler unbekannter Dramatiker ans Tageslicht förderte.

Der durch die Kunstgeschichte, erst nach dem Ersten Weltkrieg entstandenen Neuorientierung der Barockforschung verdankt das Drama wesentlich neue Impulse. J. Petersens Forderung nach der »Synthese von Drama und Theater« (S. 17), auch heute von kaum zu überschätzender Bedeutung, kam W. Flemming in seinem Buch *Andreas Gryphius und die Bühne* (1921) entgegen und korrigierte damit die Ansicht der Literaturhistoriker des 19. Jh.s, daß die Schlesier nur Lesedramen verfaßt hätten.

Aus derselben Zeit stammt K. Holls nach Epochen und Autoren eingeteilte Standardgeschichte des dt. Lustspiels (1923), sowie die geistesgeschichtlichen Studien von Flemming (1923), J. Müller (1930) und H.

Becher (1941), die neue Erkenntnisse zum Phänomen des Jesuitendramas vermitteln. Aus derselben geistesgeschichtlichen Perspektive schrieb Flemming in den Einleitungen zu seinen Dramenneudrucken (1930–33), P. Hankamer in seiner Literaturgeschichte (1935) und E. Lunding in seiner Gesamtdarstellung des schlesischen Kunstdramas (1940). Außerdem geben die zahlreichen theaterwissenschaftlichen Dissertationen aus diesem Zeitraum hilfreiche Hinweise auf sonst unbekannte Lokaldramatiker.

Obgleich W. Dilthey in dem Aufsatz ›Leibniz und sein Zeitalter‹ schon 1900 auf die Inkompatibilität des Barockdramas mit der griechischen Tragödie hingewiesen hatte (S. 59), wurde diese grundsätzliche Unterscheidung zwischen ›Tragödie‹ und ›Trauerspiel‹ erst nach dem Erscheinen von W. Benjamins *Ursprung des dt. Trauerspiels* (1928) von der Forschung übernommen, auch wenn Benjamins zeitbedingte Definition des Barocktrauerspiels als »säkularisiertes Mysterienspiel« inzwischen von H.-J. Schings [Gryphius] widerlegt worden ist.

Den Ansätzen zu einer Sozialgeschichte der Barockliteratur, wie sie in den Schriften von G. Müller (1929), E. Trunz (1931), E. Vogt (1932) sowie in vielen Dissertationen der dreißiger Jahre, die sich mit dem politischen Gehalt des schlesischen Trauerspiels befassen (z. B. Hildebrandts *Die Staatsauffassung der schlesischen Dramatiker im Rahmen ihrer Zeit* 1939), zum Ausdruck kommen, verdankt die moderne Barockforschung viele Anregungen. Das gilt auch für die Arbeiten von A. Baesecke und G. Fredén, deren Ergebnisse frühere Fehler aus dem Wege geräumt und wesentliche Beiträge zur Weitererforschung der Wanderbühnendramen geleistet haben. In diesem Kontext muß man ebenfalls auf O. Rommels Theatergeschichte (1952) hinweisen, die die Einwirkungen des Wiener Jesuitentheaters auf das Volksdrama bestätigt, und auf H. Kindermanns unentbehrlich gewordenes Nachschlagewerk *Theatergeschichte Europas* (Bd. 3 1959), das zahlreiche Informationen über wenig bekannte Dramenautoren enthält.

Schon in den fünfziger Jahren erschien eine kritische Edition von Lohensteins Dramen (hrsg. von K. G. Just, 1953–57), dann, seit 1963, die historisch-kritische Gryphius-Ausgabe von H. Powell und M. Szyrocki. Neben den in Anthologien vertretenen Dichtern (in erster Linie Gryphius, Lohenstein, Weise und Reuter) erschienen seit Mitte der sechziger Jahre die gesammelten Schriften von Brecht, Hallmann, Harsdörffer, Rist, Riemer, Sophie Elisabeth von Braunschweig, Spangenberg und Weise – sowie eine vierbändige Sammlung der Wanderbühnenstücke – in der Reihe ›Ausgaben Dt. Literatur des XV. bis XVIII. Jh.s‹. Editionen von Einzelwerken sind in Reclams Universal-Bibliothek vertreten (Gryphius, Hallmann, Heinrich Julius, Lohenstein, Reuter, Weise) oder in den Reihen ›Dt. Klassiker‹ (Gryphius, Reuter), ›Nachdrucke dt. Literatur des 17. Jh.s‹ (T. Brunner, Haugwitz, Schoch) und ›Schweizer Texte‹ (Wagner, Wetter). Trotz dieses scheinbaren Überflusses fehlen Neudrucke der Poetiken, der neulatein. protestantischen Dramen und der (späteren) Ordensdramen (Aler, Friz, Claus,

Neumayr), und das Jesuitendrama des frühen Barock ist auch nur dürftig vertreten. Erwünscht wären Gesamtausgaben der Dramen von Avancini, Masen und Rettenpacher sowie neue Ausgaben der Dramenbearbeitungen und -übersetzungen.

Mit Justs Lohenstein-Ausgabe (1953–57) und der Powell/Szyrocki Gryphius-Ausgabe wurde in der Forschung eine neue Ära eingeleitet. Hervorzuheben sind A. Schönes *Emblematik und Drama im Zeitalter des Barock* (1964), das die emblematische Grundstruktur des Barockdramas herausstellt, sowie die Aufsätze von F.-W. Wentzlaff-Eggebert (1963 ff.) und die Monographie von Schings, der die Tradition des christlich-stoischen Gedankenguts bei Gryphius untersucht. Seit 1961 befassen sich viele gedruckte Dissertationen und Habilitationsschriften mit Gryphius und der umstrittenen Figur Lohenstein. Eine Zusammenfassung der bis 1967 erreichten Forschungsergebnisse bietet M. Szyrockis Buch *Die dt. Literatur des Barock: Eine Einführung* (1968), das außerdem viele Anregungen zu speziellen Problemen enthält.

Mit H. Singers Forderung nach einer durch interdisziplinäre Arbeit zu verwirklichenden »synchronischen Analyse« (S. 57) und aus Unzufriedenheit mit der werkimmanenten Methode setzt um 1969 eine sozialgeschichtliche Neuorientierung der Barockforschung ein, die – schon seit 1960 in der marxistischen Kritik vorhanden (Hartmann, Kiesant) – auf Ansätze aus den dreißiger Jahren zurückgeht. W. Barners verdienstvolle Studie *Barockrhetorik* (1970), deren Resultate von der Forschung gemeinhin akzeptiert sind und die zu Einzeluntersuchungen (z. B. Zeller) geführt hat, beleuchtet den grundsätzlichen Zusammenhang von barokker Rhetorik und Dramatik. Eine zweite Richtung schlagen Monographien ein, die den politischen bzw. staatsrechtlichen Gehalt des Barockdramas untersuchen (Mulagk, Spellerberg, Szarota, Reichelt, M. Kaiser, Sorg). Diese gehen teilweise auf eine Anregung von C. Wiedemann zurück, der übrigens mit Recht die »auffällige Abstinenz in interpretatorischer Hinsicht« in den außerliterarischen Beiträgen im Sammelband [Stadt-Schule . . .] bedauert [Barocksprache S. 22]. Die sozialgeschichtlichen Studien von Szarota und Valentin haben eine Rehabilitierung des Jesuitendramas schon teilweise erzielt. Zuletzt zu erwähnen ist A. Martinos gründliche Arbeit *Daniel Casper von Lohenstein. Storia della sua ricezione. Bd. 1: 1661–1800* (1975, dt. 1978), die als Modell für weitere Rezeptionsgeschichten barocker Autoren gelten darf.

Bei dem heutigen Forschungsstand ist eine gerechte Würdigung der barocken Dramenproduktion kaum möglich. Nur wenige Bezirke und Dramatiker sind systematisch erforscht worden, und auch hier fehlen die Vorarbeiten, die eine Interpretation nach theologischen, juristischen, moralphilosophischen und anderen Gesichtspunkten ermöglichen würden. Auf den von Barner und Martino eingeschlagenen Bahnen bleibt auch noch vieles zu leisten, darunter eine Darstellung des halbdramatischen Schulactus im 17. Jh.

Es ist zu hoffen, daß die bis jetzt zu Unrecht vergessenen Barockdramatiker endlich auf ihre Kosten kommen werden. Besonders wünschenswert wäre eine Gesamtdarstellung der Beiträge der englischen Komödianten zum dt. Drama sowie eine Gesamtwürdigung des höfischen Dramas, des Schäferdramas, der Operntexte, des spätbarocken Ordensdramas und des neulatein. Dramas der Protestanten, für das sogar eine Bibliographie fehlt und man sich auf die unvollständigen Autoren- und Dramenverzeichnisse bei Goedeke (Bd. 2 S. 131 ff.), Grün-Riesel (S. 258 ff.), Bradner (S. 57 ff.) und Roloff (Drama S. 665 ff.) verlassen muß. Um die weitgehend negative Rezeption der neulatein. Literatur in der Literaturgeschichtsschreibung des 19. Jh. zu überwinden und um zu einer gerechteren Beurteilung der Funktionen der dt. Literatur und der internationalen Zusammenhänge zu gelangen, haben Wehrli (1976) und Hess mit Recht für eine Neubewertung (Hess S. 496) der Dramen der protestantischen Neulateiner plädiert.

Texte:

Die Schauspiele der englischen Komödianten, hrsg. von *Wilhelm Creizenach.* 1889, n. 1967, 1974 (DNL 23)

Barockdrama (1. Das schlesische Kunstdrama, 2. Das Ordensdrama, 3. Das Schauspiel der Wanderbühne, 4. Die dt. Barockkomödie, 5. Die Oper, 6. Oratorium, Festspiel), hrsg. von *Willi Flemming.* 1930–33, n. 1965 (DLE RB: Barockdrama Bd. 1–6)

Barocktradition im österreichisch-bairischen Volkstheater (1. Die Maschinenkomödie, 2. Die romantisch-komischen Volksmärchen, 3. Das parodistische Zauberspiel, 4. Besserungsstücke I, 5. Besserungsstücke II, 6. Die romantisch-komischen Original-Zauberspiele), hrsg. von *Otto Rommel.* 1935–39 (DLE RB: Barocktradition Bd. 1–6); Ergänzungsband: Danziger Barockdichtung, hrsg. von *Heinz Kindermann.* 1939.

Judith-Dramen des 16. und 17. Jh.s, hrsg. von *Martin Sommerfeld.* 1933.

Tiroler Umgangsspiele: Ordnungen und Sprachtexte der Bozner Fronleichnamsspiele [. . .], hrsg. von *Anton Dörrer.* 1957.

Das Zeitalter des Barock. Texte und Zeugnisse, hrsg. von *Albrecht Schöne.* 1963, ²1968.

Das Zeitalter des Barock, hrsg. von *Johannes Anderegg.* 1970.

Alpenländische Barockdramen. Kampf- und Tendenzstücke der Tiroler Gegenreformation, hrsg. von *Norbert Hölzl.* 1970.

Komödien des Barock, hrsg. von *Uwe-K. Ketelsen.* 1970 (RK 524–525)

Spieltexte der Wanderbühne. 4 Bde., hrsg. von *Manfred Brauneck.* 1970–75 (ADL)

Schriftwerke dt. Sprache. Bd. 2: Vom Humanismus zum Barock. 1972.

Die dt. Literatur. Ein Abriß in Text und Darstellung. Bd. 4: Barock, hrsg. von *Renate Fischetti.* 1975 (UB 9613)

Chrestomatija po nemeckoj literature XVII veka. Na nemeckom jazyke (Anthologie der dt. Literatur des 17. Jh.s), hrsg. von *E. V. Landa.* 1975.

Deutsche Dichtung des Barock, hrsg. von *Karl Pörnbacher*. 6. Aufl. 1979.

Johann Baptist Adolph: Judas Machabaeus (1702), Prallhansen (1707), hrsg. von Kurt Adel. In: K. Adel, Das Jesuitendrama in Österreich. 1957. – Philemon et Apollonius (1707), hrsg. von Franz Günter Sieveke. In: F. G. S., Johann Baptist Adolph. Studien zum spätbarocken Jesuitendrama. Diss. Köln 1965 [Masch.]

Johann Valentin Andreae: Turbo sive molesta et frustra per cuncta divagans ingenium (1616), übersetzt von Wilhelm Süß. 1907.

Anton Ulrich, Herzog von Braunschweig und Lüneburg: Iphigenia. Ein Singe-Spiel (1661), hrsg. und mit einem Nachwort von Bernhard Mewes. 1965 (Bibliophile Schriften 12). Werke. Historisch-kritische Ausgabe, hrsg. von Rolf Tarot. Bd. 1,1: Bühnendichtungen: Amelinde, Regier-Kunst-Schattten, Andromeda, Orpheus; Bd. 1, 2: Iphigenia, Selimena, Daniel, hrsg. von Blake Lee Spahr. 1982 (LVSt. 303–304)

Nikolaus Avancini: Pietas victrix, sive: Flavius Constantinus Magnus de Maxentio tyranno victor. In: Das Ordensdrama, hrsg. von Willi Flemming. 1930, n. 1965 (DLE RB: Barockdrama 2). – Programme von Avancinis Stücken, hrsg. von Jean-Marie Valentin. In: LJGG 12. 1971. S. 1 ff. – Nachdruck der Perioche zu Avancinis Sosa Naufragus. In: Jean-Marie Valentin, Zur Wiener Aufführung des Avancinischen ›Sosa Naufragus‹ (1643). In: Humanistica Lovaniensia 36. 1977. S. 220 ff.

Jakob Ayrer: Dramen, hrsg. von Adelbert von Keller. 1865, n. 1973 (LVSt. 76–80).

Jakob Balde: Jocus serius theatralis (1629), mitgeteilt von Jean-Marie Valentin. In: Euph. 66. 1972. S. 412 ff.

Jakob Bidermann: Ludi theatrales (1666). 2 Bde., hrsg. von Rolf Tarot (DN Reihe Barock 6–7). – Belisarius. Edition und Versuch einer Deutung, hrsg. von Harald Burger. 1966 (QuF NF 19). – Cenodoxus. Der Doktor von Pariß [Übersetzt von Joachim Meichel]. In: Das Ordensdrama, hrsg. von Willi Flemming. 1930 (DLE RB: Barockdrama 2). S. 47 ff. – Cenodoxus [Übersetzung von Joachim Meichel]. In: Dt. Dichtung des Barock, hrsg. von Edgar Hederer. 1954, ⁵1968. S. 267 ff. – Cenodoxus. Der Doktor von Paris. Mit einem Nachwort von Edgar Hederer. 1958. – Cenodoxus. Dt. Übersetzung von Joachim Meichel (1635), hrsg. von Rolf Tarot. 1965 (UB 8958–8959). – Cenodoxus. Abdruck nach den ›Ludi theatrales‹ (1666) mit den Lesarten der Kelheimer und Pollinger Handschrift, hrsg. von Rolf Tarot. 1963 (Ndr. NF 6). – Cenodoxus, hrsg. und ins Englische übersetzt von Denis Dyer. 1975 (Edinburgh bilingual library 9). – Macarius Romanus, hrsg. und eingeleitet von Jean-Marie Valentin. In: Humanistica Lovanensia 19. 1970. S. 365 ff. – Philemon Martyr. Latein. und dt., hrsg. und übersetzt von Max Wehrli. 1960.

Lewin Brecht: Euripis, hrsg. von Fidel Rädle (ADL: Latein. Ordensdramen des XVI. Jh.s)

Simon Dach: Poetische Wercke. Bestehend in Heroischen Gedichten, denen beygefüget zwey seiner verfertigten Poetischen Schau-Spiele (1696). 1970.

Barthold Feind: Das verwirrte Haus Jacob / Oder Das Gesicht der bestrafften Rebellion / An Stilcke (1708), hrsg. mit einem Nachwort von Georg Witkowski. 1927. – Masaniello (furioso) oder die neapolitanische Fischer-Empörung, hrsg. und für die Bühne eingerichtet von J. Rudolph und H. Richter 1968.

Ferdinand II. von Tirol: Speculum vitae humanae (1584), hrsg. und eingeleitet von Jacob Minor. 1889 (Ndr. 79–80).

Johann Rudolf Fischer: J. R. Fischers ›Letzte Weltsucht‹ und ›Dess Teuffels Tochter‹, hrsg. von August Holder. In: Bayerns Mundarten 1. 1892. S. 161 ff., 321 ff.

Friedrich Hermann Flayder: Ausgewählte Werke [Imma portatrix. Ludovicus bigamis], hrsg. und eingeleitet von Gustav Bebermeyer. 1925 (LVSt. 257–258).

Johann Leonhard Frisch: J. L. Frischs Schulspiel von der Unsauberkeit der falschen Dicht- und Reimkunst, hrsg. und eingeleitet von L. H. Fischer. 1890 (Schriften des Vereins für die Geschichte Berlins 26)

Nicodemus Frischlin: Dt. Dichtungen, theils zum erstenmal aus den Handschriften, theils nach alten Drucken, hrsg. von David Friedrich Strauß. 1857, n. 1969 (LVSt. 41). – Fraw Wendelgard, hrsg. von Alfred Kuhn und Eugen Wiedmann. 1908. – Julius redivivus, hrsg. von Walther Janell. Mit Einleitungen von Walther Hauff, Gustav Roethe, Walther Janell. 1912 (LL 19). – Frau Wendelgard. Eine dt. Komödie (1580), hrsg. und eingeleitet von Paul Rothweiler. Diss. Freiburg 1912.

Isaac Fröreisen: Griechische Dramen in dt. Bearbeitungen. Nebst dt. Argumenten hrsg. von Oskar Dähnhardt. 2 Bde. 1896–97 (LVSt. 211–212)

Christian Funcke: Das Görlitzer Weihnachtsspiel von 1667, mitgeteilt von Johannes Bolte. In: Mitteilungen der Schlesischen Gesellschaft für Volkskunde 16. 1914. S. 249 ff.

Johannes Geiger: Das St. Lambrechter Passionsspiel von 1606, hrsg. von P. Othmar Wonisch. 1957 (Veröffentlichungen des Österreichischen Museums für Volkskunde 11)

Johann Gottfried Gregorii: La Comédie d'Artaxerxès. Présentée en 1672 au Tsar Alexis par Gregorii le pasteur. Texte allemande et texte russe publiés par André Mazon et Frédéric Cocron. 1954.

Jakob Gretser: De regno Humanitatis Comoedia prima, hrsg. und erläutert von Anton Dürrwächter. Progr. Regensburg 1898. – Dialogus de sacrosancto eucharistiae sacramento factus Friburgi anno 1586, hrsg. von Emmanuel Scherer u. d. T.: Ein latein. Sakramentsspiel aus dem Jahr 1586 mit Bruder Klaus als Hauptzeugen. In: Festschrift zur neunten Jahrhundertfeier der Gründung des Benediktinerstiftes Muri-Gries 1027–1927. 1927. S. 117 ff. – Das Bruder-Klausen-Spiel des P. Jakob Gretser S. J. vom Jahre 1586, hrsg. von Emmanuel Scherer. 1928. – Jakob Gretsers ›Udo von Magdeburg‹ 1598. Edition und Monographie, hrsg. von Urs Herzog. 1970 (QuF NF 33)

Andreas Gryphius: Werke, hrsg. von Hermann Palm. 1878–1884, n. 1961 (LVSt. 138, 162, 171, 287). – Gesamtausgabe der dt.sprachigen Werke, hrsg. von Marian Szyrocki und Hugh Powell. 1963 ff. (Ndr. NF 9–12, 14, 15, 21, 23). – Werke in einem Band, hrsg. von Marian Szyrocki. 1973 (BdK). Für weitere Ausgaben siehe Marian Szyrocki, Der junge Gryphius, 1959, S. 155 ff. und Karl-Heinz Habersetzer, Bibliographie der dt. Barockliteratur. Ausgaben und Reprints 1945–1976. 1978 (DIAfB 5), Ilse Pyritz, Bibliographie zur dt. Literaturgeschichte des Barockzeitalters, 1980, S. 268 ff.

Johann Christian Günther: Die von Theodosio bereute Eifersucht, hrsg. von Wilhelm Krämer. 1937 (Sämtliche Werke Bd. 7; Separatdruck 1968)

Johann Christian Hallmann: Mariamne. Trauerspiel, hrsg. von Gerhard Spellerberg. 1973 (UB 9437–9439). – Theodoricus Veronensis. Mariamne, hrsg. von Gerhard Spellerberg (Sämtliche Werke Bd. 1, 1975; ADL [56]). – Sophia. Catharina. Liberata, hrsg. von Gerhard Spellerberg (Sämtliche Werke Bd. 2, 1980; ADL [57])

Melchior Harrer: Der verirrte Soldat oder: Des Glück's Probirstein. Ein dt. Drama des 17. Jh.s, hrsg. von Peter von Radičs. 1865.

Georg Phillipp Harsdörffer: Das älteste bekannte dt. Singspiel Seelewig (1644), hrsg. von Robert Eitner. In: Monatshefte für Musikgeschichte 13. 1881. S. 53 ff. – Das geistliche Waldgedicht, oder Freudenspiel, genant Seelewig. In: Die Oper, hrsg. von Willi Flemming. 1933 (DLE RB: Barockdrama 5). S. 85 ff. – Seelewig, hrsg. von Peter Keller mit einem Faksimiledruck der Ausgabe 1654. 1977 (PSMG Reihe 2, 29). – Frauenzimmer Gesprächspiele. Bd. 4, hrsg. von Irmgard Böttcher. 1968 (DN RB 16). – Das Schauspiel Teutscher Sprichwörter. Aus dem Frantzösischen mit zulässiger Freyheit übersetzt durch den Spielenden. 1964.

August Adolf von Haugwitz: Akt V von Maria Stuarda. In: C. Hofmann von Hofmannswaldau [. . .] hrsg. von Felix Bobertag. Um 1885 (DNL 36). S. 395 ff. – Schuldige Unschuld oder Maria Stuarda (1683), hrsg. und eingeleitet von Robert R. Heitner. 1974 (NdL 1)

Martin Hayneccius: Hans Pfriem oder Meister Kecks (1582), hrsg. von Theobald Raehse. 1882 (Ndr. 36). – Almansor, der Kinder Schulspiegel, hrsg. und eingeleitet von Otto Haupt. 1891 (Neudrucke pädagogischer Schriften 5)

Heinrich Julius, Herzog von Braunschweig und Lüneburg: Die Schauspiele, hrsg. von Wilhelm Ludwig Holland. 1855, n. 1967 (LVSt. 36). – Die Schauspiele, hrsg. von Julius Tittmann. 1880, n. 1979 (Dt. Dichter des 16. Jh.s 14). – Comoedia Hidbelepihal Von Vincentio Ladislao (1594). In: Das Drama der Reformationszeit, hrsg. von Richard Fröning. [1894] (DNL 22). – Tragoedia Hibeldeha Von einem Buler und Bulerin [. . .]. In: Das Schauspiel der Wanderbühne, hrsg. von Willi Flemming. 1931 (DLE RB: Barockdrama 3) S. 277 ff. – Von einem Weibe. Von Vincentio Ladislao. Komödien, hrsg. von Manfred Brauneck. 1967 (UB 8776–8777)

Ludwig Hollonius: Somnium vitae humanae (1605), hrsg. von Franz Spengler, 1891 (Ndr. 95). – Somnium vitae humanae. Drama. Text und Materialien zur Interpretation, hrsg. von Dorothea Glodny-Wiercinski. 1970 (Komedia 16)

Michael Hospein: Dido Tragoedia nova ex libris IV. prioribus Virgilianae Aeneidos (1591), hrsg. von W. H. D. Suringar u. d. T. Dido. Tragoedia ex segmentis priorum librorum Aeneidos [. . .] 1880.

Johann Hübner: Christ-Comoedia. Ein Weihnachtsspiel, hrsg. von Friedrich Brachmann. 1899, n. 1968.

Aegidius Hunnius: Iosephi comoediae (1584), hrsg. von Edward Schröder. 1898–99. – Ruth (1586), hrsg. von Edward Schröder. Progr. Marburg [1900]

Samuel Israel: Pyramus-Thisbe-Spiel (1606). In: Alfred Schaer, Drei dt. Pyramus-Thisbe-Spiele (1581–1607). 1911 (LVSt. 255)

»Japeta« (1643), hrsg. von Ferdinand Josef Schneider. 1927 [Harsdörffer zugeschrieben]

Christoph Kaldenbach: Babylonischer Ofen (1646), hrsg. von Wilfried Barner. 1977 (Auswahl aus dem Werk, Ndr. NF. Sonderreihe. 2)

Christian Keimann: Der neugeborne Jesus, den Hirten und Weisen offenbaret (1646), hrsg. von Paul.Markus. In: Neues Lausitzisches Magazin 112. 1936. S. 21 ff.

Johann Klaj der Jüngere: Freudengedichte Der seligmachenden Geburt Jesu Christi / Zu Ehren gesungen. In: Oratorium. Festspiel, hrsg. von Willi Flemming. 1933 (DLE RB: Barockdrama 6) S. 27 ff. – Redeoratorien und ›Lobrede der Teutschen Poeterey‹, hrsg. von Conrad Wiedemann. 1965 (DN RB [4]). – Höllen- und Himmelfahrt Jesu Christi (1644). In: Das Zeitalter des Barock, hrsg. von Albrecht Schöne. 2. Aufl. 1968. S. 303 ff.

Tobias Kober: Idea Militis Vere Christiani Tragoedia. Von des Rittermeßigen Heldens Christoffs von Zedlitz [. . .] (1607). In: G. Scheibelauer, Das dramatische Werk des Tobias Kober. Diss. Wien 1970. Bd. 2 [Masch.]

Thomas Kyd: Comoedia von Jeronimo, Marschalck in Hispanien. Das dt. Wandertruppen-Manuskript der Spanish Tragedy, hrsg. und erläutert von Willi Flemming. 1973.

Johann Heinrich Kydt: Comedy von den Siben Hertzenleid Mariae (1688), hrsg. und mit einem Nachwort von Iwar Werlen. 1976.

Daniel Casper von Lohenstein: Trauerspiele, hrsg. von Klaus Günther Just. 3 Bde. 1953–57 (LVSt. 292–294). – Agrippina (1665). In: Das Zeitalter des Barock, hrsg. von Albrecht Schöne. 2. Aufl. 1968. S. 577 ff. – Cleopatra. Sophonisbe, hrsg. von Wilhelm Voßkamp. 1968 (Rowohlts Klassiker. Dt. Literatur 27). – Cleopatra. Text der Erstfassung von 1661, besorgt von Ilse-Marie Barth und mit einem Nachwort von Willi Flemming. 1968 (UB 8950–8951). – Sophonisbe (1680), hrsg. von Rolf Tarot. 1970 (UB 8394–8396). Für frühere Ausgaben siehe Ilse Pyritz, Bibliographie zur dt. Literaturgeschichte des Barockzeitalters, 1980, S. 435.

Johann Matthäus Lüther: Die erbärmliche Belagerung und der erfreuliche Entsatz der Käyserlichen Residenz-Stadt Wien [. . .] (1683). In: Vier dramatische Spiele über die zweite Türkenbelagerung aus den Jahren 1683–1685, hrsg. von August Sauer, 1884. S. 1 ff.

Georg Lyttich: Miles Christianus (seu Lucta Christiana) (1586). Ein noch unbekanntes Drama, hrsg. von Karl Müller. In: Mitteilungen des Vereins für Geschichte der Deutschen in Böhmen 44. 1906. S. 340 ff.

Jakob Masen: Rusticus imperans. Deutsch: Der Schmied als König, übersetzt von Josef Grosser. 1947 (Amandus-Laienspiele 4). – ›Rusticus imperans‹ oder Der Schmied als König. Historisches Lustspiel in drei Akten, übersetzt und bearbeitet von Otto Leisner. 1948. – Rusticus imperans. Kritische Edition, hrsg. von Harald Burger in: LJGG 10. 1969. S. 53 ff. – [Rusticus imperans; Androphilus], hrsg. mit einer englischen Übersetzung von Michael Carlos Halbig. Diss. Yale Univ. 1975 [Masch.]

Johann Sebastian Mitternacht: Dramen (1662/67), hrsg. von Marianne Kaiser. 1972 (DN RB 22)

Moritz Landgraf von Hessen: Ein dramatischer Entwurf des Landgrafen Moriz von Hessen, besorgt von Edward Schröder. 1894.

Johannes Narssius: Gustav Adolf. In: Coligny, Gustav Adolf, Wallenstein. Drei zeitgenössische latein. Dramen von Rhodius, Narssius, Vernulaeus, hrsg. von Johannes Bolte. 1933 (LVSt. 280)

Johannes Nendorf: Asotus, ein Spiel vom Verlorenen Sohn, hrsg. und eingeleitet von Hans Gidion. 1958 (Beiträge zur Geschichte der Stadt Goslar 17)

Martin Opitz: Die Trojanerinnen (1625), hrsg. von George Schulz-Behrend. 1979 (Gesammelte Werke Bd. 2, Teil 2; LVSt. 301)

Georg Pondo (Pfund): Eine kurtze Comödien von der Geburt des Herren Christi, hrsg. und eingeleitet von Gottlieb Friedländer. 1839. – Das Berliner Weihnachtsspiel (1589), übertragen von A. Freybe. 1882. – Eine kurtze Comedien von der Geburt des Herren Christi. Anno 1589. In: Drei märkische Weihnachtsspiele des 16. Jh.s nebst einem süddt. Spiel von 1693, hrsg. von Johannes Bolte. 1926 (Berlinische Forschungen 1)

Christian Heinrich Postel: Der Grosse König der Africanischen Wenden Gensericus als Rom- und Kathagens Überwinder [. . .] (1693). In: Die Oper, hrsg. von Willi Flemming. 1933 (DLE RB: Barockdrama 5) S. 198 ff. – Die wunderbar-errettete Iphigenia / in einem Singe-Spiele. In: Die Oper, hrsg. von Willi Flemming. 1933 (DLE RB: Barockdrama 5) S. 255 ff. – (Aus) Die Schöne und Getreue Ariadne (1691). In: Das Zeitalter des Barock, hrsg. von Albrecht Schöne. 2. Aufl. 1968. S. 684 ff.

Wolfgang Caspar Printz: Praecedenz-Streit der Kunst-Pfeiffer und Spiel-Leute/In einer Spann-funckelneuen Comoedie vorgestellet von

Cotala, dem Kunst-Pfeiffer Gesellen (1691), hrsg. mit einem Nachwort von Arnold Schering. 1928.

Simon Rettenpacher: Innocentia dolo circumventa seu Demetrius Philippi Macedonum Regis filius Insidijs fratris Persei crudeliter peremptus. In: Das Ordensdrama, hrsg. von Willi Flemming. 1930 (DLE RB: Barockdrama 2) S. 304 ff.

Christian Reuter: Nicolaus Peuckers Wolklingende Paucke (1650–1675) und drei Singspiele Christian Reuters (1703 und 1710), hrsg. von Georg Ellinger. 1888 (Berliner Neudrucke 1,3). – Die ehrliche Frau nebst Harlequins Hochzeit– und Kindbetterinschmaus. – Der ehrlichen Frau Schlampampe Krankheit und Tod. Lustspiele von Christian Reuter (1695–96), hrsg. von Georg Ellinger. 1890 (Ndr. 90–91). – Graf Ehrenfried. Ein Lustspiel in drei Handlungen, hrsg. mit einem Nachwort von Georg Witkowski. 1911. – Werke. 2 Bde., hrsg. von Georg Witkowski 1916. – L'Honnête Femme Oder die Ehrliche Frau zu Plißine in Einem Lust-Spiele vorgestellet, und aus dem Französischen übersetzet von Hilario (1695). In: Die dt. Barockkomödie, hrsg. von Willi Flemming. 1931 (DLE RB: Barockdrama 4) S. 298 ff. – Graf Ehrenfried. Abdruck der Erstausgabe von 1700, hrsg. von Wolfgang Hecht. 1961 (Ndr. NF 2). – Werke in einem Band, ausgewählt und eingeleitet von Günter Jäckel. 1962, ³1968 (BdK). – Schlampampe. Komödien, hrsg. von Rolf Tarot. 1966, n. 1977 (UB 8712–8714).

Johann Daniel Richter: Freudenspiele am Hofe Herzogs Ernst des Frommen von Sachsen-Gotha und Altenburg, hrsg. und erläutert von Otto Devrient. In: Zs. des Vereins für thüringische Geschichte NF 3. 1883. S. 3–234.

Martin Rinckart: Der Eislebische Christliche Ritter. Ein Reformationsspiel (1613), hrsg. von Carl Müller. 1883 (Ndr. 53–54). – Eislebisch-Mansfeldische Jubel-Comödie (Indulgentarius confusus. 1618), hrsg. und eingeleitet von Heinrich Rembe. 1885. – Aus Martin Rinckhards Buch ›Monetarius seditiosus‹, mitgeteilt von R. Jordan. In: Mühlhäuser Geschichtsblätter 11. 1910/11. S. 30 ff.

Johann Rist: Das Friedewünschende Teutschland und Das Friedejauchzende Teutschland. Zwei Schauspiele (Singspiele), hrsg. und eingeleitet von Hans Michael Schletterer. 1864. – Gebrüder Stern und Ristens Depositionsspiel. Neudruck der ersten Ausgabe 1655, hrsg. von Karl Theodor Gaedertz. 1886. – Das Friedewünschende Teutschland. Ein Schauspiel aus dem Dreißigjährigen Kriege. In neuer Fassung, hrsg. von Heinrich Stümcke. 1915. – Aus Johann Rist, ›Perseus‹. Interscenium actus primi. In: Die dt. Barockkomödie, hrsg. von Willi Flemming. 1931 (DLE RB: Barockdrama 4) S. 340 ff. – Irenaromachia Das ist Eine Newe Tragico-comaedia Von Fried vnd Krieg Auctore Ernesto Stapelio [. . .] (1630). In: Oratorium. Festspiel, hrsg. von Willi Flemming. 1933 (DLE RB: Barockdrama 6) S. 141 ff. – Sämtliche Werke. Unter Mitwirkung von Helga Mannack und Klaus Reichelt, hrsg. von Eberhard Mannack. 1967 ff. (ADL)

Georg Rollenhagen: Spiel vom reichen Manne und armen Lazaro (1590), hrsg. von Johannes Bolte. 1929 (Ndr. 270–273). – Spiel von Tobias, hrsg. von Johannes Bolte. 1930 (Ndr. 285–287)

Ferdinand Rosner: Das Oberammergauer Passionsspiel in seiner ältesten Gestalt. Zum ersten Mal hrsg. von August Hartmann. 1880, n. 1968. – Bitteres Leiden. Oberammergauer Passionsspiel. Text von 1750, hrsg. von Otto Mauser. 1934 (LVSt. 282). – Passio nova. Das Oberammergauer Passionsspiel von 1750. Historisch-kritische Ausgabe, hrsg. mit einem Nachwort von P. Stephan Schaller OSB. 1974 (Geistliche Texte des 17. und 18. Jh.s 1)

Wolfgang (Marianus) Rot: Panis Eucharisticus indigne tractatus. Ein dt. Barockspiel aus dem Jahr 1621, hrsg. und eingeleitet von Josef Hermann Hess. 1927 (Schriften zur dt. Literatur 6)

Nicolaus Roth: Cunntz von Kauffungen. Komödie in fünf Acten (1585), hrsg. von Bruno Stübel. In: Mitteilungen der Dt. Gesellschaft zur Erforschung Vaterländischer Sprache und Alterthümer in Leipzig 7. 1881. S. 29 ff.

Joachim Schlue: Isaaks Opferung (1606). In: Albert Freybe, Altdt. Leben. Stoffe und Entwürfe zur Darstellung dt. Volksart Bd. 3. 1880. S. 361 ff.

Laurentius von Schnifis (Schnüffis): Die Liebes Verzweifflung (um 1655). In: Ruth Gstach, Johann Martin: Die Liebes Verzweiffelung. Neue Quellen zu Leben und Werk des Barockdichters Laurentius von Schnüffis. Diss. Innsbruck 1974 [Masch.]

Johann Georg Schoch: Comoedia vom Studentenleben, hrsg. und erläutert von W. Fabricius. 1892 (Auswahl litterarischer Denkmäler des dt. Studententhums). – Comoedia Vom Studenten-Leben (1657), hrsg. und eingeleitet von Hugh Powell. 1976 (NdL 16)

Justus Georg Schottelius (Schottel): Friedens Sieg. Ein Freudenspiel (1648), hrsg. von Friedrich Ernst Koldewey. 1900 (Ndr. 175)

Sophie Elisabeth, Herzogin zu Braunschweig und Lüneburg: Dichtungen. Bd. 1: Spiele, hrsg. von Hans-Gert Roloff. 1980 (Arbeiten zur Mittleren Dt. Literatur und Sprache 6)

Wolfhart Spangenberg: Singschul, hrsg. von A. Vizkelety. In: Euph. 58. 1964. S. 135–185. – Singschul, hrsg. von A. Vizkelety. 1971 (Sämtliche Werke Bd. 1; ADL). – Das Gericht Salomonis. Glückswechsel. Wie gerunnen so zerrunnen. Mammons Sold. Saul, hrsg. von A. Vizkelety und M. Bircher. 1975 (Sämtliche Werke Bd. 2; ADL). – Alcestis. Hecuba. Amphitruo. Aiax Lorarius, hrsg. von A. Vizkelety. 1979 (Sämtliche Werke Bd. 7; ADL). – Griechische Dramen in dt. Bearbeitungen, hrsg. von Oskar Dähnhardt. 1896 (LVSt. 211–212)

Norbert Theuerkauf: Epitome Caesaris Pietatis (1677). In: Gottlinde Schebach, Das dramatische Werk Norbert Theuerkaufs. Diss. Wien 1954 [Masch.] S. 35–120.

Nicolas de Vernulz (Vernulaeus): Henricus Octavus, ins Englische übersetzt und mit einer Einleitung von Louis Anthony Schuster. In:

Henricus Octavus by Nicolaus Vernulaeus: A Neo-Latin Drama Translated with an Introduction and Notes. Diss. Texas 1961 [Masch.], 1964.

›Villinger Passionsspiel‹ (1600), hrsg. von Anton Knorr. 1976.

Johannes Wagner: Dreikönigsspiel (1561), hrsg. von Norbert King. In: Jahrbuch für Solothurnische Geschichte 49. 1976. S. 45 ff. – St. Mauritius [und] St. Ursenspiel (1581), hrsg. von Heinrich Biermann. 1980.

Christian Weise: Sämtliche Werke, hrsg. von John D. Lindberg. Bd. 1 ff. 1971 ff. (ADL). Für weitere Ausgaben siehe Dünnhaupt S. 1847 f.

Josua Wetter: Karl von Burgund [und] Denkwürdiges Gefecht der Horatier und Curatier (1663), hrsg. von Helmut Thomke. 1980.

Literatur:

Bibliographien; Forschungsberichte

Friedhelm Kemp: Bibliographien zur dt. Barockliteratur. Versuch einer Übersicht und Kritik. In: Börsenblatt für den dt. Buchhandel 28. 1972. Sp. A 40–A 44 (Beilage ›Aus dem Antiquariat‹)

John D. Lindberg: Internationale Bibliographie der dt. Barockliteratur. Ein Bericht. In: CG 4. 1970. S. 110 ff.

Helmut G. Asper: Spieltexte der Wanderbühne. Ein Verzeichnis der Dramenmanuskripte des 17. und 18. Jh.s in Wiener Bibliotheken. 1975 (Quellen zur Theatergeschichte 1)

J. Bruckner: A Bibliographical Catalogue of 17th-Century German Books Published in Holland. 1971.

Klaus Bulling: Bibliographie zur Fruchtbringenden Gesellschaft. In: Marginalien 20. 1965. S. 3–110.

Gerhard Dünnhaupt: Bibliographisches Handbuch der Barockliteratur. Hundert Personalbibliographien dt. Autoren des siebzehnten Jh.s. 3 Teile. 1980–81 (Andreae, Anton Ulrich, Balde, Bidermann, M. Böhme, Bressand, Callenbach, Drexel, Greflinger, Gryphius, Günther; Hallmann, Harsdörffer, Haugwitz, Homburg, Klaj, Laurentius von Schnüffis, Lohenstein, Masen, Mitternacht, Opitz, Postel, Prasch; Reuter, Riemer, Rinckart, Rist, Gabriel u. Georg Rollenhagen, Schottelius, S. Schwarz, Stieler, Tscherning, Weise, Zigler und Kliphausen)

Emblemata. Handbuch der Sinnbildkunst des 16. und 17. Jh.s, hrsg. von *Arthur Henkel* und *Albrecht Schöne.* 1967, ²1976.

Curt von Faber du Faur: German Baroque Literature. A Catalogue of the Collection in the Yale University Library. 2 Bde. 1958 u. 1969.

Karl-Heinz Habersetzer: Bibliographie der dt. Barockliteratur. Ausgaben und Reprints 1945–1976. 1978 (DIAfB 5)

Harold Jantz: Catalogue and Guide to the Microfilm Edition of the Harold Jantz Collection of German Baroque Literature. 1973.

Wendelin Freiherr von Maltzahn: Dt. Bücherschatz des 16., 17. und 18. bis in die Mitte des 19. Jh. 1875, n. 1966.

Ingrid Merkel: Barock. 1971 (Handbuch der dt. Literaturgeschichte: Abt. 2, Bibliographien, Bd. 5)

Philip M. Mitchell: A Bibliography of 17th century German imprints in Denmark and the Duchies of Schleswig-Holstein. 3 Bde. 1969–76.

Erdmann Neumeister: De Poetis Germanicis, hrsg. von Franz Heiduk in Zusammenarbeit mit Günter Merwald. 1978.

Hans Pyritz: Bibliographie zur dt. Barockliteratur. in: Paul Hankamer, Dt. Gegenreformation und dt. Barock. 1935. S. 478–512.

Ilse Pyritz: Bibliographie zur dt. Literaturgeschichte des Barockzeitalters, begründet von Hans Pyritz, fortgeführt und hrsg. von Ilse Pyritz. Zweiter Teil: Fasikel 1 ff. 1980 ff.

Hermann Schüling: Bibliographischer Wegweiser zu dem in Dtld. erschienenen Schrifttum des 17. Jh.s. 1964.

Jean Marie Valentin: Beiträge zur Bibliographie des Jesuitentheaters. In: Daphnis 7. 1978. S. 155 ff.

Ders.: Nouvelle contribution à la bibliographie du théâtre des Jésuites (bibliothèques non allemandes. II.). In: Daphnis 7. 1978. S. 463 ff.

Wolfgang Bender: Herzog Anton Ulrich von Braunschweig-Wolfenbüttel. Biographie und Bibliographie zu seinem 250. Todestag. In: Philobiblon 8. 1964. S. 166–187.

Karl-Heinz Habersetzer: Auswahlbibliographie zu Andreas Gryphius. In: TuK 7/8. 1980. S. 113–128.

Reiner Bölhoff: Johann Christian Günther: 1695–1975; kommentierte Bibliographie, Schriftenverzeichnis, Rezeptions- und Forschungsgeschichte. Bd. 1. 1980 (Literatur und Leben NF 19)

Heinz Zirnbauer: Bibliographie der Werke Georg Philipp Harsdörffers. In: Philobiblon 5. 1961. S. 12–49.

Hans von Müller: Bibliographie der Schriften Daniel Caspers von Lohenstein, 1652–1748. In: Werden und Wirken. Ein Festgruß Karl W. Hiersemann zugesandt am 3. September 1924 zum siebzigsten Geburtstag [. . .] 1924. S. 184–261.

Gernot Uwe Gabel: Daniel Casper von Lohenstein. A bibliography. 1973.

Erich Trunz: Die Erforschung der dt. Barockdichtung. Ein Bericht über Ergebnisse und Aufgaben. In: DVjs. 18. 1940. Referatenheft. S. 1–100.

Erik Lunding: Stand und Aufgaben der dt. Barockforschung. In: Orbis Litterarum 8. 1950. S. 27–91.

Hugh Powell: Probleme der Gryphius-Forschung. In: GRM NF 7. 1957. S. 328–343.

Rolf Tarot: Literatur zum dt. Drama und Theater des 16. und 17. Jh.s: Ein Forschungsbericht (1945–62). In: Euph. 57. 1963. S. 411–422.

Henri Plard: Gryphiana. In: EG 19. 1964. S. 429 ff. In dt. Übersetzung von Ilse Keseling. In: TuK 7/8. 1965. S. 37 ff.

Erich Trunz: Entstehung und Ergebnisse der neueren Barockforschung. In: Dt. Barockforschung. Dokumente einer Epoche, hrsg. von Richard Alewyn. 1965. S. 449 ff.

Klaus Günther Just: Andreas Gryphius und kein Ende. In: Schlesien 10. 1965. S. 1–12. Neudruck in: Just, Übergänge, Probleme und Gestalten der Literatur. 1966. S. 115 ff.

Hans Hendrick Krummacher: Zur Kritik der neuen Gryphius-Ausgabe. In: ZfdPh. 84. 1965. S. 183 ff.

Manfred Brauneck: Dt. Literatur des 17. Jahrhunderts – Revision eines Epochenbildes. Ein Forschungsbericht 1945–1970. In: DVjs. 45. 1971. Sonderheft S. 378–468.

Peter Skrine: New light on Jesuit drama in Germany. In: GLL 34. 1981. S. 306 ff.

Darstellungen der Geschichte des Dramas

Eckehard Catholy: Das dt. Lustspiel. Vom Mittelalter bis zum Ende der Barockzeit. 1969.

Wilhelm Creizenach: Geschichte des neueren Dramas. Bd. 3. 2. Aufl. 1923.

Paul Fechter: Das europäische Drama. Geist und Kultur im Spiegel des Theaters. Bd. 1: Vom Barock zum Naturalismus. 1956.

Herbert Frenzel: Geschichte des Theaters. Daten und Dokumente 1470–1840. 1979.

Walter Hinck (Hrsg.): Handbuch des dt. Dramas. 1980.

Karl Holl: Geschichte des dt. Lustspiels. 1923, n. 1964.

Heinz Kindermann: Theatergeschichte Europas. 3 Bde. 1957–59.

Hans Knudsen: Dt. Theatergeschichte. 1959.

Hans-Albrecht Koch: Das dt. Singspiel. 1974 (M 133)

Otto Mann: Geschichte des dt. Dramas. 1963.

Julius Petersen: Das dt. Nationaltheater. 1919.

Robert Prölß: Geschichte des neueren Dramas. Bd. 3, Teil 1: Geschichte der dramatischen Literatur und Kunst in Dtld. von der Reformation bis auf die Gegenwart. 1883.

Otto Rommel: Die Alt-Wiener Volkskomödie: Ihre Geschichte vom barocken Welttheater bis zum Tode Nestroys. 1952.

Hans M. Schletterer: Das dt. Singspiel von seinen ersten Anfängen bis auf die neueste Zeit. 1863, n. 1975.

Benno von Wiese (Hrsg.): Das dt. Drama. Vom Barock bis zur Gegenwart. 2 Bde. 1958.

Klaus Ziegler: Das dt. Drama der Neuzeit. In: Dt. Philologie Bd. 2. Sp. 1997–2350.

Arbeiten zum deutschen Barockdrama

Judith Popovich Aikin: German Baroque Drama. 1982.

Robert John Alexander: The Execution Scene in German Baroque Drama. Diss. Wisconsin 1974 [Masch.]

Anna Baesecke: Das Schauspiel der englischen Komödianten in Dtld. Seine dramatische Form und seine Entwicklung. 1935 (Studien zur englischen Philologie 87)

Paul Bahlmann: Das Jesuitendrama der niederrheinischen Ordensprovinz. 1896.

Wilfried Barner: Barockrhetorik. Untersuchungen zu ihren geschichtlichen Grundlagen. 1970.

Hubert Becher: Die geistige Entwicklungsgeschichte des Jesuitendramas. In: DVjs. 19. 1941. S. 269 ff.

Walter Benjamin: Ursprung des dt. Trauerspiels. 1963, n. 1980.

Felix Bobertag: Die dt. Kunsttragödie des XVII. Jh. s. In: Archiv für Literaturgeschichte 5. 1876. S. 152 ff.

Leicester Bradner: The Latin drama of the Renaissance (1340 to 1640). In: Studies in the Renaissance 4. 1957. S. 31 ff.

Renate Brockpähler: Handbuch zur Geschichte der Barockoper in Dtld. 1964 (Die Schaubühne 62)

Anton Dürrwächter: Das Jesuitendrama und die literaturgeschichtliche Forschung am Ende des Jh. s. In: Historisch-Politische Blätter für das katholische Dtld. 124. 1899. S. 276–93, 346–64, 414–27.

Hans Emmerling: Untersuchungen zur Handlungsstruktur der dt. Barockkomödie. Diss. Saarbrücken 1961 [Masch.]

Willi Flemming: Geschichte des Jesuitentheaters in den Landen dt. Zunge. 1923.

Ders.: Die Auffassung des Menschen im 17. Jh. In: DVjs. 6. 1928. S. 403 ff.

Ders.: Einführung. In: Barockdrama, hrsg. von --. 1930–33, n. 1965 (DLE RB: Barockdrama 1–6)

Ders.: Drama und Theater des dt. Barock. In: Zs. für Deutschkunde 49. 1935. S. 458 ff.

Ders.: Das dt. Barockdrama und die Politik. In: Euph. 37. 1936. S. 218 ff.

Ders.: Dt. Kultur im Zeitalter des Barock. 1937.

Gustav Fredén: Friedrich Menius und das Repertoire der englischen Komödianten in Dtld. 1939.

Joseph E. Gillet: Über den Zweck des Dramas in Dtld. im 16. und 17. Jh. In: PMLA 32. 1917. S. 430 ff.

Elise Grün-Riesel: Das neulatein. Drama der Protestanten in Dtld. vom Augsburger Religionsfrieden bis zum Dreißigjährigen Krieg. Diss. Wien 1929 [Masch.]

Fawzy D. Guirguis: Bild und Funktion des Orients in Werken der dt. Literatur des 17. und 18. Jh.s Diss. Berlin (FU) 1972 [Masch.]

Fritz Hammes: Das Zwischenspiel im dt. Drama von seinen Anfängen bis auf Gottsched. 1911, n. 1977.

Horst Hartmann: Die Entwicklung des dt. Lustspiels von Gryphius bis Weise (1648–88). Diss. Postdam (PH) 1960 [Masch.]

Ders.: Die Wandlung des gesellschaftlichen Ideals in der dt. Literatur der Periode 1648–1688 dargestellt an der Gestaltung der Klassen im

Lustspiel dieser Zeit. In: Wissenschaftliche Zs. der PH Potsdam, gesellschaftliche und wissenschaftliche Reihe 9. 1965. S. 3 ff.

Günther Hess, Dt. Literaturgeschichte und neulatein. Literatur. Aspekte einer gestörten Rezeption. In: Acta Conventus Neo-Latini Amstelodamensis, 1973. 1979. S. 493 ff.

Heinrich Hildebrandt: Die Staatsauffassung der schlesischen Barockdramatiker im Rahmen ihrer Zeit. Diss. Rostock 1939.

Walter Hinck: Das dt. Lustspiel des 17. und 18. Jh.s und die italienische Komödie. 1965.

Sabine Horvath: Königtum und Tyrannei, Rebellion und Verschwörung als Themen im europäischen Drama, von der Spät-Renaissance bis zum Ende des siebzehnten Jh.s. Diss. City Univ. of New York 1975 [Masch.]

Marianne Kaiser: Mitternacht – Zeidler – Weise. Das protestantische Schultheater nach 1648 im Kampf gegen höfische Kultur und absolutistisches Regiment. 1972 (Palaestra 259)

Jürg Kaufmann: Die Greuelszene im dt. Barockdrama. Diss. Zürich 1968.

Knuth Kiesant: Konfliktgestaltung und Menschenbild in Andreas Gryphius' Trauerspiel ›Großmütiger Rechts-Gelehrter, oder Sterbender Aemilius Paulus Papinianus‹. Diss. Potsdam (PH) 1974.

Franciscus Lang: Abhandlung über die Schauspielkunst, übersetzt und hrsg. von Alexander Rudin. 1975.

Erik Lunding: Das schlesische Kunstdrama. Eine Darstellung und Deutung. 1940.

Helmut Meinhardt: Stoffe, Ideen und Motive im schlesischen Kunstdrama des 17. Jh.s. Diss. Rostock 1925 [Masch.]

Wolfgang Monath: Das Motiv der Selbsttötung in der dt. Tragödie des siebzehnten und frühen achtzehnten Jh.s (Von Gryphius bis Lessing). Diss. Würzburg 1956 [Masch.]

Conrad Müller: Beiträge zum Leben und Dichten Daniel Caspers von Lohenstein. 1882 (Germanistische Abhandlungen 1), n. 1977.

Johannes Müller: Das Jesuitendrama in den Ländern dt. Zunge vom Anfang (1555) bis zum Hochbarock (1665). 2 Bde. 1930.

Karl-Heinz Mulagk: Phänomene des politischen Menschen im 17. Jh. Studien zum Werk Lohensteins. 1973 (Philologische Studien und Quellen 66)

James Andrew Parente: Jr.: Martyr drama of the German Renaissance. Diss. Yale Univ. 1979 [Masch.]

Helmut Prang: Geschichte des Lustspiels von der Antike bis zur Gegenwart. 1968 (Kröners Taschenausgabe Bd. 278)

Fritz Reckling: Immolatio Isaac; die theologische und exemplarische Interpretation in den Abraham-Isaak Dramen der dt. Literatur insbesondere des 16. und 17. Jh.s. Diss. Münster 1962.

Klaus Reichelt: Barockdrama und Absolutismus. Studien zum dt. Drama zwischen 1650 und 1700. 1980.

Karl von Reinhardstöttner: Zur Geschichte des Jesuitendramas in München. In: Jahrbuch für Münchner Geschichte 3. 1889. S. 53 ff.

Hans-Gert Roloff: Neulatein. Drama. In: Reallexikon Bd. 2. S. 645 ff.

Julius Rütsch: Das dichterische Ich im dt. Barocktheater. 1932.

Nikolaus Scheid: Das latein. Jesuitendrama im dt. Sprachgebiet. In: LJGG 5. 1930. S. 1–96.

Hans-Jürgen Schings: Die patristische und stoische Tradition bei Andreas Gryphius. 1966.

Albrecht Schöne: Emblematik und Drama im Zeitalter des Barock. 1964, ²1968.

Dora Schulz(-Burkhardt): Das Bild des Herrschers in der dt. Tragödie vom Barock bis zur Zeit des Irrationalismus. Diss. München 1931.

Richard Sexau: Der Tod im dt. Drama des 17. und 18. Jh.s. 1906, n. 1976 (Untersuchungen zur neueren Sprach- und Literaturgeschichte 9)

Herbert Singer: Literatur, Wissenschaft, Bildung. In: Ansichten einer künftigen Germanistik, hrsg. von Jürgen Kolbe. 1969. S. 45–59.

Norbert Sorg: Restauration und Rebellion; die dt. Dramen Johann Sebastian Mitternachts. Ein Beitrag zur Geschichte des protestantischen Schuldramas im 17. Jh. 1980.

Gerhard Spellerberg: Verhängnis und Geschichte. Untersuchungen zu den Trauerspielen und dem ›Arminius‹-Roman Daniel Caspers von Lohenstein. 1970.

Elida Maria Szarota: Geschichte, Politik und Gesellschaft im Drama des 17. Jh. 1976.

Hans Tintelnot: Barocktheater und barocke Kunst: Die Entwicklungsgeschichte der Fest- und Theaterdekoration in ihrem Verhältnis zur barocken Kunst. 1939.

Egon Treppmann: Totengeister auf dem dt. Theater im Barock. Diss. Köln 1954 [Masch.]

Erich Trunz: Der dt. Späthumanismus um 1600 als Standeskultur. In: Zs. für Geschichte der Erziehung und des Unterrichts 21. 1931. S. 17 ff. Auch in: Dt. Barockforschung, hrsg. von Richard Alewyn. 1970. S. 147 ff.

Jean-Marie Valentin: Le théâtre des Jésuites dans les pays de langue allemande (1554–1680). 3 Bde. 1978.

Erika Vogt: Die gegenhöfische Strömung in der dt. Barockliteratur. Diss. Gießen 1932.

Wilhelm Voßkamp: Untersuchungen zur Zeit- und Geschichtsauffassung im 17. Jh. bei Gryphius und Lohenstein. Bonn 1967.

Irene Wanner: Die Allegorie im bayerischen Barockdrama des 17. Jh.s. Diss. München 1941 [Masch.]

Max Wehrli: Latein und Deutsch in der Barockliteratur. In: Akten des V. Internationalen Germanisten-Kongresses, Cambridge 1975. 1976. S. 134 ff.

Friedrich-Wilhelm Wentzlaff-Eggebert: Die dt. Barocktragödie. Zur Funktion von ›Glaube‹ und ›Vernunft‹ im Drama des 17. Jh.s. In: Wentzlaff-Eggebert: Belehrung und Verkündigung. 1975. S. 178 ff.

[Zuerst in: Formkräfte der dt. Dichtung vom Barock bis zur Gegenwart, hrsg. von Hans Steffen. 1963. S. 5 ff.]

Conrad Wiedemann: Barocksprache, Systemdenken, Staatsmentalität. Perspektiven der Forschung nach Barners ›Barockrhetorik‹. In: DIAfB 1. 1973. S. 21 ff.

Max J. Wolff und *A. Ludwig:* Von Ayrer bis Lessing. In: Das dt. Drama, hrsg. von Robert F. Arnold. 1925. S. 165 ff.

Friedrich Zarncke: Christian Reuter, der Verfasser des Schelmuffsky: Sein Leben und seine Werke. 1884.

Ders.: Christian Reuters Werke. In: Berichte. Akademie der Wissenschaften, Leipzig, Phil.-histor. Klasse 39. 1887. S. 44 ff.

Ders.: Graf Ehrenfried. In: Berichte. Akademie der Wissenschaften, Leipzig, Phil.-histor. Klasse 40. 1888. S. 71 ff.

Jakob Zeidler: Studien und Beiträge zur Geschichte der Jesuitenkomödie und des Klosterdramas. 1891.

Konradin Zeller: Rhetorik und Dramaturgie bei Christian Weise am Beispiel der dramatischen Disposition. In: Europäische Kultur S. 258–260.

In seinem bahnbrechenden *Buch von der deutschen Poeterey* (1624) erstrebte Martin Opitz eine Wiederbelebung der dt. Literatur, indem er mit den einheimischen literarischen Traditionen brach und einen Anschluß an die gesamteuropäische Renaissanceliteratur suchte. Als Vermittler neuer Formen, Stoffe und Techniken dienten die Übersetzungen antiker Dramen und zeitgenössischer Schauspiele aus dem Ausland. Von Opitz selbst stammen die Übertragungen zweier klassischer Trauerspiele: Senecas *Troades* (u. d. T. *Die Trojanerinnen* 1625), das Gottsched als »den ersten Versuch einer ordentlich eingerichteten Tragödie« pries (*Nöthiger Vorrath* Bd. 1, S. 184), und Sophokles' *Antigone* (1636). Ein weiteres Ziel der Übersetzungstätigkeit war eher sprachlicher Natur. Als erwünschenswert nennt Opitz »die eigenschafft vnd glantz der wörter, die menge der figuren, vnd das vermögen auch dergleichen zue erfinden« (*Buch* [. . .] S. 68). Die Verdeutschungen von Opitz und anderen Mitgliedern der Fruchtbringenden Gesellschaft trugen wesentlich zur Schaffung einer neuen dt. Kunstsprache bei. Das Nachahmen fremdländischer Vorbilder war damit Vorraussetzung für die Schöpfung eigener Werke.

An dieser Stelle soll auch darauf hingewiesen werden, daß das volkstümliche Drama – trotz der abschätzigen Meinungen tonangebender Literaturkritiker – nicht einfach von der Bühne verschwunden war. Während das Meistersinger-Drama des 16. Jh.s mit dem neu auftretenden Barockdrama immer noch konkurrierte, blieb das katholische Volksdrama im süddt. Raum von den Entwicklungen im Norden kaum berührt.

Außerdem soll nicht behauptet werden, daß es vor der Opitzischen Reform keine Dramenübersetzungen gab – man braucht hier nur an die rege Übersetzungstätigkeit (Straßburger) Schullehrer wie Georg Calaminus, Wolfhart Spangenberg, Isaac Fröreisen und Caspar Brülow am Anfang des 17. Jh.s zu denken. Neu ist aber bei Opitz der programmatische Versuch, die dt. Literatur und Sprache durch ausländische Vorbilder neuzubeleben und dabei die literarische Ebenbürtigkeit Dtld.s zu beweisen.

Text:

Martin Opitz: Buch von der deutschen Poeterey, hrsg. von Cornelius Sommer. 1970 (UB 8397–8398)

Literatur:

Ryszard Ligacz: Fremde Einflüsse auf das Kunstdrama der schlesischen Tragiker im 17. Jh. 1962 (Poznańskie Towarzystwo Przyjaciół Nauk. Prace Komisji Filologicznej, 21, 2)
Bruno Markwardt: Geschichte der dt. Poetik. Bd. 1: Barock und Frühaufklärung. 1937, ³1964.
Karl F. Otto: Die Sprachgesellschaften des 17. Jh.s. 1972 (M 109)

Ausgewählte Literatur zum dt. Drama des 15. und 16. Jh.s:

Heinrich Biermann: Die dt.sprachigen Legendenspiele des späten Mittelalters und der frühen Neuzeit. 1977.
Eckehard Catholy: Fastnachtspiel. 1966 (M 56)
Wilhelm Creizenach: Geschichte des neueren Dramas. ²1911-23.
Hugo Holstein: Die Reformation im Spiegelbild der dramatischen Literatur des 16. Jh.s. 1886.
Johannes Maassen: Drama und Theater der Humanistenschulen in Dtld. Diss. Bonn 1929.
Wolfgang F. Michael: Das dt. Drama und Theater vor der Reformation. Ein Forschungsbericht. Sonderheft zur DVjs. 47. 1973.
Hans Günther Sachs: Die dt. Fastnachtspiele von den Anfängen bis zu Jakob Ayrer. Diss. Tübingen 1957 [Masch.]
Schweizer Schauspiele des 16. Jh.s, hrsg. von *Jakob Baechthold.* 3 Bde. 1890–93.
Rudolf Schwartz: Esther im dt. und neulatein. Drama des Reformationszeitalters. 1898.
Wolfgang Stammler: Von der Mystik zum Barock. 1400 bis 1600. ²1950.
Arthur Ludwig Stiefel (Hrsg.): Hans-Sachs-Forschungen. 1894.
Derek Van Abbé: Drama in Renaissance Germany and Switzerland. 1961.
Elizabeth Wainwright: Studien zum dt. Prozessionsspiel. 1974.
Hans Wyß: Der Narr im schweizerischen Drama des 16. Jh.s. 1959.
Reckling: Immolatio Isaac (wie S. 17), *Roloff* (wie S. VII)

I. Das Trauerspiel

Die Antike

Nach Thomas Mann (1908) stellt das antike Drama keine Handlung im modernen Sinne dar, sondern »die pathetische Szene, den lyrischen Erguß, ein Handeln von etwas, mit einem Wort die Rede«. Monologe, Diskussionen, Analysen und Botenberichte sind, wie es Benjamin (S. 120 ff.) schon erkannt hat, die Regel. In dieser Hinsicht gilt das griechische Drama seit Alewyns *Antigone*-Aufsatz als vorbildlich für das Barock.

Trotz der Dramenübersetzungen der Straßburger und Opitz kann aber – abgesehen vom ersten Reyen (oder Chor) in Gryphius' *Leo Armenius* (entstanden 1646), der vermutlich dem ersten Stasimon in Sophokles' *Antigone* nachgestaltet ist (Barner S. 325 ff.) – von einem direkten Einfluß kaum die Rede sein. Als großes Vorbild für das barocke Trauerspiel gilt vielmehr der Römer Seneca, dessen Tragödien, von den Humanisten wiederentdeckt und seit 1487 dem dt. Publikum zugänglich, 1559 vom Theoretiker Julius Caesar Scaliger mit den griechischen Dramen gleichgesetzt wurden, um gegen Ende des Jh.s mit del Rios Ausgabe den absoluten Primat zu gewinnen. Als Senecas bestes Stück galt seit Joseph Scaliger und Daniel Heinsius die *Troades*, ein Stück, das Opitz später verdeutschte und damit den ersten Schritt zur Gründung des schlesischen Kunstdramas machte (Rademann S. 39).

Seneca, dessen Briefe im Barock u. d. T. *Verdeutschter Christlicher Seneca* (1648) herausgegeben wurden (Dünnhaupt Sp. 943), hatte auf Gryphius und Lohenstein einen so starken (unmittelbaren und mittelbaren) Einfluß, daß beide von ihren Zeitgenossen mit dem Ehrentitel ›Deutscher Seneca‹ gefeiert wurden (Plard S. 260). Zu einem Vergleich von Gryphius mit Seneca legte schon Gervinus die Grundsteine. Nicht nur der höchst rhetorische Stil des Römers, sondern auch seine stoischen Gestalten, seine Themen und die gelegentlichen Inszenierungen von Greueln auf offener Bühne fanden bei den Schlesiern Anklang. Diese Ansätze wurden dann von Stachel, dessen Seneca-Studie (1908) immer noch als das Standardwerk zu diesem Thema zu gelten hat, durch Einbeziehung anderer Barockdramatiker (Virdung, Opitz, Klaj, Lohenstein, Hallmann und Haugwitz) systematisch erweitert, wobei der Hauptakzent stets auf Seneca dem Tragiker lag.

Ergänzt wurde Stachels Untersuchung durch Plard (1964) und Lefebvre im Sammelband von J. Jacquot (1964), der den heutigen Forschungsstand zur Seneca-Rezeption im Barock glänzend darstellt. Plard konnte auf weitere strukturelle Ähnlichkeiten hinweisen; noch wichtiger aber war die Herausstellung des Einflusses des Moralphilosophen Seneca auf Gryphius und Lohenstein (Plard, Lefebvre). Daraus hat Schings den Schluß gezogen, daß Opitz schon vorher den Tragiker Seneca im Lichte des Seneca moralis gelesen haben mußte, und zwar durch die Vermittlung des neustoischen Philosophen Justus Lipsius (1547–1606), um dann zu einer Theorie der Tragödie zu gelangen, die auf eine konsolatorische Wirkung hinausläuft. Hingegen hat sich die Forschung bisher mit dem Bild des Seneca politicus kaum beschäftigt. Als erste haben Spellerberg und

Barner die Bedeutung des Seneca politicus für Lohenstein erkannt, wobei Barner auf die Vermittlerrolle des spanischen Philosophen Balthasar Gracián y Morales hingewiesen hat (S. 142 ff.).

Auch die Forscher des Ordensdramas haben angefangen, sich mit Seneca zu befassen. Sein Einfluß ist hier bekanntlich ebenso groß gewesen wie der auf das schlesische Kunstdrama. In Jakob Baldes *Jephthias* (1637) glaubt Valentin aber »die christliche Umfunktionierung des Hercules Oetaeus« (S. 57) zu erkennen, vor allem in der letzten Szene, die er als »eine heilige Parodie von Hercules' Himmelfahrt« (S. 59) verstanden haben will. Eine Untersuchung des Senekismus bei dem Tiroler Ordensdramatiker Nikolaus von Avancini steht noch aus (Wimmer S. 409, 413).

Bei allen Gemeinsamkeiten sollte man aber die Eigenständigkeit der christlichen Dramenproduktion im 17. Jh. nicht bezweifeln.

Literatur:

Richard Alewyn: Vorbarocker Klassizismus und antike Tragödie: Analyse der ›Antigone‹-Übersetzung des Martin Opitz. In: Neue Heidelberger Jahrbücher NF 1926. S. 3 ff. Reprint 1962 (Libelli 79)

Bernhard Asmuth: Lohenstein und Tacitus. Eine quellenkritische Interpretation der Nero-Tragödien und des ›Arminius‹-Romans. 1971.

Ders.: Lohensteins Quelle und Vorlagen für die Epicharis. In: Zu Epicharis S. 92 ff.

Wilfried Barner: Gryphius und die Macht der Rede. Zum ersten Reyen des Trauerspiels ›Leo Armenius‹. In: DVjs. 42. 1968. S. 325 ff.

Gerhard Dünnhaupt: Die Fürstliche Druckerei zu Köthen. In: AGB 20. 1979. Sp. 895 ff.

J. A. Gruys: The early printed editions (1518–1664) of Aeschylus. A chapter in the history of classical scholarship. 1981.

Joël Lefebvre: Lohenstein et Sénèque. In: J. Jacquot (Hrsg.), Les tragédies de Sénèque et le théâtre de la Renaissance. 1964. S. 261 ff.

Günter Overlack: Das Absolute als Sprachfigur in den Dramen von Gryphius und Seneca. Diss. Düsseldorf 1976.

Henri Plard: Notes sur Martin Opitz et les ›Troyennes‹ de Sénèque, in: T. Tacquot 1964, S. 231 ff.

Ders.: Sénèque et la tragédie d'Andreas Gryphius, ebd. S. 239 ff.

Otto Regenbogen: Schmerz und Tod in den Tragödien Senecas. In: Vorträge zur Bibliothek Warburg 7. 1927. S. 167 ff.

Frederick M. Rener: Martin Opitz, the translator: a second look. In: Daphnis 9. 1980. S. 477 ff.

Hans-Jürgen Schings: Seneca-Rezeption und Theorie der Tragödie. Martin Opitz' Vorrede zu den Trojanerinnen. In: Historizität in

Sprach- und Literaturwissenschaft, hrsg. von Walter Müller-Seidel. 1974. S. 521 ff.
Paul Stachel: Seneca und das dt. Renaissancedrama. 1907 (Palaestra 46)
Jean-Marie Valentin: Hercules moriens. Christus patiens. Baldes ›Jephthias‹ und das Problem des christlichen Stoizismus im dt. Theater des 17. Jh.s. In: Argenis 2. 1978. S. 37 ff.
Ruprecht Wimmer: Jesuitentheater: Didaktik und Fest. 1982.
Barner (wie S. VI), *Benjamin* (wie S. VI), *Spellerberg* (wie S. 18).

Die Jesuiten

Dank der hervorragenden Lateinkenntnisse des 17. Jh.s hatten es die Dramatiker nicht nötig, jesuitische Schuldramen ins Deutsche zu übersetzen. Zwar hat Johann Christian Günther de la Rues *Cyrus* 1714 als akademische Übung für die Schweidnitzer Schulbühne verdeutscht, aber später nicht veröffentlicht. In der Tat wurde nur eine bedeutende Übertragung eines Jesuitendramas gedruckt. Es handelt sich um Gryphius' *Beständige Mutter Oder Heilige Felicitas* (1657; nach Nicolas Caussin, *Felicitas,* 1621).

Trotz der geringen Übersetzungtätigkeit in diesem Bereich sind die Einwirkungen des Jesuitendramas auf Gryphius und seine Nachfolger seit Harrings Studie (1907) nicht mehr zu bestreiten. Außerdem hatte Gryphius zweifellos die Gelegenheit, Aufführungen jesuitischer Stücke in Glogau beizuwohnen, wenn auch nicht in benachbarten Städten wie Oberglogau, wo J. Meltzer von Friedberg seine dt.sprachigen Dramen auf die Bühne brachte (Hoffmann S. 26). Daß Gryphius, der in seinen Trauerspielen konfessionelle Fragen nicht berührt, die Dichtungen des Jesuiten L. Cellot bewunderte und daß er mit dem namhaften Gelehrten Athanasius Kircher freundschaftlich verbunden war, spricht ebenfalls für weitere Anregungen von seiten der Jesuiten.

Am deutlichsten treten diese Einwirkungen in der *Felicitas*-Übertragung und Gryphius' erstem Trauerspiel *Leo Armenius* zutage. Ihn faszinierte in erster Linie die Stoffwahl (Leidensgeschichte der Kirche in der Verfallzeit des römischen Reiches bzw. in der byzantinischen Geschichte), die Figuren (Märtyrer, Tyrannen und Intriganten) und Themen (stoische Weltverachtung, Weltgeschichte als Heilsgeschichte, Königsmord, triumphaler Untergang des aristokratischen Märtyrers samt metaphysischer Bestrafung des Tyrannen oder Intriganten). Neben der Märtyrer-Tyrannen-Grundstruktur (Benjamin S. 265) übernahm Gryphius viele (auch an Seneca und das Humanistendrama erinnernde) Formen (Monologe, Stichomythien) sowie die Bühnentechnik, durch die die Jesuiten sich auszeichneten. Allegorische Figuren, Magie- und Geisterszenen sind auch auf seiner Kulissenbühne zu finden. Seinem Geschichtspessimismus entsprach die düstere Atmosphäre von Caussins *Felicitas* (Boysse S. 345) sowie die Inszenierung der Greuel. Die Wirkungen, die Gryphius intendierte (prodesse-nützen, delectare-unterhalten, movere-erschüttern, consolare-trösten) stimmten im großen und ganzen mit den rhetorischen Zielen der Jesuiten überein.

In seiner Nachdichtung des *Felicitas* (Plard S. 327), die nach Harring auch Nachklänge an Baldes *Jephthias* enthält (S. 40 f.), läßt Gryphius selbstverständlich katholische Begriffe weg und barockisiert sogar Caussins Sprache durch die Hinzusetzung neuer, konkreter Bilder und pathetischerer Stilmittel (Plard S. 338). Daß Plard in dieser Übertragung lutherische Züge findet (S. 330), wird kaum überraschen und ist sowieso für die Übersetzungskunst des Barock zeittypisch. Von Gryphius kann man nicht erwarten, daß er Catharina von Georgien, die »eine bedeutende Steigerung der Felicitas-Figur« darstellt (Szarota S. 67), als eine katholische Märtyrerin beschreibt. Hingegen ist eine solche Haltung viel eher bei Hallmann zu vermuten, der zu einem noch nicht bestimmten Zeitpunkt zum Katholizismus übertrat und dessen Stück *Sophia* Caussins *Felicitas* vieles verdankt (Gabel S. 167 ff.).

Seit Erich Schmidt und Jakob Zeidler ist auch bekannt, daß Gryphius während eines Rom-Besuches im Jahr 1646 einer Aufführung von Joseph Simeons Tyrannendrama *Leo Armenus* hätte beiwohnen können. Als Replik auf dieses katholische Stück, das durch die Verherrlichung eines Aufstandes und des Königmordes seine lutherischen Gefühle vom monarchistischen Gottesgnadentum zutiefst verletzt hatte, verfaßte Gryphius ein eigenständiges Trauerspiel, in dem er neue Akzente setzte.

Von Gryphius' Nachfolgern ist nur bei Hallmann eine jesuitische Beeinflussung zu konstatieren. Das gilt nicht nur für die beiden Imitationen von Jesuitendramen (*Sophia* 1670 und *Liberata* 1700), sondern auch für Hallmanns Sujets und Figuren (Theodorus, Mauritius, Catharina von Aragonien, Heraclius) sowie für seine eklektische Bühnentechnik (darunter allegorische und schäferliche Elemente).

Im Gegensatz zu Anton Ulrich, der Avancinis Clodualdus-Stück (1647) als Vorlage zu seiner Abfassung der Oper *Die ver-*

störte Irmenseul (vor 1675) nahm, handelt der Zittauer Schulrektor Christian Weise, der die Poetik seines Jesuiten-Freundes Balbinus 1687 neu herausgab und dessen *Regnerus* von Johannes Messenius' Jesuitendrama *Swanhuita* beeinflußt wurde (Unwerth S. 244 ff.), mehr im Sinne Gryphius', indem er originelle Stücke schrieb, die als »Replik auf die [. . .] Jesuitendramen« (Szarota S. 104) gedeutet werden dürfen.

Literatur:

Ernest Boysse: Le théâtre des Jésuites. 1880.
Willi Flemming: Einführung zum Ordensdrama. 1930 (DLE RB: Barockdrama 2)
Gernot Uwe Gabel: Johann Christian Hallmann: Die Wandlung des schlesischen Kunstdramas am Ausgang des 17. Jh.s. Diss. Rice University 1971 [Masch.]. S. 167 ff.
Willi Harring: Andreas Gryphius und das Drama der Jesuiten. 1907.
Hermann Hoffmann: Vom Jesuitendrama in Oberglogau. In: Heimatblätter des Neißegaues 8. 1932. S. 26 f.
Kurt Kolitz: Johann Christian Hallmanns Dramen. Ein Beitrag zur Geschichte des dt. Dramas in der Barockzeit. 1911. S. 85 f.
Henri Plard: Beständige Mutter Oder Die Heilige Felicitas. In: Kaiser: Dramen S. 318 ff.
Wolf von Unwerth (Hrsg.): Christian Weises Dramen ›Regnerus‹ und ›Ulvilda‹. Nebst einer Abhandlung zur dt. und schwedischen Literaturgeschichte. 1914, n. 1977 (Germanistische Abhandlungen 46)
Max Wehrli: Andreas Gryphius und die Dichtung der Jesuiten. In: Stimmen der Zeit 175. 1964. S. 25 ff.
Benjamin: Ursprung, *J. Müller* (wie S. 17), *Stachel:* Seneca, *Szarota* (wie S. 18), *Zeidler* (wie S. 19).

Englische Komödianten

Die dt. Bearbeitungen englischer Dramen, die im Zeitraum 1586 bis 1660 im dt. sprachigen Raum von englischen Wandertruppen aufgeführt wurden, befinden sich in folgenden Sammlungen aus dem 17. Jh., die M. Brauneck 1975 u. d. T. *Spieltexte der Wanderbühne* neu erscheinen ließ:

Englische Comedien und Tragedien. 1620, ²1624 (redigiert von F. Menius – vgl. Fredén)
Liebeskampf. 1630.
Schaubühne englischer und französischer Comoedien. 1670.

Wenn Flemming die Bandenstücke der Komödianten als »eine wesentliche Voraussetzung zum Entstehen des dt. Dramas des 17. Jh. s« beschreibt (S. 351), dann meint er nicht so sehr den literarischen Wert dieser Nachahmungen von Shakespeare, Marlowe, Kyd, Massinger und anderen englischen Dramatikern (Cohn, Fredén) als die Beiträge der Engländer zur Schauspielkunst und zum dt. Theater. Ihre Beeinflussung des Dramas ist eher in einer Verschiebung des Akzents zu sehen. Auch wenn ihre verstümmelten Prosafassungen von Shakespeares Dramen als ziemlich belanglos für die Einführung des berühmten Engländers in Dtld. gelten müssen (Gundolf S. 47 f.), haben die Komödianten, die sich im dt. sprachigen Raum oft des Schutzes eines Landesfürsten erfreut haben, den Spielplan der damaligen dt. Bühne durch die Einführung am Hofe orientierter, weltlicher Stoffe, vor allem des Liebesthemas (Keiler S. 368), wesentlich bereichert (Fredén S. 408). Um das Stück noch verständlicher zu machen, wurde Prosa benutzt. Den Hauptakzent legte man auf Unterhaltung, da die »Players« letzten Endes auf die Gunst ihres jeweiligen Publikums angewiesen waren. In Übereinstimmung mit diesem Ziel wird die Rolle des Pickelhering oder Clowns und der Zwischenspiele (vgl. Hammes), die durch Musik, Tanz und etwaige Possen die Haupthandlung auflockern sollten, neu aufgewertet. Dem zeitgenössischen Geschmack zollten die Engländer weiter Tribut, indem sie entgegen dem klassischen Gebrauch alle Greueltaten in Szene setzten, was bei Heinrich Julius' Nero-Drama (1594) und Lohensteins *Epicharis* (1666) besonders zu merken ist (Lefebvre S. 265).

Dadurch und durch die Verwendung der Prosa und die Mischung von Tragik und Komik haben die Komödianten einen starken Einfluß auf die weltlichen Stücke von Heinrich Julius und Jakob Ayrer ausgeübt (Cohn), wobei die Verankerung dieser beiden Dramatiker, insbesondere der Ayrers, in der einheimischen Tradition des Hans Sachs nicht zu bestreiten ist (Wodick). In Ayrers Bearbeitungen englischer Stücke geht es vielmehr um eine Verschmelzung des Meistersingerdramas mit den neuen Vorbildern, die aber wirkungslos blieb (Keiler S. 368). Der Einfluß auf Johann Rist, Michael Kongehl, Caspar Stieler und Christian Weise erfolgte entweder direkt oder durch niederländische Vermittlung.

Die Schlesier haben sich nicht nur für das Pathos der Komödianten interessiert, sondern auch für den ›säkularisierten‹ Märtyrer- und Tyrannenstoff einer sich innerhalb der höfischen Gesellschaft abspielenden Handlung, die dem Publikum Trost gewähren sollte: »Not und Jammer des Gekrönten lassen das Leid des Bürgers klein erscheinen« (Flemming 1931 S. 16).

Literatur:

Robert J. Alexander: George Jolly [Joris Joliphus], der wandernde Player und Manager. Neues zu seiner Tätigkeit in Dtld. (1648–1660). In: Kleine Schriften der Gesellschaft für Theatergeschichte 29/30. 1978. S. 31 ff.

Anna Baesecke: Das Schauspiel der englischen Komödianten in Dtld.: Seine dramatische Form und seine Entwicklung. 1935.

Albert Cohn: Shakespeare in Germany in the 16th and 17th centuries. 1865.

Wilhelm Creizenach (Hrsg.): Die Schauspiele der englischen Komödianten. 1889, n. 1974 (DNL 23)

Christian Emmrich: Das dramatische Werk des Herzog Heinrich Julius von Braunschweig. Habilitationsschrift Jena 1964 [Masch.]

Willi Flemming: Englische Komödianten. In: Reallexikon Bd. 1, S. 345 ff.

Ders.: Haupt- und Staatsaktion, ebd. S. 619 ff.

Ders.: Einführung zum Schauspiel der Wanderbühne. 1931 (DLE RB: Barockdrama 3)

Reinhold Freudenstein: Der bestrafte Brudermord. Shakespeares ›Hamlet‹ auf der Wanderbühne des 17. Jh.s. 1939.

Friedrich Gundolf: Shakespeare und der dt. Geist. ⁷1923.

Emil Herz: Englische Schauspiele und englisches Schauspiel zur Zeit Shakespeares in Dtld. 1903.

Gerhart Hoffmeister: The English Comedians in Germany. In: German Baroque Literature: The European Perspective, hrsg. von --. 1981.

Günther Jontes: Zum Auftreten barocker Wandertruppen in Graz. Drei Neufunde von Szenarien der kurpfälzischen Hofkomödianten. In: Historisches Jahrbuch der Stadt Graz 9. 1977. S. 73 ff.

Otfried Keiler: Rezeptionsproblematik in den ›Englischen Comedien und Tragedien‹, Teil 1 (1620) und Teil 2 (1630). Untersuchungen zum Verhältnis von Wanderbühnenspiel und dramatischer Literatur am Beginn des 17. Jh.s in Dtld. Diss. Potsdam (PH) 1972 [Masch.]. Autorreferat in: Wissenschaftliche Zs. der PH Potsdam. Gesellschafts- und sprachwissenschaftliche Reihe 19. 1975. S. 367 f.

Arthur Harold John Knight: Heinrich Julius, Duke of Brunswick. 1948.

Dušan Ludvik: Zur Chronologie und Topographie der ›alten‹ und ›späten‹ englischen Komödianten in Dtld. In: Acta Neophilologica 8. 1975. S. 47–65; 95 f.

Orlene Murad: The English comedians at the Habsburg court in Graz 1607–08. 1978.

Lawrence Marsden Price: English-German literary influences. Bd. 2. 1920.

Werner Richter: Liebeskampf 1630 und Schaubühne 1670. 1910 (Palaestra 77)

Richard Schönwerth: Die niederländischen und dt. Bearbeitungen von Thomas Kyds ›Spanish Tragedy‹. In: Literarhistorische Forschungen 26. 1903.

Ingrid Werner: Zwischen Mittelalter und Neuzeit. Heinrich Julius von Braunschweig als Dramatiker der Übergangszeit. 1976.
Wilhelm Wodick: Jakob Ayrers Dramen in ihrem Verhältnis zur einheimischen Literatur und zum Schauspiel der englischen Komödianten. 1912.
Fredén (wie S. 16), *Hammes:* Zwischenspiel, *Lefebvre* (wie S. 23)

Holland

Senecas stoisches Gedankengut, vor allem in der christlichen Färbung des J. Lipsius, dessen Neustoizismus »zu einem Grundelement der barocken Lebens- und Gesellschaftsauffassung« (Oestreich S. 180) wurde, sowie seine dramatischen Strukturen und sein stark rhetorischer Stil wurden auch an die schlesischen Dramatiker durch das holländische Trauerspiel vermittelt.

Abgesehen von Opitz' *Trojanerinnen*-Übersetzung, die vielleicht auf eine Anregung des holländischen Theoretikers Heinsius zurückzuführen ist, und von seiner Einführung des Deutschen als Dichtungssprache und des Alexandriners als Hauptversart (Schönle S. 32), befaßt sich die Forschung in erster Linie mit dem Einfluß von Hollands führendem Tragiker, Jost van den Vondel (1587–1679), auf Gryphius. Ausgehend von Kollewijns und Stachels Untersuchungen, die aufgrund wörtlicher Übereinstimmungen, stilistischer und struktureller Ähnlichkeiten die Einwirkungen von Vondels *Maegden* (1639) auf *Catharina von Georgien* (1657), sowie die *Maria Stuarts* (1646) auf *Carolus Stuardus* (1657) und *Palamedes'* (1625) auf *Papinianus* (1659), und die von Hoofts *Geeraerdt van Velsen* (1613) auf *Leo Armenius* (1650), konnte als erster Flemming, der frühere Schlüsse korrigierte und vertiefte, den wahren Umfang von Vondels Einwirkung zeigen, wobei er, wie später Weevers, die Eigenständigkeit des dt. Dichters hervorhob. Seine Hinweise auf Vondels *Gysbregt van Aemstel* (1637) als Vorlage für die Magierszene in *Leo Armenius* und auf *Maria Stuart* als wichtiges Vorbild für *Catharina von Georgien* werden heute von der Literaturkritik gemeinhin akzeptiert.

In der Tat scheinen fast alle neueren Arbeiten auf Flemming zurückzugreifen. Von Interesse sind jetzt nicht so sehr die strukturellen, technischen und stilistischen Übereinstimmungen als die gedanklichen Affinitäten. Durch ihre religiöse Grundeinstellung sowie durch ihre politischen Anschauungen sind Vondel und Gryphius (und auch Hooft) eng miteinander verbunden, wie es die Studien von Schönle (S. 51), van Ingen (1978 S. 148 ff.) und Reichelt (S. 42) demonstriert haben. Es sei hier noch angemerkt, daß Jan Vos' *Titus en Aran* (1641) auch einen Nachklang im schlesischen Drama gefunden hat.

Übersetzungen aus dem Holländischen

Bis 1676 werden folgende Trauerspiele Vondels verdeutscht:

Andreas Gryphius: Die Sieben Brüder oder die Gibeoniter (entstanden 1641, gedruckt erst 1698;) nach Vondels De Gebroeders (1640).
David Elias Heidenreich: Die Rache zu Gibeon (1662); ebenfalls nach De Gebroeders.
Christoph Kormart: Maria Stuart oder gemarterte Majestät (1673); nach Vondels Maria Stuart (1646).
Constantin Christian Dedekind: Simson (1676); nach Vondels Samson (1660).

Obwohl er sich seiner Vorlage gegenüber »genau und fast pedantisch« (Plard S. 315) verhält, nimmt Gryphius in seiner »in Eil' gesetzten Dollmetschung« (so Christian Gryphius in der posthumen Herausgabe von 1698) gewisse Änderungen vor, die für das damalige Übersetzungsverfahren in Dtld. durchaus typisch waren: Konkretisierung der Bilder, Rhetorisierung der Sprache, Dialogisierung allzu langer Monologe und Hinzusetzung von Bühnenanweisungen und sogar von Szenen, die neue Akzente setzen. In einem im Original nicht vorhandenen Prolog, der auf eine Anregung Senecas zurückgeht (Plard S. 316 f.), legt Gryphius den Hauptakzent auf das Politische (van Ingen 1978 S. 151). Die Hervorhebung des Theatralischen und Politischen findet man gleichfalls in den Bearbeitungen der Leipziger Kormart und Heidenreich (van Ingen 1978 S. 136, 145), die eine Zwischenstellung zwischen Originaldrama und Übertragung einnehmen. Daß Kormart seine Vorlage »im protestantischen Geiste« (Szarota S. 80) umgearbeitet hat, scheint mir durchaus plausibel. Außerdem hat Kölmel (S. 41 ff.) die starke Einwirkung von Kormarts Bearbeitung auf Johann Riemers Maria Stuart-Drama *Von Staatseifer* (1681) nachweisen können, wobei Riemer die Titelgestalt nicht als Märtyrerin, sondern als Opfer rein politischer Intrigen darstellt (Reichelt S. 199). Daß Gryphius' Übertragung auch Heidenreich vorlag, ist neuerdings von Reichelt (S. 177) belegt worden. Ganz anders verfährt Dedekind mit Vondels *Samson*. Bei der Veroperung des Stückes geht die dramatische Struktur verloren (van Ingen 1978 S. 143).

Literatur:

Ulrich Bornemann: Anlehnung und Abgrenzung. Untersuchungen zur Rezeption der niederländischen Literatur in der dt. Dichtungsreform des 17. Jh.s. 1976.

Seymour L. Flaxman: Dutch-German Literary Relations: A Review of Research. In: Comparative Literature, hrsg. von Werner P. Friederich. 1959. S. 624 ff.

Willi Flemming: Vondels Einfluß auf die Trauerspiele des Andreas Gryphius. In: Neophilologus 13. 1928. S. 266 ff.; 14. 1929. S. 184 ff.

Heinz Haerten: Vondel und der dt. Barock. 1934.

Ferdinand van Ingen: Do ut des Holländisch-deutsche Wechselbeziehungen im 17. Jh. In: Europäische Kultur S. 72 ff.

Ders.: Die Übersetzung als Rezeptionsdokument: Vondel in Dtld. – Gryphius in Holland. In: Michigan Germanic Studies 4. 1978. S. 131 ff.

Ders.: Holländisch-deutsche Wechselbeziehungen in der Literatur des 17. Jh.s. 1981.

August Friedrich Kölmel: Johannes Riemer 1648–1714. Diss. Heidelberg 1914. S. 41–43.

Roeland Anthonie Kollewijn: Über den Einfluß des holländischen Dramas auf Andreas Gryphius. Diss. Leipzig 1887.

Irena Nowak: Deutsch-niederländische Beziehungen in der Literatur des 17. Jh.s. Forschungsstand. In: Germanica Wratislaviensia 36. 1980. S. 237 ff.

Gerhard Oestreich: Justus Lipsius als Universalgelehrter zwischen Renaissance und Barock. In: Leiden University in the Seventeenth Century, hrsg. von Th. Scheurleer und G. Posthumus Meyes. 1975.

Henri Plard: Die sieben Brüder Oder die Gibeoniter. In: Kaiser: Dramen S. 305 ff.

Clarence K. Pott: Holland-Germany Literary Relations in the 17th Century: Vondel and Gryphius. In: JEGP 47. 1948. S. 127 ff.

Lieven Rens: Over het probleem van de invloed van Vondel op de drama's van Andreas Gryphius. In: Handlingen van de Koninklijke Zuidnederlandse Maatschappij voor Taalkunde en Geschiedenis 20. 1966. S. 251 ff.

Gustav Schönle: Deutsch-niederländische Beziehungen in der Literatur des 17. Jh.s. 1968.

Peter Skrine: A Flemish model for the tragedies of Lohenstein. In: MLR 61. 1966. S. 64 ff.

Theodor Weevers: Vondel's influence on German literature. In: MLR 32. 1937. S. 1–23.

Lunding (wie S. VII) S. 44 ff., *Reichelt:* Absolutismus, *Szarota* (wie S. 18), *Stachel:* Seneca

Frankreich

Bis 1675 wurden vorzüglich Pierre Corneilles (römische) Trauerspiele in Prosa- und Opernfassungen verdeutscht:

Anton Ulrich, Herzog von Braunschweig-Wolfenbüttel: Andromeda (1659); nach Corneilles Andromède (1651).

Isaac Clauß: Der Cid. In: Teutscher Schau-Bühnen Erster Theyl (1655); nach Corneilles Cid (1637).

Tobias Fleischer: Polieyt. In: Erstlinge von Tragedien, Helden-Reimen, Vnd andern Tichtereyen (1666); nach Corneilles Polyeucte (1643).

Ders.: Cinna, ebd.; nach Corneilles Cinna (1640).

Georg Greflinger: Die Sinnreiche Tragi-Comoedia genannt Cid ist ein Streit der Ehre und Liebe (1650); nach Corneilles Cid (1637)

David Elias Heidenreich: Horatz oder Gerechtfertigter Schwester-Mord (1662); nach Corneilles Horace (1641).

Ders.: Mirame Oder Die Vnglück- und Glückseelig-verliebte Printzessin aus Bythinien (1662); nach J. Desmarets de Saint-Sorlins Mariamne (1640).

Christoph Kormart: Polyeuctus oder Christlicher Märtyrer (1669); nach Corneilles Polyeucte (1643).

Ders.: Die Verwechselte Printzen, Oder Heraclius und Martian unter dem Tyrannen Phocas (1675); nach Corneilles Héraclius (1647).

Trotz des großen Interesses an Corneille in der ersten Phase der barocken Verdeutschungen (1641–75) scheinen dessen Dramen eine eher minimale Einwirkung auf das schlesische Kunstdrama gehabt zu haben. Allgemein bekannt ist Gryphius' Kritik an der Liebesintrige im Märtyrerstück *Polyeucte* in der Vorrede zu *Leo Armenius.* Trotzdem hat Plard in einer Tirade des Michael Balbus im selben Stück einige Nachklänge an den *Cid* feststellen können (S. 244).

Ansonsten läßt sich für das Barocktrauerspiel eine ganze Reihe von französischen Quellen finden. Die Vorlage für Gryphius' *Catharina von Georgien* war die *Histoires tragiques de nostre temps* (1635) des Sieur de Saint-Lazare, die, zuerst von J. Liebe ermittelt, von Zýgulski eingehender untersucht wurde. Auch Lohensteins Trauerspielen und Haugwitz' *Soliman* (1684) liegen französische Anregungen bzw. Quellen zugrunde, wie Spellerberg und vor allem Asmuth überzeugend dargestellt haben. Nicht zu vergessen sind sowohl die Dramen von J. Mairet *(Sophonisbe* 1634), Tristan de l'Ermite *(La Mort de Sénèque* 1644; *Osman* 1656) und I. de Benserade *(La Cléopâtre* 1635), als auch die Romane und Prosawerke von J. Desmarets de Saint-Sorlin *(Ariane* 1632), P. Mascaron *La Mort et les dernières paroles de Sénèque* 1639), La Calprenède *(Cléopâtre* 1647–58), P. Ricaut *(L'Histoire de l'Estat present d'Empire Ottoman* 1670) und Mademoiselle de Scudéry *(Ibrahim ou l'Illustre Bassa*

1641, dt. 1645 von Philipp von Zesen). Für weitere Informationen sei hier auf Asmuths Realienbuch (S. 24–41) verwiesen.

Ebenfalls zur ersten Phase gehören die Bearbeitungen von Anton Ulrich, Kormart und Heidenreich. Sie repräsentieren den Versuch, Corneille einzudeutschen, d. h. an das schlesische Kunstdrama bzw. die Barockoper anzupassen. Eine systematische Untersuchung dieser Bearbeitungen liegt noch nicht vor.

Erst in der zweiten Phase (1690–1769) kommen Corneille und Racine zu ihrer Geltung, und bis zur Mitte des 18. Jh.s blieb das klassische Trauerspiel der Franzosen mustergültig sowohl für das dt. Drama der Protestanten als auch für das spätere Ordensdrama (Duhr Bd. 4, Teil 2, S. 76 ff.).

Die früheren Prosafassungen wurden gegen Ende des 17. Jh.s durch Versübertragungen Corneilles und Racines ersetzt, die den Vorlagen gerechter wurden und die Gottsched für seine Dramenreform als vorbildlich übernahm. Oder man zahlte dem höfischen Geschmack Tribut, indem man die französischen Dramen in Singspiele und Opern umfunktionierte. Da es in Dtld. am Anfang des 18. Jh.s keinen Dramatiker von Rang gab, mußten die Übersetzer dieses Manko wettmachen:

Anon.: Horatz (1690); nach Corneilles Horace (1641).
Friedrich Christian Bressand: Athalia (1694); nach Racines Athalie (1691).
Ders.: Regulus (1695); nach Pradons Régulus (1688).
Ders.: Rodogune Prinzessin aus Pathien (1691); nach Corneilles Rodogune (1647).
Ders.: Sertorius (1694); nach Corneilles Sertorius (1662).
Heinrich Elmenhorst: Polyeuct (1688); nach Corneilles Polyeucte (1643).
Christoph Fürer von Haimendorf: Cinna oder die Gültigkeit Augusti. In: Christliche Vesta und Irdische Flora (1702, [2]1728); nach Corneilles Cinna (1640).
Friedrich Erdmann Freiherr von Glaubitz: Horatius (1718); nach Corneilles Horace (1641).
Gottfried Lange: Der Cid (1699); nach Corneilles Cid (1637).
Catharina Salome Linck: Polyeuctus, ein Märtyrer (1727); nach Corneilles Polyeucte (1643).
Günther Christoph Schelhammer: Der große Alexander (1706); nach Racines Alexandre le Grand (1665).

Literatur:

Robert J. Alexander: Der Übersetzer Isaac Clauß (1613–1663?). Ein Calvinist zu Straßburg im 17. Jh. In: ZGO 123. 1975. S. 215 ff.
Bernhard Asmuth: Daniel Casper von Lohenstein. 1971 (M 97) S. 24 ff.

Ders.: Lohenstein und Tacitus. Eine quellenkritische Interpretation der Nero-Tragödien und des ›Arminius‹-Romans. 1971. S. 53 ff.

Heinz Degen: Friedrich Christian Bressand: Ein Beitrag zur Braunschweig-Wolfenbütteler Theatergeschichte. In: Jahrbuch des Braunschweigischen Geschichtsvereins NF 7. 1936. S. 73 ff.

Bernhard Duhr: Geschichte der Jesuiten in den Ländern dt. Zunge vom 16. bis zum 18. Jh. Bd. 4, Teil 2. 1928. S. 76 ff.

Werner Paul Friederich: German and French dramatic topics of the Seventeenth Century. In: Studies in Philology 34. 1937. S. 509 ff.

Frederick R. Lehmeyer: Anton Ulrichs ›Andromeda‹ und ihre Quelle. In: Europäische Tradition S. 259 ff.

K. Leopold: Andreas Gryphius and the Sieur de Saint-Lazare: A study of the tragedy ›Catharina von Georgien‹ in relation to its French source. In: Univ. of Queensland Papers 1. 1967. S. 190 ff.

Johannes Liebe: Die Deutung des Gotteswillens in der Religion und im Drama des Andreas Gryphius. Diss. Leipzig 1923 [Masch.]

F. H. Oppenheim: Der Einfluß der französischen Literatur auf die dt. In: Deutsche Philologie Sp. 1 ff.

Perceval Hugh Powell: Pierre Corneilles Dramen in dt. Bearbeitungen und auf der dt. Bühne bis zum Anfang des 19. Jh.s und deren Verhältnis zur zeitgenössischen Literatur in Dtld. Diss. Rostock 1939.

Gerhard Spellerberg: Eine unbeachtete Quelle zur ›Epicharis‹ Daniel Caspers von Lohenstein: In: Euph. 61. 1967. S. 143 ff.

Zdzisław Żyguĺski: Andreas Gryphius' ›Catharina von Georgien‹, nach ihrer französischen Quelle untersucht. Diss. Lemberg 1932.

Plard (wie S. 23), *Reichelt:* Absolutismus, *Spellerberg* (wie S. 18).

Italien

Die italienischen Einflüsse sind von der Forschung bisher nur ungenügend herausgearbeitet worden. Es handelt sich um sechs Übersetzungen bzw. Bearbeitungen aus dem Italienischen von Avancini, für den Cottone und Santi die Vorlagen liefern (Valentin 1978 S. 877 ff.) und um zwei Operntexte von Hallmann:

Heraclius (1684); nach N. Beregans L'Eraclio (1671).
Adelheid (1684); nach P. Dolfins Adelaide (1672).

Literatur:

Bernhard Asmuth: Die italienische Quelle von Lohensteins ›Ibrahim Sultan‹. In: Europäische Tradition S. 225 ff.
Kolitz (wie S. 26), *Valentin:* Théâtre.

Allgemeines

Im 17. Jh. hat es an Lustspielen im herkömmlichen Sinne gemangelt. Abgesehen von vereinzelten Komödien von Gryphius, Weise und vielleicht auch Reuter beherrschte das burleske Possenspiel die Bühne. Anregungen dafür entstammten nicht nur der einheimischen Tradition (Wodick), sondern vorzüglich auch den römischen Palliata des Plautus und vor allem Terenz (Günther, Francke), wobei der griechische Lustspieldichter Aristophanes, dessen Dramen von Nicodemus Frischlin und Hermann Flayder ins Lateinische übertragen wurden (Bebermeyer S. 169, 193) und dessen *Nubes* 1618 von Fröreisen verdeutscht wurde, eher von bescheidenem Einfluß war (Hille, vgl. auch Roloff S. 664 f., Elschenbroich S. 347). Vom Ende des 15. Jh.s bis ins 18 Jh. hinein hat man – sich insbesondere auf Luthers Empfehlung berufend – Terenz und etwas seltener Plautus ins Deutsche übertragen. Mit seiner eleganten Sprache, seiner frisch bewegten Dialogführung und seinen pointierten Wendungen lieferte Terenz eine »Schule des Stiles« (Flemming S. 24) und – im Gegensatz zum derberen, vitaleren Plautus, dessen Zitate auch oft übernommen wurden (Winniczuk Sp. 1053 f.), – ein »Lehrbuch der Moral« (Flemming S. 24). Diese Übersetzungen, die im 16. und 17. Jh. überwiegend für den Schulgebrauch bestimmt waren, wurden auch in den Bearbeitungen des Niederländers Cornelius Schonaeus (1541–1611), Johann Burmeisters (1621) und Justus von Dramsfelds (1701) moralisch gereinigt (Francke S. 70, Günther S. 57).

Außerdem wirkte die römische Komödie auf die dt. Dramenproduktion mittelbar über die europäischen Nationalliteraturen (England, Italien, Frankreich, Holland und Spanien) ein, die aber auch eigene Anregungen vermittelten. Diese gingen nicht so sehr von Übersetzungen aus, denn Gryphius' moralisierende (Lunding S. 81), aber sonst wortwörtliche Übersetzung (Schulze S. 339) des italienischen Sittenstücks *La Balia* (1560) von G. Razzi u. d. T. *Seugamme Oder untreues Haußgesinde (1663) blieb neben Georg Philipp Harsdörffers Übertragungen und Kormarts Bearbeitung von Thomas Corneilles Timocrate* wirkungslos, während die Molière-Übersetzungen von 1694 und 1695/96 nicht mehr auf das Barock einwirkten, sondern auf den frankophilen Gottsched und seinen Kreis. Dagegen haben die großen Komödiendichter (Shakespeare, Molière, Lope de Vega, Calderón), deren Werke fast bis zum ende des Jh.s nur in den groben Wanderbühnenfassungen – vor allem in den Sammlungen von 1620, 1630 und 1670 – bekannt waren, einen eher indirketen und kaum merkbaren Einfluß auf das dt. Lustspiel ausgeübt. Stoffliche Ähnlichkeiten sind hauptsächlich auf gemeinsame Quellen zurückzuführen.

Übersetzungen bzw. Bearbeitungen aus zeitgenössischen Fremdsprachen:

Wanderbühnentextsammlungen:

Englische Tragedien und Comedien (1620, ²1624; n. 1975, hrsg. von
M. Brauneck u. d. T. Spieltexte der Wanderbühne)
Liebeskampf oder ander Theil der englischen Comödien und Tragödien
(1630; n. 1975, ebd.)
Schaubühne Englischer und Französischer Comoedianten (1670;
n. 1975, ebd.)

Aus dem Französischen:

Georg Philipp Harsdörffer: Das Schauspiel Teutscher Sprichwörter. In:
Frauenzimmer-Gesprächsspiele Bd. 2 (1641); nach Graf Cramail, La
comédie des proverbes (1633).
Ders.: Melisa oder der Gleichnis Freudenspiel. In: Frauenzimmer-Gesprächsspiele Bd. 3 (1643); nach René Barry Sieur du Peschier, Comédie des comédies (1629).
Anon.: Der falsche Schein Oder die scheinbare Liebe (1670); nach P.
Scarron, La fausse apparence (1662).
Christoph Kormart: Der unbekannte Liebhaber, oder geliebte Feind Timocrates (1683); nach Thomas Corneille, Timocrate (1656).
J. E. P.: Derer Comoedien des Herrn von Molière königlichen Französischen Comoediantens ohne Hoffnung seinesgleichen (1694); angehängt G. M. Sieur de Brécourts L'ombre de Molière (1673).
Histrio Gallicus Comico-Satyricus sine exemplo oder die überaus anmuthigen und lustigen Comödien des [. . .] Herrn von Molière (1695,
4. Teil 1696; ²1700, ³1721).

Aus dem Italienischen:

Andreas Gryphius: Seugamme, Oder Untreues Haußgesinde (1663);
nach Girolamo Razzi, La Balia (1560).

Literatur:

Johannes Bolte: Molière-Übersetzungen des 17. Jh.s. In: Archiv für das
Studium der neueren Sprachen und Litteraturen 82. 1889. S. 81 ff.
Adalbert Elschenbroich: Imitatio und Disputatio in Nicodemus Frischlins Religionskomödie ›Phasma‹. Späthumanistisches Drama und aca-

demische Unterrichtsmethode in Tübingen am Ausgang des 16. Jh.s.
In: Stadt-Schule [. . .] S. 335 ff.
Willi Flemming: Einführung zur dt. Barockkomödie. 1931 (DLE RB:
Barockdrama 4) S. 24 ff.
Otto Francke: Terenz und die lateinische Schulkomödie in Dtld. 1877.
Otto Günther: Plautuserneuerungen in der dt. Literatur des XV. –
XVII. Jh.s. Diss. Leipzig 1886.
Curt Hille: Die dt. Komödie unter der Einwirkung des Aristophanes.
1907 (Breslauer Beiträge zur Literaturgeschichte 12)
Erik Lunding: Assimilierung und Eigenschöpfung in den Lustspielen
des Andreas Gryphius. In: Stoffe, Formen, Strukturen. Studien zur
dt. Literatur, hrsg. von Albert Fuchs und Helmut Motekat. 1962.
S. 80 ff.
Eberhard Mannack: Andreas Gryphius' Lustspiele. Ihre Herkunft, ihre
Motive und ihre Entwicklung. In: Euph. 58. 1964. S. 1 ff.
Joachim Schulze: Seugamme, Oder Untreues Haußgesinde. In: Kaiser:
Dramen, S. 339 ff.
Lidia Winniczuk: Bidermanns ›Belisarius‹ and the Neo-Latin Polish
anonymous ›Belisarius‹. In: Actus Conventus neolat. Amsteloda-
mensis. 1979. Sp. 1052 ff.
Bebermeyer (wie S. 7), *Brockpähler:* Barockoper, *Catholy:* Lustspiel,
Hinck: Lustspiel, *Holl:* Lustspiel, *Richter* (wie S. VII), *Roloff:* Dra-
ma, *Wodick* (wie S. 29).

Plautus und Terenz

Die in den Schulen vielgelesenen und auf der Schulbühne im-
mer wieder aufgeführten römischen Komödien – von Opitz und
Mitternacht hochgeachtet (Flemming S. 25) – gaben wertvolle
Anregungen für das dt. Barockdrama, aber kein kanonisches
Muster (Flemming S. 26). Entlehnt wurden nämlich nicht
Handlungsschemen, sondern die gut charakterisierten Figuren,
die Motive, die komischen Situationen und die Szenen. Zu den
Typen, die, auch durch die Vermittlung anderer europäischer
Literaturen, auf die deutsche eingewirkt haben, gehört die beliebte Gestalt des bramarbasierenden Hauptmanns oder miles
gloriosus mit dem sprechenden Namen Pyrgopolinices (bei Terenz Thraso; in anderen Ländern erscheint er unter dem Namen
Falstaff, Matamore, Capitano Spavento), die in Frischlins *Hil-
degardis* (1579, vgl. Neumeyer S. 19 ff.), bei Flayder als Bon-
compagnus (Bebermeyer S. 186), und im Ordensdrama erscheint (Francke S. 145, Pfanner S. 76) oder als Vorbild dient für
die leicht variierten Figuren des Vincentius Ladislaus (Heinrich
Julius von Braunschweig), Hans Knapkäse (in Rists *Perseus*
1634), Fierebras (Harsdörffers *Schauspiel der Teutschen Sprichwörter* 1641), Sausewind (Rists *Friedewünschendes Teutsch-*

37

land 1647), Horribilicribrifax (Gryphius), Alfanso (Weise) und Schelmuffsky (Reuter). Andere Typen, die bei Frischlin, Pontanus, Gretser, Bidermann, Andreae, Rhode, Birken, Masen und zahllosen anderen Barockdramatikern erscheinen, sind der Schmarotzer (Gnatho), der listige Diener (Dromo), die lustige Dirne (Erotion), der habsüchtige, neugierige Wirt, der alte Geizhals (Euclio), geile Väter und Söhne sowie junge, idealistische Liebespaare. Auf die Bedeutung eines Plautus-Zitats aus *Amphitruo* zum Verständnis der Religionskomödie *Phasma* als »eine dogmatische Travestie« hat schon Elschenbroich hingewiesen (S. 337, 361 f.).

Die verhinderte Wiedererkennung bzw. -vereinigung der Geliebten zählen neben der Sprachmengerei und dem Zwillings- oder Doppelgängermotiv aus Plautus' *Menaechmi* – nach Hinck »eines der fruchtbarsten Motive der abendländischen Komödienliteratur« (S. 20) – zu den Grundmotiven, die im barocken Lustspiel wieder auftauchen (z. B. in Gryphius' *Horribilicribrifax*). Diese Motive wie auch komische Szenen, darunter reine Schlemmer- und Luderszenen, erscheinen aber nicht nur im komischen Drama (z. B. Masens *Ollaria* – vgl. Scheid S. 41 f.), sondern auch im ernsten. Das gilt für Bidermanns Trauerspiel *Cenodoxus* (Tarot s. 24*) sowie für das Schuldrama im allgemeinen, speziell in den Gleichnissen vom Verlorenen Sohn und in den Knabenspiegeln (Catholy S. 95). Da aber solche Szenen die christlich-moralische Empfindlichkeit der Schullehrer kränken konnten, wurden sie gelegentlich weggelassen, was auch den Jesuiten erlaubte, Plautus ohne weiteres aufzuführen (Dittrich S. 90).

Literatur:

Paul Dittrich: Plautus und Terenz in Pädagogik und Schulwesen der dt. Humanisten. 1915.
Erich Neumeyer: Nicodemus Frischlin als Dramatiker. Diss. Rostock 1924 [Masch.] S. 19 ff.
Hildegard Pfanner: Das dramatische Werk Simon Rettenpachers. Diss. Innsbruck 1954 [Masch.]
Karl von Reinhardstöttner: Plautus. Spätere Bearbeitungen plautinischer Lustspiele. 1886.
George C. Schoolfield: Jakob Masen's ›Ollaria‹. Comments, suggestions and a resumé. In: Studies in the German drama. A Festschrift in honor of Walter Silz, hrsg. von Donald H. Crosby und ––. 1974. S. 31 ff.
Rolf Tarot: Nachwort des Herausgebers. In: Jakob Bidermann, Ludi theatrales 1666, hrsg. von ––. Bd. 2. 1967. S. 3* ff.

Bebermeyer (wie S. 7), *Catholy:* Lustspiel, *Flemming:* Barockkomödie, *Francke* (wie S. 36), *Günther* (wie S. 36), *Hinck:* Lustspiel.

England

Die englischen Komödianten (s. S. 26 ff.) haben als die ersten Berufsschauspieler vor allem auf das dt. Theater eingewirkt und nur zufällig auf das Drama, wobei der wahre Umfang ihres Einflusses sehr umstritten ist. In ihren groben Bearbeitungen leiteten sie die Prosa als dramatische Sprache ein, die dann in den (Lust-)Spielen von Heinrich Julius, Rist, Gryphius, Kormart Weise und Reuter verwendet wurde. Das Repertoire der vorwiegend von Predigtspielen beherrschten Bühne in Dtld. wurde durch diese bühnenmäßigen Dramatisierungen weltlicher Stoffe, darunter verballhornte Versionen von Shakespeare und anderen bedeutenden (englischen) Dramatikern, unter Betonung der ergötzlichen Komponente weitgehend erweitert. In dieser Hinsicht sind die Argumente von Cohn und Robertson, die in den Schauspielen von Heinrich Julius und vor allem von Jakob Ayrer eine starke shakespearesche bzw. englische Nachwirkung wahrzunehmen glaubten, inzwischen von Wodick widerlegt worden. In der Tat scheint Shakespeare, der erstmalig seit Morhof (1682) in Dtld. namentlich bekannt war, im Barock nur eine sehr bescheidene Rolle gespielt zu haben. Sein Rüpelspiel im *Sommernachtstraum* gab lediglich indirekt die Anregung zu Gryphius' Possenspiel *Peter Squentz* (1657) und Weises *Von Tobias und der Schwalbe* (1683). Das gleiche gilt für die *Zähmung einer bösen Sieben*, die Weises *Komödie von der bösen Catharina* (gedruckt 1883) als Vorlage gedient hat. Der Zittauer Schulrektor greift ebenfalls auf einen Wanderbühnentext zurück und kennt das Original nicht. Andere angebliche shakespearesche Einflüsse, auch bei Richter und Fredén verzeichnet, sind eher stofflichen Gemeinsamkeiten zuzuschreiben.

Weit wichtiger für die Geschichte des dt. Lustspiels ist die Figur des derb witzigen Narren, der vorzüglich in den Zwischenspielen erscheint, wo er sich der lokalen Mundart bedient (Rettler). Diese Figur, die schon vorher in der einheimischen Tradition existiert hatte, wurde durch die Professionalität der Komödianten frisch belebt (Holl S. 83). Der englische Narr, der »ein unvergleichlich hohes Maß an Vielseitigkeit und Durchschlagskraft« (Catholy S. 117) mit sich brachte, trug einen redenden, mit (dt.) Eßsitten verbundenen Namen (Bouset = posset, ein englisches Würzbier; Stockfisch, Pickelhering, Knapkäse, Potage = französisch für Suppe, Hans Wurst). Fast alle Clowns haben den Vornamen Jan oder Johann. Sie sind nach Catholy (S. 118) »Verteidiger der animalisch-vegetativen Sphäre«. Der Narr hat aber auch eine Entlarvungsfunktion, indem er als kluger Narr (Hofnarr oder Morio) und »moralische Korrektur des Helden« (Keiler S. 368) fungiert. Man findet ihn in beiden Rollen nicht nur in den Komödien von Heinrich Julius, Ayrer, Ludwig Hollonius (*Somnium vitae humanae* 1605), Kormart (*Timocrates* 1683) und Weise, sondern auch in den ernsten Dramen von Johann Nendorf (*Asotus* 1608) und Weise (*Masaniello* 1683). Daß der Narr seine komischen Effekte oft durch Dialekt erzielt – in Heinrich Julius' Lustspiel *Von einem Weibe* (1593) spricht er Platt – ist aber nichts Neues im dt. Lustspiel (Holl S. 82); er hat bloß die Funktion, die Gunst des in diesem Falle niederdt. Publikums zu gewinnen.

Auch in ernsthaften Stücken erscheint der Narr in den Zwischenspielen (Hammes). In diesen »kulturell bedeutsamen Genrestücken von köstlich-frischer Wirklichkeitszeichnung (Holl S. 92), die häufig zu einer Art Nebenhandlung ausgebaut wurden, gelangte man zu einer »Durchbrechung des Prinzips der Einigkeit der Handlung« (Holl S. 86) und dabei zu einer offeneren Dramenform. Das Interludium ersetzt den exegetischen Chor durch Musik, Tanz oder was immer dem Geschmack des Publikums gefiel, wobei das Unterhaltungsmoment noch stärker zur Geltung kam.

Die Abschwächung der moralisch-didaktischen Komponente und ein verfeinerter Geschmack ist auch in einer literarischen Grenzform, dem englischen Singspiel, das Catholy als »eine Sonderform des Lustspiels« (S. 138) beschreibt, zu merken. Als Vorbild für Melodie, Reimschema und Strophenbau galt das Singspiel *Der engelländische Roland,* das öfters nachgebildet wurde (z. b. Ayrers *Der Verlavrt Franziskus* 1598).

Literatur:

Helmut G. Asper: Hanswurst. Studien zum Lustigmacher auf dem dt. Theater im 17. und 18. Jh. 1980.
Roland Edighoffer: Un Faust rosicrucien. In: EG 20. 1965. S. 491 ff.
Horst Oppel: Englisch-deutsche Literaturbeziehungen. Bd. 1. 1971.
Aloysia Rettler: Niederdt. Literatur im Zeitalter des Barock. 1949.
Gilbert Waterhouse: The literary relations of England and Germany in the seventeenth century. 1914.
Baesecke (wie S. 16), *Cohn* (wie S. 28), *Fredén* (wie S. 16), Hammes: Zwischenspiel, *Holl:* Lustspiel, *Keiler* (wie S. 28), *Price* (wie S. 28), *Richter* (wie S. VII), *Wodick* (wie S. 29).

Italien

Der italienische Einfluß, der mit der Ankunft der Wandertruppen beginnt – schon 1568 ließen sie in Dtld. ihre Stegreifkomödien (Commedia dell'arte) über die Bretter gehen – erreichte einen Höhepunkt gegen 1700, als der Clownsname ›Harlekin‹ den englischen ›Pickelhering‹ allmählich verdrängte. Die Einwirkungen sind aber nicht nur auf die italienischen Truppen zurückzuführen, sondern auch auf die üblichen Italien- und Frankreichreisen der dt. Gelehrten, wobei die in Paris spielenden Italiener wohl eine Vermittlerrolle übernommen haben.

Die Hauptgestalten der Commedia dell'arte – der Arlecchino oder Clown, das Kammermädchen (Columbina), der Vater (Pantalone), der Arzt (Dottore), der Diener (Zanni) und der großsprecherische Hauptmann (Capitano), später auch in den Dienerstand versetzt (als Scaramuccio) –, die alle durch Kostüm, Gestik und Sprache fixiert waren (Catholy S. 113), dienten als Vorbilder oder tauchen sogar in dt. Lustspielen wieder auf. Plautus' Pyrgopolicines in der Maske des Capitanos (Cohn S. xlvi), der seine Improvisationskunst in einer Fecht- und Tanzszene zur Schau stellen muß, was nochmals auf die Commedia dell'arte als Quelle hinweist (Catholy S. 134), erscheint auf der dt. Bühne als Vincentius Ladislaus im gleichnamigen Stück von Heinrich Julius. Diese Capitano-Gestalt liefert auch das Vorbild für Gryphius' Horribilicribrifax. Die von Grimm, Tittmann und Hitzigrath stammenden Hinweise auf Ähnlichkeiten zwischen F. Andreinis Capitano Spavento und Horribili wurden in diesem Jh. von Mannack übernommen, der in einer Übersetzung von Rist eine indirekte Quelle sah. Da Hinck, der auf der richtigen Spur war, sich auf Textproben aus Pandolfis Anthologie (1957 ff.) beschränkte, blieb es Schlienger vorbehalten, Andreinis Dialogsammlung *Le Bravure del Capitano Spavento* (1607) als unmittelbare Quelle zu erschließen. Hier haben wir den »bewußten Versuch einer dt. Widerspiegelung der italienischen Capitano-Gestalt« (Dünnhaupt S. 135). Diese Figur läßt sich dann bis weit ins 18. Jh. hinein verfolgen (Hinck S. 130).

Im Zusammenhang mit dem Capitano erscheint oft der Harlekin, der – dem Pickelhering ähnlich – eine Entlarvungsfunktion hatte. Schon 1616 bringt ihn Johann Valentin Andreae im neulatein. Lustspiel *Turbo* auf die dt. Bühne (Schmidt S. 131), um die Gedanken und Handlungen der Titelgestalt zu parodieren (Hinck S. 94).

In den Rudolstädter Festspielen, deren Verfasser immer noch
unbekannt ist (Jakob Schwieger, Georg Bleyer oder Caspar
Stieler?), erscheinen weitere Typen der Commedia dell'arte: der
bombastische Diener Scaramutz, der alte Pantalone und das
Kammermädchen. Die Stücke selbst, 1665/67 entstanden, sind
»vorwiegend italienischer Herkunft« (Hinck S. 131) und gehen
entweder auf novellistische Quellen zurück *(Die erfreute Unschuld)* oder auf Dramen von F. Pallavicino *(Il Principe Herm-
aphrodite* 1640 für *Der vermeinte Printz)* und G. A. Cicognini
(La Moglie die quattro Mariti 1661 für *Ernelinde).* Der beliebte
Scaramutz erscheint in einer ganzen Reihe dt. Stücke aus der
zweiten Hälfte des 17. Jh.s (Kröbers *Der Christen Marter-Krohn
und Ehren-Thron* 1669; Hallmanns *Adonis und Rosibella* 1673;
Stielers *Bellemperie* 1680 und *Willmuth* 1680 – vgl. Höfer S. 164 f.,
Hinck S. 135, 415) und wird durch eine neue »höfische Politur
und Urbanität« (Hinck S. 132) gekennzeichnet. Auch die Liebeshandlung innerhalb des Dienerstandes, in der römischen Komödie nur angedeutet und erst mit der Commedia dell'arte zu voller
Entwicklung gebracht, konnte sich relativ früh auf der Barock-
bühne einbürgern (z. B. in Friedrich Hartwichs *Globus Fortunae*
1617 – vgl. Huff S. 30 f.). In den Festspielen läßt sich also »die
allgemeine Abkehr von der englischen und die Hinwendung zu
italienisch-französischen Mustern« erkennen (Hinck S. 135 f.).

Für den Schulrektor Weise war der Einfluß dagegen nicht so
stark ausgeprägt, denn dieser Eklektiker übernahm Motive und
Figuren aus allen europäischen Dramentraditionen. Im Lustspiel *Die verkehrte Welt* (1683) hat Scaramutz bloß eine Boten-
Funktion, während der Narr Allegro, der in *Masaniello* als Pa-
pagei in einem Käfig erscheint, an den Zanni und dessen tradi-
tionelle Papageisprache erinnert (Hinck S. 137).

Noch stärker breitet sich der Einfluß der Commedia dell'arte
in Dresden und Wien nach der Veröffentlichung von Gherardis
sechsbändiger Anthologie *Théâtre italien* (1700) aus. Vor allem
Johann Ulrich König und Christoph Henrici übernahmen für
Stücke wie *Die verkehrte Welt* (1725) und *Der Säuffer* (1726)
Figuren, Situationen, Motive und Possenwitze aus der Stegreif-
komödie (Hinck S. 142 ff.). Auf italienischen Einfluß geht möglicherweise »die Verknüpfung von Satire und Komik« zurück
(Hinck S. 164), die in Figuren wie Harlekin und Scaramutz ver-
körpert wird. Der Aufschwung des Interesses für die Commedia dell'arte parallelisiert den zunehmenden Einfluß des französischen Dramas Corneilles, Racines und Molières in der ersten
Hälfte des 18. Jh.s.

Literatur:

Albert Dessoff: Über spanische, italienische und französische Dramen in den Spielverzeichnissen dt. Wandertruppen. In: Zs. für vergleichende Literaturgeschichte NF 4. 1891. S. 1–16.

Ders.: Über englische, italienische und spanische Dramen in den Spielverzeichnissen dt. Wandertruppen. In: Studien zur vergleichenden Literaturgeschichte 1. 1901. S. 420 ff.

Gerhard Dünnhaupt (Hrsg.): Nachwort. In: Andreas Gryphius, Horribilicribrifax Teutsch, hrsg. von ––. 1979. (UB 688)

Günther Hansen: Die Formen der Commedia dell'arte in Dtld. im 17. und 18. Jh. [soll 1984 erscheinen]

Walter Hinck: Gryphius und die italienische Komödie. Untersuchungen zum Horribilicribrifax. In: GRM NF 13. 1963. S. 120 ff.

Conrad Höfer: Die Rudolstädter Festspiele aus den Jahren 1665–7 und ihr Dichter. 1904 (Probefahrten 1)

Steven Huff: Friedrich Hartwich's ›Globus Fortunae‹: A drama manuscript in the Herzog August Bibliothek, Wolfenbüttel. M. A. Thesis Arizona State University 1982.

Artur Kutscher: Die Commedia dell'Arte und Dtld. 1955.

Hellmuth Petriconi und *Walter Papst:* Einwirkungen der italienischen auf die dt. Literatur. In: Dt. Philologie S. 107 ff.

Rudolf Rieks, Wolfgang Theile, Dieter Wuttke: Commedia dell'arte. Harlekin auf den Bühnen Europas. 1981.

Armin Schlienger: Das Komische in den Komödien des Andreas Gryphius. 1970.

Erich Schmidt: Zur Vorgeschichte des Goetheschen Faust. III. Johann Valentin Andreae. In: Goethe-Jahrbuch 4. 1883. S. 127 ff.

Catholy: Lustspiel, *Cohn* (wie S. 28), *Mannack* (wie S. 37).

Frankreich

Seit etwa der Mitte des 17. Jh.s spielten an dt. Fürstenhöfen französische Truppen, deren Spielpläne (vgl. Stelz) öfters von dt. Prinzipalen (Johannes Velten, Andreas Elenson) übernommen wurden. Für den Zeitraum vor 1670 hatte man lediglich den Einfluß von Philipp Quinaults Stück *Le fantôme amoureux* (1662) konstatieren können, wobei es sich nicht um eine Übersetzung handelte (Flemming S. 27), sondern um eine eigenschöpfige Bearbeitung von Gryphius mit dem Titel *Das verlibte Gespenst* (1660), die der Vorlage, neben der Titelgebung, nur einige Themen, Motive und Situationen entnahm (Jungandreas S. 5, Lunding S. 91 ff.). Seit dem Erscheinen der *Schaubühne* (1670) hat auch Molière, dessen Einwirkung auf das dt. Barockdrama bisher nur oberflächlich untersucht worden ist, einen deutlichen Einfluß gehabt. Die Wanderbühnenfassungen seiner

Komödien stellten aber nur »eine rein technische Anregung« (Flemming S. 29) für die sächsischen Dramatiker Weise (Holl S. 112) und Reuter dar. Vereinzelte Motive, Situationen und Figuren tauchten in Weises *Curiositäten-Krämer* (1686) und *Der Verfolgte Lateiner* (1696) wieder auf (Levinstein S. 38), während die Verkleidungsintrige aus Molières Stück *Les Précieuses ridicules* in Reuters *Die ehrliche Frau zu Plißine* (1696) nachgebildet war, obwohl auch hier »eine totale Loslösung von der Quelle« (Grunwald S. 282) nachzuweisen ist. Noch zu erwähnen wäre eine Pasquille auf den Beichtvater Ludwigs XIV., François de la Chaize d'Aix (1624–1709), mit dem Titel *Der vertrackte Jesuit und Intriguen-Macher P. La Chaise* (1696), die von Molières *Tartuffe* (dt. 1696) beeinflußt wurde (Bolte S. 103).

Literatur:

Stefan Grunwald: Molière und die Dramaturgie Christian Reuters. In: Europäische Tradition S. 275 ff.
Wolfgang Hecht: Christian Reuter. 1966 (M 46)
Wolfgang Jungandreas: Das verliebte Gespenst und Die geliebte Dornrose nach dem Druck von 1661, hrsg. von ––. 1948.
Gerhard Kaiser: Verlibtes Gespenst – Die gelibte Dornrose. In: Kaiser: Dramen S. 256 ff.
Kurt Levinstein: Christian Weise und Molière. Diss. Berlin 1899.
Eberhard Mannack (Hrsg.): Andreas Gryphius, Verliebtes Gespenst – Die geliebte Dornrose. Text und Materialien zur Interpretation. 1963. S. 80 ff.
Wolfgang Mieder: ›Das Schauspiel Teutscher Sprichwörter‹ oder Georg Philipp Harsdörffers Einstellung zum Sprichwort. In: Daphnis 3. 1974. S. 178 ff.
Michael Stelz: Geschichte und Spielplan der französischen Theater an dt. Fürstenhöfen im 17. und 18. Jh. Diss. München 1965 [Masch.]
Bolte (wie S. 36), *Flemming:* Barockkomödie, *Holl:* Lustspiel, *Lunding* (wie S. 37)

Holland und Spanien

Von den holländischen Stücken scheint nur Vondels Schäferspiel *De Leeuwendalers* (1647) auf das barocke Lustspiel eingewirkt zu haben. Es lieferte nämlich eine wichtige Anregung zu Gryphius' eigenständigem Dialektstück *Die gelibte Dornrose,* in dem einige Passagen dem Original wortwörtlich entnommen sind (Kollewijn S. 56 ff.), hatte aber keinen Einfluß auf *Horribilicribrifax* (Hinck S. 108), auch wenn Krispyn Argumente dafür anbringt.

Holland fungierte aber auch als Vermittler spanischer Dramen. Georg Greflingers *Verwirrter Hof, oder König Karl* (1652) z. B. beruht auf der holländischen Übertragung eines spanischen Originals von Lope de Vega oder Mira de Amescua (Hoffmeister S. 65). Ansonsten haben die Theaterstücke Lope de Vegas und Calderóns, seit 1633 im Original oder in Wanderbühnenfassungen an dt. Höfen aufgeführt (Dessoff 1891 S. 1 ff.), Stoffe für die dt. Oper am Ende des Jh.s geliefert. Postels Oper *Der königliche Printz von Pohlen Sigismundus* (1693) hat Calderóns Drama *La vida es sueño* in holländischer Übertragung (Olsen S. 108) zum Vorbild.

Literatur:

Martin Franzbach: Untersuchungen zum Theater Calderóns in der europäischen Literatur bis vor der Romantik. 1974.
Gerhard Hoffmeister: Spanien und Dtld. Geschichte und Dokumentation der literarischen Beziehungen. 1976.
Egbert Krispyn: Vondels ›Leeuwendalers‹ as a source of Gryphius' ›Horribilicribrifax‹ and ›Gelibte Dornrose‹. In: Neophilologus 42. 1962. S. 134 ff.
Solveig Olsen: Christian Heinrich Postels Beitrag zur dt. Literatur: Versuch einer Darstellung. 1973.
Hermann Tiemann: Das spanische Schrifttum in Dtld. von der Renaissance bis zur Romantik. Eine Vortragsreihe. 1936, n. 1971. S. 39 ff., 198 ff.
Ders.: Lope de Vega in Dtld. 1939, n. 1970.
Theodor Weevers: Poetry of the Netherlands in its European context 1170–1930. 1960. S. 124 ff.
Brockpähler: Barockoper, *Dessoff* (wie S. 43), *Kollewijn* (wie S. 31).

III. Das Schäferdrama

Als eigenständige Schöpfung aus mythologischem Drama und dramatisierter Bukolik entstand das Schäferdrama bzw. die Schäferoper in der italienischen Renaissance. Ein Höhepunkt wird aber erst in der zweiten Hälfte des 16. Jh.s mit Tassos *Aminta* (1573), Guarinis *Pastor Fido* (1589) und Rinuccinis *Dafne* (1594) erreicht. Im Gegensatz zum Vorbild *Aminta*, das in Dtld. erstmalig 1630 in einer verballhornten Wanderbühnenfassung vorlag, erfreute sich Guarinis Stück großer Beliebtheit, was auf seine Theaterwirksamkeit, seine moralische Einstellung der menschlichen Liebe gegenüber und die »Glorifizierung christlich-stoischen Handelns« (Garber 1974 S. 58) zurückgeht.

Verdeutschungen dieser italienischen Werke erscheinen erst ab 1619:

Eilger Mannlich: Pastor Fido (1619).

Statius Ackermann: Pastor Fido oder Die allerschönste Tragicomoedia. Der Getrewe Hirt genant (1636, ²1663).

Ernst Geller: Der getreue Hürte [Hirt]. Arkadischer Hürten-Aufzug (1653).

Christian Hoffmann von Hoffmannswaldau: Pastor Fido, Oder Trauer- undt Lust-Spiel Der Getreue Schäffer genannt (1678).

Hans Aßmann von Abschatz: Der Teutsch-redende Treue Schäffer. o. J. [1672]. Auch in: Poetische Übersetzungen und Gedichte (1704).

August Bohse: Pastor Fido (1699).

Johann Georg Scheffner: Der Treue Schäfer (1773).

Comedia. Von den Aminta und Silvia. In: Liebeskampf oder Ander Theil Der Englischen Comedien und Tragedien (1630).

Michael Schneider: Aminta oder Wald-Gedichte (1639, ²1642).

Philipp von Zesen: Die herzlich-verliebte schmerzlich-betrübte beständige Roselieb: oder Wald-spiel, fast nach dem des T. Tassens Amintas ümgesäzt (1646)

Georg Wilhelm von Reinhaben: Amintas. In: Poetische Übersetzungen und Gedichte (1711) S. 1–118.

Johann Heinrich Kirchhoff: Amyntas, Hirten-Gedichte (1742).

Auch unter italienischem Einfluß stehen die französischen Schäferspiele, die das Handlungsprinzip A liebt B, B liebt C usw. für das dt. Drama liefern (Garber 1974 S. 55). Übertragungen bzw. Bearbeitungen der Stücke von Montreux, Montchrétien, Mairet und Th. Corneille, dessen *Berger extravagant* das Pastoraldrama parodiert, erscheinen in Dtld. seit 1607:

J. B. B. B.: Ollenici du Montsacré [Pseudonym für Montreux], Isabella eine Tragödia (1607); nach Montreux' Isabelle (1594).

J. B. B. B.: Die Diana Olencicis vom Heiligenberg. In: Der Schäffereyen Von der schönen Juliana das dritte Buch (1616) S. 1094–1260; nach Montreux' Diana [. . .] pastourelle ou fable bosquagère (1592).

Comoedia von König Mantalors unrechtmessigen Liebe und derselben Straff. In: Liebeskampf [. . .] (1630); nach Mairets La Sylvie (1626).

Ernst Christoph Homburg: Tragoedia von der verliebten Schäfferin Dulcimunda (1643); nach Mairets La Sylvie (1626).

August Augspurger: Schäfferey (1644); nach Montchrétiens Bergeries (1601).

[Kaspar Stieler?]: Basilene (1667); nach Montchrétiens Bergeries (1601).

Andreas Gryphius: Der Schwermende Schäfer Lysis (1661); nach Th. Corneilles Le Berger extravagant (1653) [Auszug aus der untenstehenden Übersetzung]

Ders.: Schwermender Schäffer, Lust-Spiel (1663); nach Th. Corneilles Le Berger extravagant (1653).

Die wenigen Übersetzungen aus dem Holländischen und Englischen sind weitgehend ohne Wirkung geblieben. Es handelt sich hier um Verdeutschungen von J. Cats' *Aspasia* (1656) und eine Bühnenbearbeitung von Philip Sidneys *Arcadia*-Roman (1590):

Hermann-Heinrich Scher: New erbawte Schäferey Von der Liebe Daphnis und Chrysilla (1638); nach J. H. Kruls Cloris en Philida (1631). Trauer-Freudenspiel. Die königliche Schäferinn Aspasia (1672); nach J. Cats' Aspasia (1656).
Barthold Feind: Die königliche Schäferin Aspasia. In: Jacob Cats' [...] Sinnreiche Werke und Gedichte. 6. Teil (1714).
Ders.: Galathea. In: Jacob Cats' [...] Sinnreiche Werke und Gedichte. 2. Teil (1711); nach J. Cats' Galathea (1657).
Heinrich Schaeve: Arcadia (1650); nach Ph. Sidneys Arcadia (1590, ergänzte Fassung 1593).

Im Hinblick auf das pastorale Liebesdrama in dt. Sprache muß konstatiert werden, daß es sich hier fast ausschließlich um Übertragungen und Bearbeitungen handelt, wobei anzumerken ist, daß die wenigen Schäferdramen, die einen Anspruch auf Originalität erheben (Elmenhorsts *Rosetta* und beide Stücke Hallmanns, *Urania* und *Adonis und Rosibella,* sowie die Schäfereinlagen in zahlreichen anderen Dramen) letzten Endes auf fremdländische Anregungen zurückgehen (Carnap S. 72, Olschki S. 116, Kolitz S. 78 ff.).

Abgesehen von Ningers Untersuchungen zum Stoff im dt. Schäferspiel gibt es weder eine Interpretation der Gattung noch der einzelnen Vertreter. Eine Analyse der Schwerpunkte in den Bearbeitungen wäre für ein besseres Verständnis der damaligen dt. Literatur wohl sehr ergiebig. Auch für die Schäferoper, die um die Mitte des 17. Jh.s das Schäferdrama an dt. Höfen zurückdrängte, ist die Forschungssituation nicht wesentlich besser. Trotz vieler Hinweise auf Aufführungen bei Brockpähler steht eine Untersuchung dieser Nebengattung, die Opitz mit seiner *Dafne*-Bearbeitung heimisch machte, noch aus.

Literatur:

Ernst Günter Carnap: Das Schäferwesen in der dt. Literatur des 17. Jh.s und die Hirtendichtung Europas. Diss. Frankfurt/Main 1938 [Masch.]
Klaus Garber: Forschungen zur dt. Schäfer- und Landlebendichtung des 17. und 18. Jh.s. In: Jahrbuch für Internationale Germanistik 3. 1971. S. 226 ff.

Ders.: Der Locus amoenus und der Locus terribilis. Bild und Funktion der Natur in der dt. Schäfer- und Landlebendichtung des 17. Jh.s. 1974. S. 50 ff.

Ders.: Kleine Barock-Reise durch die DDR und Polen. In: WBN 7. 1980. S. 2 ff., 50 ff.

Gerda Lederer: Studien zur Stoff- und Motivgeschichte der Schäferdichtung des Barockzeitalters. Diss. Wien 1970 [Masch.]

Karl Ninger: Dt. Schäferspiele des 17. Jh.s. Diss. Wien 1923.

Leonardo Olschki: Guarinis Pastor Fido in Dtld. Diss. Heidelberg 1908.

Henri Plard: Der Schwermende Schäffer. In: Kaiser: Dramen S. 363 ff.

Alba Schwarz: ›Der teutsch-redende treue Schäfer‹. Guarinis ›Pastor Fido‹ und die Übersetzungen von Eilger Mannlich 1619, Statius Akkermann 1636, Hofmann von Hofmannswaldau 1652, Aßmann von Abschatz 1672. 1972.

Elida Maria Szarota: Dt. ›Pastor-Fido‹-Übersetzungen und europäische Tradition. In: Europäische Tradition S. 305 ff.

Brockpähler: Barockoper, *Kolitz* (wie S. 26), *Lunding* (wie S. 37), *Richter* (wie S. VII).

C. DRAMENTHEORIE

I. Einleitung

In seiner besonders wertvollen Arbeit über die Theorie des barocken Trauerspiels weist Schings darauf hin, daß in den Dramenlehren des 17. Jh.s die Abweichung von Aristoteles als leitendes heuristisches Prinzip zu betrachten sei (Consolatio S. 4). In Ermanglung einer eigenen Tradition haben die Theoretiker zur Poetik des Griechen Stellung bezogen, entweder direkt und oft mit Bezug auf Plato und Horaz oder indirekt über die latein. Poetiken der (italienischen) Renaissance (Robortello, Maggi/Lombardi, Viperano, Castelvetro, A. Minturno), einschließlich des Franzosen Julius Caesar Scaliger, dessen *Poetices libri septem* (1561) als »das Standardwerk der humanistischen Poetik überhaupt« auch den Jesuiten als Vorbild gedient hat (Becher S. 289). Dazu kommen neben den jesuitischen Dichtungslehren von del Rio, Strada, Galluzzi und Donati und der ersten barokken Poetik in Dtld. (J. Pontanus' *Poeticarum Institutionum libri tres*, 1594) zwei weitere europäische Traditionen, die die dt. Entwicklung beeinflußt haben: die niederländische (Heinsius, Vossius) und die französische (Boileau).

Abgesehen von Balthasar Crusius' neulatein. Traktätlein *De Dramatibus* (1609) gibt es im 17. Jh. kein Werk, das sich ausschließlich mit Dramentheorie befaßt (Alexander S. 110 f.). Angaben über das Drama finden sich aber häufig in den Barockpoetiken, die thematisch und strukturell oft nur geringfügige Unterschiede aufweisen und hauptsächlich Beschreibungen vergangener oder gegenwärtiger literarischer Praktiken sind. Das gilt besonders für die erste Poetik in dt. Sprache, die noch erhalten ist: Opitz' *Buch von der dt. Poeterey* (1624).

Obwohl Opitz das Drama mit Zitaten aus Scaliger nur kurz streift, sind seine Anweisungen sowie die theoretischen Aussagen ausschlaggebend für viele Poetiker (Buchner, Titz, Rist, Schottelius, Tscherning, Kindermann, Neumark) und Dramatiker (Rist, Klaj). Hingegen haben die Nürnberger einen völlig anderen, eher platonisierenden Weg eingeschlagen (Wiegmann S. 46). Hier, und nicht so sehr bei Opitz, wie Borinski schon 1886 bemerkte (S. 194), hat die dt. Dramentheorie ihren eigentlichen Anfang. Entweder hat man sich für die ›Nichtaristoteliker‹ Opitz und Harsdörffer entschieden oder aber ist sogar direkt auf Aristoteles zurückgegangen, wie es Rotth und – mit Einschränkungen – Masen taten.

Neben den Poetiken kommt den Dramenvorreden (Opitz, Rist, Klaj, Gryphius, Lohenstein, Weise) eine besondere Bedeutung zu, wenn man den theoretischen Horizont für die damalige dramatische Praxis analysieren will (Schings: Consolatio S. 2). Im Falle der Jesuitendramaturgen Pontanus und Masen (Scheid, Bielmann) sowie des protestantischen Schuldramatikers Weise (Zeller) galt diese Beziehung, die übrigens in den neueren Untersuchungen (ansatzweise bei Brates; Juker, Geisenhof, Schings, Martini, Zeller) schon vorhanden war, als selbstverständlich. Nach wie vor bleibt aber die Herausarbeitung einer Dramaturgie aus methodologischen Gründen problematisch, sowohl für Markwardt, der von einer »werkimmanenten« oder »latenten« Poetik redet (S. 435), als auch für Niesz, der sich auf den Dialog beschränkt.

Die Einbeziehung der europäischen, lateinschreibenden Theoretiker ist für die Analyse der dt. Verhältnisse unentbehrlich geworden, was aus der Forschung seit Geisenhof klar hervorgeht. Schings sieht sogar in den dt. Poetiken nur »die disiecta membra [. . .] der Tradition der Renaissancepoetik« (Consolatio S. 2). Beeinflußt wird die dt. Dramentheorie aber auch durch die dichtungstheoretischen Schriften des Jesuiten Masen (Flemming: Kunstdrama S. 18).

Wie die Poetiken selbst, die Martini als ein »Mosaik von Bemerkungen, dem die einheitlich ordnende Wesenserkenntnis fehlt« (Sp. 238) beschreibt, sind die meisten frühen, seit 1886 erschienenen wissenschaftlichen Darstellungen (Borinski, Juker, Popp, Brates, Markwardt; Neßler, Happ, Fischer-Neumann) kaum mehr als »Kompilationen poetologischer Doktrinen« (Schings: Consolatio S. 2) aus vielerlei Quellen. Sie befassen sich vorzüglich mit dem Trauerspiel, wobei das Lustspiel, dem in der Antike keine selbständigen Traktate gewidmet waren, erwartungsgemäß oft nur flüchtig behandelt wird. Nebengattungen wie das Schäferdrama, die ›Tragi-Comoedie‹ und die nur bei den Jesuiten vorkommende ›Komiko-Tragoedie‹, also Mischspiele, die in der Antike gar nicht oder nur höchst selten vorkommen (z. B. bei Aristoteles oder Plautus), werden kaum erwähnt.

Ein Zweig der neueren Forschung hat die Poetik überzeugend als Derivat der Rhetorik (Dockhorn, Hildebrandt-Günther, Dyck, Fischer, Barner) bzw. der Logik (Gaede) gezeigt. Für weitere Untersuchungen auf diesem Gebiet wird die

Grundlage durch das Erscheinen von Neudrucken und Anthologien gelegt, die wesentliche Texte wieder zugänglich machen. Eine Bibliographie der einschlägigen Primärtexte findet sich bei Dyck (S. 180 ff.):

Texte:

Willi Flemming (Hrsg.): Martin Opitz. Theoretisches aus Julius Caesar Scaligers *Poetices libri septem,* aus *Buch von der dt. Poeterey,* aus Daniel Heinsius. Vorrede zu den *Trojanerinnen.* In: Flemming: Kunstdrama S. 55 f.
Ders.: Theoretisches aus Jakob Masens *Palaestra Eloquentiae ligatae.* In: Flemming: Ordensdrama S. 37 ff.
Benno von Wiese (Hrsg.): Dt. Dramaturgie vom Barock bis zur Klassik. 1956, ³1967. S. 1 ff. [Opitz, Harsdörffer]
Albrecht Schöne (Hrsg.): Das Zeitalter des Barock. 1963, ²1968. S. 32 f. [Birken]
Margret Dietrich und *Paul Stefanek* (Hrsg.): Die Dramaturgie von Gryphius bis Brecht. 1965. S. 17 ff. [Opitz, Harsdörffer, Birken, Masen, Gryphius, Lohenstein]
David E. George (Hrsg.): Die Tragödientheorien vom Mittelalter bis zu Lessing. Texte und Kommentare (mit Übersetzungen der latein. Quellentexte). 1972 [Pontanus, Opitz, Klaj, Rist, Harsdörffer, Masen]
Marian Szyrocki (Hrsg.): Poetik des Barock. 1977 [Opitz, Titz, Harsdörffer, Morhof, Rotth]

Martin Opitz: Buch von der dt. Poeterey (1624), hrsg. von Cornelius Sommer. 1970 (UB 8397–8398).
Johann Peter Titz: Zwei Bücher von der Kunst hochteutsche Verse und Lieder zu machen (1642). 1969.
Georg Philipp Harsdörffer: Poetischer Trichter. (1650–53). 1971.
Balthasar Kindermann: Der dt. Poet (1664). 1973.
Sigmund von Birken: Teutsche Rede-, Bind- und Dicht-Kunst (1679). 1973.
Daniel Georg Morhof: Unterricht von der teutschen Sprache und Poesie (1682), hrsg. von Henning Boetius. 1969 (Neudruck der zweiten Auflage von 1700).

Literatur:

Karl Borinski: Die Poetik der Renaissance und die Anfänge der literarischen Kritik in Dtld. 1886, n. 1967.
Georg Popp: Über den Begriff des Dramas in den dt. Poetiken des 17. Jh.s. Diss. Leipzig 1895.
Nikolaus Scheid: Der Jesuit Jakob Masen, ein Schulmann und Schriftsteller des 17. Jh.s. 1898. S. 37 ff.
Alfred Happ: Die Dramentheorie der Jesuiten: Ein Beitrag zur Geschichte der neueren Poetik. Diss. München 1922 [Masch.]

51

Werner Juker: Die Theorie der Tragödie in den dt. Poetiken und ihre Durchführung in den bedeutendsten Trauerspielen des 17. Jh.s. Diss. Heidelberg 1924 [Masch.]

Joseph Bielmann: Die Dramentheorie und Dramengestaltung des Jakobus Pontanus. Diss. Freiburg/Schweiz. In: LJGG 3. 1928. S. 45 ff.

Nikolaus Scheid: Das latein. Jesuitendrama im dt. Sprachgebiet. In: LJGG 5. 1930. S. 9 ff.

Willi Flemming: Einführung. In: Die Oper, hrsg. von ––, 1933 (DLE RB: Barockdrama 5) S. 18 ff.

Georg Brates: Hauptprobleme der dt. Barockdramaturgie in ihrer geschichtlichen Entwicklung. Diss. Greifswald 1935.

Emil Staiger: Die christliche Tragödie: Andreas Gryphius und der Geist des Barock. In: Eckart 12. 1936. S. 145 ff.

Bruno Markwardt: Geschichte der dt. Poetik. Bd. 1: Barock und Frühaufklärung. 1937, ³1964.

Karl Fischer-Neumann: Die Dramentheorie der Jesuiten im Zeitalter des Barock. Diss. Wien 1937 [Masch.]

Erika Geisenhof: Die Darstellung der Leidenschaften in den Trauerspielen des Andreas Gryphius. Diss. Heidelberg 1958 [Masch.]

Rolf Tarot: Jakob Bidermanns ›Cenodoxus‹. Diss. Köln 1960.

Karl S. Guthke: Das Problem der gemischten Dramengattung in der dt. Poetik und Praxis vom Mittelalter bis zum Barock. In: ZfdPh. 80. 1961. S. 353 ff.

Renate Hildebrandt-Günther: Antike Rhetorik und dt. literarische Theorie im 17. Jh. 1966.

Joachim Dyck: Ticht-Kunst. Dt. Barockpoetik und rhetorische Tradition. 1966, ²1969.

Harald Burger: Jakob Masens ›Rusticus imperans‹: Zur latein. Barockkomödie in Dtld. In: LJGG NF 8. 1967. S. 31 ff.

Klaus Dockhorn: Macht und Wirkung der Rhetorik. Vier Aufsätze zur Ideengeschichte der Vormoderne. 1968.

Ludwig Fischer: Gebundene Rede. Dichtung und Rhetorik in der literarischen Theorie des Barock in Dtld. 1968.

Hans Peter Herrmann: Naturnachahmung und Einbildungskraft: Zur Entwicklung der dt. Poetik von 1670 bis 1740. 1970.

Florentina Dietrich-Bader: Wandlungen der dramatischen Form vom 16. Jh. bis zur Frühaufklärung. Untersuchungen zur Lehrhaftigkeit des Theaters. 1972 (Göppinger Arbeiten zur Germanistik 53).

Fritz Martini: Masaniello, Lehrstück und Trauerspiel der Geschichte. In: Christian Weise, Masaniello, hrsg. von ––, 1972 (UB 9327–9329) S. 187 ff.

Karl-Heinz Stahl: Das Wunderbare als Problem und Gegenstand der dt. Poetik des 17. und 18. Jh.s. 1975.

Hermann Wiegmann: Geschichte der Poetik. Ein Abriß. 1977 (M 160).

Friedrich Gaede: Poetik und Logik. 1978. S. 57 ff.

Volker Sinemus: Poetik und Rhetorik im frühmodernen dt. Staat. Sozialgeschichtliche Bedingungen des Normenwandels im 17. Jh. 1978 (Palaestra 269).

52

Manfred Fuhrmann: Die Rezeption der aristotelischen Tragödienpoetik in Dtld. In: Handbuch S. 93 ff.

Anthony J. Niesz: Dramaturgy in German drama from Gryphius to Goethe. 1980. S. 20 ff.

R. J. Alexander: Balthasar Crusius (1550?–1630). Zu seinem Leben und einem unbekannten dt. Drama. In: WBN 7. 1980. S. 106 ff.

Judith P. Aikin: And they changed their lives from that very hour: Catharsis and exemplum in the Baroque ›Trauerspiel‹. In: Daphnis 10. 1981. S. 241 ff.

Aikin 1982 (wie S. VI), *Alewyn* (wie S. 23), *Barner:* Barockrhetorik, *Becher* (wie S. 16), *J. Müller* (wie S. 17), *Schings* 1974 (wie S. 23), *Schöne:* Emblematik, *Valentin:* Théâtre.

II. Versuch einer Definition des Begriffs ›Drama‹

1. Mimesisbegriff, Vers und Prosa; Unterschiede zu den anderen Gattungen

Das Verhältnis der dichterischen Darstellung zur Wirklichkeit, das in den theoretischen Diskussionen besser unter dem Mimesis- oder Nachahmungsbegriff bekannt ist, kommt in fast allen Barockpoetiken zum Ausdruck. Rein deskriptive Kompilationen dieser Angaben finden sich – wenn auch zerstreut – bei Happ, und viel systematischer, bei Hildebrandt-Günther (S. 34 ff.) und Wiegmann (S. 32 ff.). Wiegmann hat außerdem als erster auf das unterschiedliche Verständnis des Mimesisbegriffes bei Aristoteles und Plato und dessen Einwirkungen auf Harsdörffer hingewiesen (S. 41). Nach Gaede aber entstammt Harsdörffers Nachahmungsbegriff nicht so sehr der Philosophie Platos als der Stoik, insbesondere den Schriften Horaz' und Scaligers (S. 36 f.).

Die barocken Mimesisbegriffe gehen auf Aristoteles oder Plato bzw. Horaz zurück. Die aristotelische Differenzierung zwischen Geschichte und Dichtung übernimmt Opitz in der Scaliger-Ronsardschen Formulierung (Hildebrandt-Günther S. 34): Die Dichtung soll »[. . .] die dinge nicht so sehr beschreiben wie sie sein als wie sie etwan sein köndten oder solten« *Buch von der dt. Poeterey* Kap. 3). Der Stoff ist nach den Gesetzen der Wahrheit bzw. Wahrscheinlichkeit und der Angemessenheit (Lehre des Dekorum/Aptum – vgl. Fischer S. 214 ff.) nachzugestalten, wobei die verschiedenen Interpretationen dieser beiden Regeln im Hinblick auf Gattung, Standesbereich und Stilhöhe (Dyck S. 112) zu gelegentlichen Abweichungen von den poetologischen Normen führen, die im Abschnitt ›Die gemischte Dramengattung‹ (s. S. 64 ff.) behandelt werden. Es besteht kein Widerspruch zu Aristoteles, wenn der Stoff der historisch-faktischen Wirklichkeit oder dem Bereich des Mythos entnommen wird oder sogar rein fiktiv ist (Flemming S. 20 f.). Im letzten Fall wäre aber die Wirkung nicht so groß (und hier stimmen mit wenigen Ausnahmen die Poetiker miteinander überein).

Bei Aristoteles, der Denken und Sein gleichsetzt (Gaede 1978 S. 37), bedeutet Mimesis »die Wirklichkeit und die sie umschließende Möglichkeit« (Gaede 1978 S. 24). Man ahmt das Allgemeine, das Typische, das Konventionelle (Wiegmann S. 45) oder das Seiende (Hildebrandt-Günther S. 37) nach, das für Christen wie Masen mit der Glaubenswahrheit identisch sein muß (Happ S. 109, Schings: Consolatio S. 42). Nur in diesem Zusammenhang sind die (Jesuiten-)Poetiker imstande, die Verwendung allegorischer Figuren als wahrscheinlich zu rechtfertigen (Scheid S. 38).

Andererseits ist Horaz' gegenständlicher Mimesisbegriff (Gaede 1978 S. 37), der die Nachahmung mit Abbildung und Malerei (ut-pictura-poesis-Prinzip) gleichsetzt und über Scaliger auf Harsdörffer, Birken (Popp S. 34) und andere einwirkt (Gaede 1978 S. 55), nicht Selbstzweck, sondern dem Belehrungsziel untergeordnet. Hier handelt es sich nicht nur um die »Beschreibung, also Herstellung eines idealen Gegenstandes« (Gaede 1978 S. 55), sondern auch um die Imitation vorbildlicher literarischer Texte (Hildebrandt-Günther S. 49), was nach Gaede den »Höhe- und Endpunkt der Entwicklung des gegenständlichen Mimesisbegriffs« bedeutet (1978 S. 60).

Dichtung ist demnach für die barocke Dramaturgie ein »Idealnexus« (Holl S. 72) oder »eine idealisierte Schöpfung« (Fischer S. 264). Sie ist »nicht Schilderung der wirklichen Welt, sondern Darstellung einer ständisch geordneten, heilsgeschichtlich determinierten und ethisch idealisierten Welt« (Dyck S. 112).

Nicht nur den Mimesisbegriff hat die Dramen- und Operntheorie mit anderen Dichtungsarten gemeinsam, sondern auch die Forderung nach Vers, die bis ins 18. Jh. hinein ein Zuordnungskriterium blieb (Brates S. 22). Obwohl die meisten Barockdramatiker eine ausgesprochene Vorliebe für Reimart zeigen, haben einige, vor allem Birken und Harsdörffer, mit Hinweis auf das Gesetz der Wahrscheinlichkeit (Popp S. 35) die Verwendung der Prosa für das Lustspiel befürwortet (Borinski

S. 238). Noch weiter aber gehen in der zweiten Hälfte des 17. Jh.s die auf dem Schuldrama basierenden Poetiken (Richter) oder die Schuldramatiker selbst (Weise und – mit Einschränkungen – Rist), die den Vers als unwahrscheinlich ablehnen (Borinski S. 256). Im allgemeinen stimmen die Theoretiker darin überein, daß die Reimart der Dichtkunst zukommt und die Prosa dem Rhetorik-Betrieb, in dem das Drama pädagogischen Zwecken unterworfen ist (Markwardt S. 238).

Wie aber unterscheidet sich das Drama bzw. das Dramatische von den anderen literarischen Gattungen? Auch wenn Opitz, Balde und Harsdörffer das Trauerspiel als die nobelste Form und als »Meisterstück der Poeterey« (Borinski S. 212) apostrophieren (Popp S. 31), befinden sich in den frühen Poetiken – außer einer Beschreibung angemessener Stoffe für die dramatischen Gattungen – kaum Angaben zum Wesen des Dramas. Theoretiker wie Pontanus, Buchner und Titz, denen der aristotelische Begriff der Handlung keineswegs unbekannt war, sehen trotzdem in der Dialogform das oberste Kriterium (Brates S. 18).

Als erster dt. Poetiker, der sich eingehender mit dem Drama befaßt, stellt Harsdörffers Theorie einen Wendepunkt dar, auch wenn er nur Teileinsichten liefert (Markwardt S. 85). In seiner Theorie, die »eine bewußte Abkehr von der rein philologischen zur praktisch-wirksam gedachten Dramaturgie« (Brates S. 31 f.) repräsentiert, setzt Harsdörffer, dem die anderen Kriterien (Dialogform und die Nachahmung eines moralischen Stoffes) bewußt waren, die mimetisch-szenische Spielhandlung an erste Stelle (Juker S. 27, Brates S. 30). Noch weiter geht der Aristoteliker Rotth, der die umfangreichste Dramentheorie des Zeitalters geschrieben hat. Für ihn, wie auch für den anonymen Verfasser der *Breslauer Anleitung* (1725), gilt der aristotelische Primat der literarisch fixierten Handlung. Eine systematische Kompilation der verschiedenen Angaben aus den Poetiken bietet Brates (S. 7 ff.).

2. Das formale Kriterium

Die meisten Theoretiker teilen die äußere Form des Dramas in vier Abschnitte ein: in den Prolog, die Akte (im Barock ›Abhandlungen‹ oder ›Actus‹ genannt), die Chöre (›Reyen‹, Zwischenspiele) und in den Beschluß. Als fünften Teil gibt Männling die Szenen an (Juker S. 42 f.).

Die Zahl der Akte wird fast immer rein desriptiv behandelt. Als Norm gilt die auf Horaz fußende Fünfzahl, die über die ita-

lienische Renaissancetheorie und Scaliger (Bielmann S. 51 f.)
durch Opitz' Dramenübersetzungen vermittelt wurde (Dietrich-Bader S. 112). Als einziger hat Rotth – wenig überzeugend
– diese Zahl als Abbildung der fünf Lebensalter erklären wollen
(Brates S. 55). Häufig erwähnt wird aber auch die von Cicero
bevorzugte Dreizahl. Sowohl in der Theorie als auch in der Praxis findet man nur selten mehr als fünf oder weniger als drei Akte. Die einzigen Ausnahmen bilden die Schuldramatiker Masen
und Weise (Zeller S. 124), die aus pädagogischen Gründen sich
nicht an die Fünfzahl halten wollten. Nach Masen durfte man
aber die Siebenzahl auf keinen Fall überschreiten, da man sonst
die Zuschauer verwirren würde (Neßler S. 47).

Ein solcher Konsens ist bei der Szenenzahl bzw. der Zahl der
sprechenden Personen in einer Szene nicht mehr festzustellen,
auch wenn die Poetiker damit einverstanden sind, daß die Szenen durch den Auf- (bzw. Zu-) und Abtritt (Juker S. 51) wichtiger Personen markiert sind (Dietrich-Bader S. 114). Nach Ansicht einiger Theoretiker (del Rio, Galluzzi, Birken, Rotth)
sollte ein Aufzug aus fünf oder sechs Szenen bestehen, wobei jede Szene – mit Ausnahme der Beratungsszene (Omeis) – eine bis
fünf sprechende Personen enthalten sollte. Masen und die *Breslauer Anleitung* machen keine Vorschriften in dieser Hinsicht
(Neßler S. 47, Brates S. 56). Erwartungsgemäß hat die Oper –
nach Barthold Feind – zehn bis zwanzig Szenen pro Akt (Flemming S. 23).

Ebenfalls zur äußeren Form des Dramas gehören der Prolog
und der Chor, deren verschiedene Funktionen in den theoretischen Traktaten öfters besprochen werden. Der Prolog (oder
die Arie), der entweder vor dem Dramenanfang steht oder als
Vor- bzw. Einführungsrede schon in die dramatische Handlung
integriert ist (Neßler S. 43, Dietrich-Bader S. 112) kann zwar
apologetisch fungieren (Neßler S. 43), zielt aber in erster Linie
auf die captatio benevolentiae des Publikums (Birken) und liefert unter Verwendung allegorischer oder mythologischer Personen (Birken, Masen, Weise) und ohne den Ausgang zu verra-
ten (del Rio, Birken, Masen, Feind) die ›richtige Perspektive‹
zur Beurteilung der Handlung. Bei Weise wirkt der Prolog nur
in Verbindung mit der Haupthandlung lehrhaft: die hier aufge-
worfene Streitfrage erhält im Handlungsverlauf eine Bejahung,
eine Verneinung oder kann sogar der Beurteilung des kritisch
denkenden Zuschauers überlassen werden (Zeller S. 210 ff.).

Eine ähnlich didaktisch-moralische Funktion hat der Chor,
der gewöhnlich am Ende eines jeden Aktes – des fünften ausge-

nommen (Donati) – steht, aber auch (nach Rotth) als Zwischen-
chor in Form einer Arie oder eines Liedes innerhalb eines Auf-
zuges zu finden ist (Flemming S. 25). Dieser Chor schafft für die
Schauspieler die nötige Zeit zum Umziehen und kann als rein
unterhaltendes Zwischenspiel mit opernhaften Zügen fungieren, das entweder nur locker mit der Handlung in Verbindung
steht oder – wie bei Weise – organisch sinnvoll in die Haupthandlung integriert ist (Markwardt S. 255). Oder aber der Chor
wirkt als »sichtbare Anatomie der Handlung« (Schings: Consolatio S. 40), die er durch allegorische Gestalten – oder bei Masen
durch die scenae mutae – deutet. Dieser Wechsel von Handlung
und Deutung weist auf die emblematische Form des Barockdramas hin (Schöne: Emblematik S. 225 ff.), auf die schon Masen
aufmerksam gemacht hatte (Happ S. 97).

Außerdem hat Schöne diese emblematische Form für andere
didaktische Strukturen im Barockdrama erschlossen, die von
der Theorie kaum oder gar nicht berücksichtigt werden: für den
Doppeltitel (Popp S. 38, vor allem Becher S. 288, Schöne: Em-
blematik S. 197), für die Inhaltsangaben, die Fußnoten und die
Selbstdarstellungen der spielenden Personen (Emblematik S.
158) und die im Drama und in den Opernarien vorkommenden
Sentenzen oder ›Lehr- und Denksprüche‹, die nach Harsdörffer
»gleichsam des Trauerspiels Grundseulen« sind und dieselbe
Funktion innerhalb der Akte erfüllen wie der Chor am Ende
(Emblematik S. 157). Dieser Deutungswille kommt auch im
Beiseitereden zum Ausdruck, einer Technik, die Scaliger und
Harsdörffer als allzu künstlich verwarfen und die man vor allem
mit der Figur des Narren verbindet. Wegen der didaktischen
Funktion haben sowohl Birken als auch Weise versucht, diese
Figur, die Weise sogar als Allegorie interpretieren will (Zeller
S. 240), zu rechtfertigen, wenn auch nur mit wenig Erfolg.

Die äußere Form des drei- und fünfaktigen Dramas entspricht auch einem inneren Handlungsverlauf, den die Barock-
poetiker mit Begriffen des antiken griechischen Theaters beschreiben. Solche termini technici wie ›Prostasis‹, ›Epistasis‹,
›Katastasis‹ und ›Katastrophe‹, die schon bei den Jesuiten Pontanus, Donati und Masen vorkommen, werden in der dt. Theorie erstmalig von Richter (1660) übernommen. Die Struktur des
Barockdramas wird an die des antiken Dramas angeglichen, indem man die Prostasis mit Prolog und Exposition (Rotth)
gleichsetzt, die Epistasis mit Fortgang der Handlung, in der
einige Verwirrungen oder Hindernisse jetzt erscheinen dürfen
(Masen – vgl. Emrich S. 139; Richter, Omeis, Rotth); die Kata-

stasis, die im Dreiakter ausfällt (Rotth), ist mit dem Höhepunkt der Verwirrung identisch (Omeis), und die Katastrophe definiert man als eine Auswicklung mit einer Wendung zum Guten oder Schlechten (Peripetie) und mit einer Erkennung, die zur Freude oder zum Leid führt (Agnitio oder Anagnorisis). Die Peripetie und die Agnitio, die in einem klassischen Drama nur einmal vorkommen, findet man bei Masen und der *Breslauer Anleitung* in der letzten Szene des Stückes. Die deus-ex-machina-Lösung am Dramenausgang lassen nur Pontanus und Harsdörffer für die einfache Handlung zu (Popp S. 37), dagegen verwerfen die Jesuiten del Rio und Masen eine solche Lösung zugunsten eines organischen Beschlusses (Happ S. 22, Scheid S. 39). Ein konkretes Beispiel gibt Omeis an: in der Prostasis genießt ein König sein Glück, die Epistasis stellt ihn nach einem erfolgreichen Krieg am Höhepunkt seines Glückes dar, in der Katastasis erhebt sich eine Verschwörung, die in der Katastrophe über Peripetie und Agnitio zum Tode des Herrschers führt (Brates S. 50). Eine solche Schilderung stimmt mit dem senecanischen Muster und der barocken Praxis überein.

Die klassischen Begriffe der ›Peripetie‹ und der ›Agnitio‹ werden in fast allen Poetiken erwähnt. Für Donati liegt der Schwerpunkt auf der Peripetie oder Wendung zum Guten, während die Agnitio überhaupt keine Rolle spielt. Darauf, daß Peripetie und Agnitio zusammenfallen können, hat Galluzzi aufmerksam gemacht. Für Masen ist dieses Zusammenfallen sogar insofern wünschenswert, als damit eine stärkere Wirkung erzielt wird (Neßler S. 31). Für Harsdörffer, Weise und Stieler findet im Gegensatz zum antiken Drama eine Peripetie in jedem Akt statt. Das Ergebnis ist eine Technik der Überraschung (Zeller S. 178) oder der Verwirrung, worunter Harsdörffer »die verwirrende Verwicklung der Handlung« (Brates S. 45) versteht, die Spannung erzeugt oder steigert.

Aus einer solchen Technik ergibt sich eine episodenartige, mehrschichtige Handlung (Harsdörffer), die »völlig im Gegensatz zur aristotelischen Intention« steht (Zeller S. 132). Immerhin betonen die Theoretiker – oft zwar ohne ein tieferes Verständnis für Aristoteles – die (organische) Einheit der Handlung, auf die sich alle Episoden beziehen sollen. Wegen Nichtbeachtung dieser Regel hat Rotth sogar Gryphius und Lohenstein aufs Korn genommen (Juker S. 60). Die Einheiten der Zeit und des Ortes, die nicht bei Aristoteles (er weist lediglich darauf hin, daß sich die meisten Dramen innerhalb eines Zeitraumes von 24 Stunden abspielen), sondern bei Castelvetro (1570) und den Franzosen zum Dogma erhoben wurden (Popp S. 26), spielen eine Rolle vor allem in den Poetiken des 18. Jh.s. Im vorausgehenden Jh. werden sie dagegen weitgehend ignoriert (z. B. bei Pontanus) oder für unwichtig gehalten (Masen, Weise, Rotth; Hunold, Feind, Neumeister), wobei Avancini sogar für mehr Freiheit hinsichtlich der Einheit des Ortes plädiert (Bielmann S. 54). Trotzdem halten sich Donati und die meisten Barockdramatiker an diese beiden Einheiten, weil der dadurch erzielte Komprimierungseffekt bestens geeignet ist, die Fallhöhe bzw. Veränderungen noch stärker herauszustreichen (Neßler S. 31).

III. Definitionen der dramatischen Gattungen nach Stoff, Standesbereich, Stil und Wirkungen

Unter Berufung auf die Horazische Lehre des Aptum übernehmen beinahe alle Theoretiker die mittelalterliche Dreiheit von Entsprechungen zwischen Gattung, Standesbereich und Stilhöhe (Fischer S. 101), die auch noch bei Scaliger zu finden war (Fischer S. 141). Das Interesse aber gilt in erster Linie dem Stoff- und Personenbereich und nicht der traditionellen Dreistillehre, die in der dt. Poetik nach 1650 zurückgetreten und bei Weise sogar aufgelöst war (Fischer S. 175 ff.). Im allgemeinen hält sich die Theorie an die strikte Trennung der dramatischen Gattungen und lehnt daher jede Mischung des Stoffes, der Stände und der Stilarten innerhalb eines Dramas ab. Wo die Theorie aber mit einer solchen Mischung in der Praxis konfrontiert wird, weist sie meistens das von der Norm abweichende Stück einer nur vage definierten Mischgattung zu, die als Sammelbecken für alle Ausnahmen dient. Außerdem interessiert sich die Theorie stark für die Wirkungen des Dramas. Die Horaz und der Rhetorik entstammenden Ziele von prodesse et delectare sind ausschlaggebend, man bespricht die aristotelischen Begriffe des Mitleids (eleos), des Schreckens (phobos) bzw. der Furcht und der Reinigung dieser Affekte (catharsis) im Lichte christlich(-stoischer) Wertungssysteme. Daher kann man gut wie Fischer von einer »völlige(n) Verschmelzung aristotelischer und mittelalterlicher Poetik« (S. 143) reden.

1. Das Trauerspiel

In seinem Aufsatz über die Theorie des barocken Trauerspiels diskutiert Schings (Consolatio S. 28 ff.) den Stoff- und Personenbereich im Hinblick auf die Gesetze der atrocitas (Greuel-haftigkeit), der gravitas (Erhabenheit) und der indignitas (un-würdigen Behandlung), also nach Begriffen, die schon bei den lateinschreibenden Poetikern auftauchen (Neßler S. 19). Der Greuelkatalog, den Opitz 1624 in seiner Poetik niederschrieb, entstammt Scaliger und ist kaum mehr als »eine abstruse Samm-lung von Inhalten antiker Tragödien« (Fischer S. 99 f.), vor al-lem Seneca entnommen; er handelt »von Königlichem willen / Todtschlägen / verzweiffelungen / Kinder- und Vätermörden / brande / blutschanden / kriege und aufruhr / klagen / heulen / seuffzen und dergleichen« (*Buch von der dt. Poeterey* Kap. 5).

Nach Opitz ist das Trauerspiel mit der Geschichte identisch und umgekehrt (Benjamin). Der historisch-politische Stoff, der nach Harsdörffer der einheimischen Geschichte entstammen sollte, wird vorwiegend der aristokratischen Welt des Hofes entnommen oder der Bibel (Birken) oder aber, wie es bei den Je-suiten üblich war, der katholischen Kirchengeschichte ein-schließlich der Legenden.

Da nach dem damaligen standesgemäßen Verständnis nur ho-hen Personen ein tragisches Schicksal zukommt (Dietrich/Ste-fanek S. 12), ist die Titelgestalt fast immer ein Herrscher. Je hö-her er in der Gesellschaft steht, desto größer und wirkungsvol-ler wird sein Fall und der Radius seiner Beispielhaftigkeit sein (Flemming S. 16, Schings: Consolatio S. 30). Der Sturz des Königs, den Schings einleuchtend als die barocke Fassung der Peripetie interpretiert (Consolatio S. 30), hat aber auch eine tiefere Bedeutung: der Herrscher ist zugleich Vertreter der gefallenen Menschheit und ein Opfer der Vergänglichkeit (Schings: Consolatio S. 30).

Wie seine Vorgänger Minturno und Castelvetro ist der Jesuit Donati im Grunde genommen Platoniker, der entgegen Aristo-teles' Lehre der gemischten Figuren sich für den vorbildlichen Märtyrer oder Kirchenhelden als Protagonisten einsetzte (Schings: Consolatio S. 32) – eine Möglichkeit, die Pontanus nicht ausschloß (Bielmann S. 58). An Donati schließen sich dann Masen und die Nürnberger, Harsdörffer und Birken, an (Wiegmann S. 48). Weil der Märtyrer in Nachahmung Christi unschuldig leidet, werden Schrecken und Mitleid des Zuschau-ers erregt (Flemming S. 15 f.). In erster Linie aber dient der Mär-tyrer als Vorbild zur Überwindung der Angst (George), und das Mitleid wird durch seine Aufnahme in den Himmel gleichsam abgeschwächt (Schings: Consolatio S. 34). Obwohl sich die dt. Poetiker des miaron-Problems wohl bewußt sind, scheinen sie mit Castelvetro einverstanden zu sein, der das unverdiente Leiden als Glaubensprüfung und Gelegenheit, zu ewigem Ruhm zu gelangen (Schings: Consolatio S. 37), deutet.

Den Tyrannen behandeln die Theoretiker als abschreckendes Beispiel (del Rio – vgl. Müller Bd. 1 S. 66) und Exempelfall für eine falsche Lebenshaltung. Nach Donati und Masen sollten sie keine extremen Bösewichter abgeben, sondern eher verblendete Menschen, die einen groben Fehler begangen haben und die ›Philantrophie‹ des Publikums für eine ›verlorene‹ Seele in Anspruch nehmen (Neßler S. 36). Beinahe alle Märtyrer- und Tyrannendramen gehen traurig aus, wobei der von Aristoteles erwähnte zweite Tragödientyp mit einem versöhnlichen Schluß der gemischten Dramengattung (s. S. 64 ff.) zugewiesen wird.

Noch wichtiger als der Ausgang sind aber die Wirkungen auf das Publikum. Die aristotelische Tragödienlehre, nach der durch die Nachahmung pathetischer und erschreckender Ereignisse die Affekte des Mitleids und des Schreckens erregt werden, um sich dann einer »ethisch neutrale(n) lustvolle(n) Purgierung« (Schings: Consolatio S. 6 f.) oder Katharsis zu unterziehen, stößt in der Barocktheorie nur bei Rotth auf Verständnis (Herrmann S. 41) und hat sogar Staiger veranlaßt, Aristoteles als unbedeutend für das Barockdrama abzutun (S. 145 ff.). Immerhin befassen sich fast alle Poetiker mit aristotelischer Begrifflichkeit oder mit Platos Ingenium- und Furorlehre, wonach die dargestellten Affekte nicht purgiert, sondern nachgeahmt werden und daher einen negativen Einfluß auf das menschliche Verhalten ausüben (Geisenhof S. 37 ff., Schings: Consolatio S. 9).

Das Hauptziel des barocken Trauerspiels ist von Bielmann treffend als »die Aristotelische Katharsis in moralischer Umdeutung« (S. 51) formuliert worden. Katharsis ist demnach mit Morallehre gleichzusetzen, sie bestimmt die Wirkung und gibt Auskunft über die Leserschaft (Schings 1974 S. 535) und bildet »a new tragic drama based on Christian principles« (Aikin 1981 S. 241). Ihre Hauptfunktion, die schon früh in der Renaissancetheorie (Minturno, Maggi/Lombardi, Robortello, Scaliger) und in der Jesuitenpoetik (Pontanus, Donati, Masen) zum Ausdruck kommt, ist »die Aneiferung und Abschreckung durch [. . .] tugend- und lasterhafte Charaktere« (Schings: Consolatio S. 18). Noch weiter geht Aikin, die die drei verschiedenen Möglichkeiten des barocken Katharsis-Verständnisses analysiert (1981 S. 245).

Der Platoniker Harsdörffer, dessen Katharsisbegriff direkt auf Aristoteles zurückgeht, unterteilt die tragischen Affekte in

»Erstaunen« (oder »Schrecken«) und »Hermen« (oder »Mitleid«), wobei »Erstaunen« durch die unerwartete Bestrafung einer Figur erregt wird, mit der wir uns identifizieren können; und »Hermen« durch das unverdiente Leiden eines Unschuldigen (Aikin: Drama S. 43). Es ist dem Jesuiten Masen klar, daß so eine Situation eher Bewunderung erregt als Mitleid (Becher S. 292). Auch für den optimistischen Birken soll die Katharsis eine moralische Besserung im Diesseits erzielen (Aikin: Drama S. 43), was auf die exemplum-Tradition des 16. Jh.s zurückweist (Aikin 1981 S. 245).

Im Gegensatz zu diesen Platonikern, die e positivo vorgehen und das vorbildliche Märtyrerstück bevorzugen, stehen die ›Senekaner‹, deren Ziele ebenfalls ethisch ausgerichtet sind, auch wenn sie durch die Darstellung der vergänglichen Fortuna-Welt provokativ wirken wollen. Durch die Inszenierung von Greueln auf der Bühne, die die Wirkung noch verstärken sollte (Borinski S. 217 f.), gewöhnt sich das Puplikum an das Schreckliche (Heinsius, Opitz). Allerdings geht es Opitz, der in der Vorrede zu den *Trojanerinnen* del Rios Zitat aus Epiktet übernimmt (Schings 1974 S. 530), nicht um die stoische Apathie (Borinski S. 88) oder Abstumpfung der Affekte (Alewyn S. 8), die letzten Endes auf Aischylos zurückgehen (Schings 1974 S. 533), sondern um Heinsius' Begriff der »Metriopathie« (Geisenhof S. 51) oder Mäßigung der Affekte, vor allem des Schreckens, durch eine kontrollierende Vernunft.

Durch die Abschwächung der Affekte gewinnt man Raum zur Einpflanzung christlich-stoischer Tugenden (z. B. prudentia, constantia, magnanimitas), die der Senecaschen Moralphilosophie in der christlichen Einfärbung des Neustoikers Lipsius entstammen (Schings 1974 S. 526 f.). Diese Philosophie dient auch als Quelle für die moralische Umdeutung der Katharsis als Trost oder consolatio für die Melancholie des Lebens (Schings: Consolatio S. 21 f.), die die Literaturtheorie (Minturno, Robortello, del Rio, Galluzzi, Opitz, Klaj, Rist, Birken, Omeis) kennt und auf die auch die Sekundärliteratur (Happ S. 32 f., Geisenhof S. 54; vor allem Schings: Consolatio S. 21 ff.) bereits hingewiesen hat.

2. Das Lustspiel

Die barocke Komödientheorie ist mangels einer selbständigen Abhandlung in der Antike, mit der man sich hätte auseinandersetzen können, ein Stiefkind der Forschung geblieben. Die

Theoretiker, die das Lustspiel in erster Linie als »Gegenpol der Tragödie« betrachten (Markwardt S. 42, Dyck S. 111), beziehen sich in ihrer »biedere(n) Handwerkslehre« (Flemming: Barockkomödie S. 21) auf zerstreute Bemerkungen bei Aristoteles, Cicero und dem Terenz-Kommentar des Aelius Donatus. Als Hauptquelle für ihre Definitionen aber dient die römische Komödie, deren Typen bei Galluzzi (Fischer-Neumann S. 62) und Masen (Flemming: Barockkomödie S. 22) verzeichnet sind. In der Sekundärliteratur ist die Situation nicht wesentlich besser. Eine gründliche Studie über die Komödientheorie im Barock, etwa wie Schings' Aufsatz über die Tragödienlehre, fehlt ganz. Die in den Poetiken verstreuten ›Definitionen‹ von Opitz, Buchner, Birken, Harsdörffer, Masen, Morhof, Stieler, Rotth und Omeis werden in den weitgehend chronologischen Kompilationen von Flemming (Barockkomödie) und Aikin (Drama) wiedergegeben.

Die Dreiheit von Entsprechungen zwischen Gattung, Standesbereich und Stil gilt auch für das barocke Lustspiel. Bei Scaliger findet sich eine Sammlung von Inhalten römischer Komödien, die Opitz, ohne aber diesmal musterhafte Übersetzungen zu liefern, einfach ins Deutsche überträgt: »Die Comedie bestehet in schlechtem wesen und personen: redet von hochzeiten / gastgeboten / spielen / betrug unnd schalckheit der knechte / ruhmrätigen Landtsknechten / buhlersachen / leichtfertigkeit der jugend /geitze des alters / kupplerey und solchen sachen / die täglich unter gemeinen Leuten vorlauffen« *(Buch von der dt. Poeterey,* Kap. 5). Es handelt sich hier um eine Beschreibung des komisch-satirischen, in niederem Stil verfaßten Lustspiels mit gutem Ausgang, das im Barock die Bühne beherrschte. Die nachfolgenden Theoretiker sind zum großen Teil mit Opitz' Stoffverzeichnis einverstanden, nur bei einigen (Birken, Harsdörffer, Masen) wird die satirische Komponente abgeschwächt (Dietrich S. 22). Schuldramatiker wie Masen lassen die »buhlersachen« und »kupplerey« schlechthin weg (Fischer-Neumann S. 61).

Ebenfalls aus religiös-moralischen Gründen werden die Namen der heidnischen Götter entweder nicht mehr verwendet (Donati, Birken, Harsdörffer) oder nur mit Einschränkungen zugelassen (Masen, Weise). Noch ein Grund für das Wegfallen dieser Namen ist zweifellos der Verstoß gegen die Ständeklausel, an die sich Opitz und Männling streng halten. Es bedeutet aber »eine historische Relativierung der traditionellen Komödiendefinition (Fischer S. 152), wenn Hadewig das Vorhandensein von Göttern und Königen im Lustspiel erwähnt. Der damaligen Praxis ebenfalls nahestehend sind Harsdörffer, Richter, Rotth und der anonyme Verfasser der *Breslauer Anleitung*, denen allen Lustspiele mit hohen Personen bekannt sind (Guthke S. 357).

Dieser Komödientyp, den Aikin als die »italian or romantic« Komödie bezeichnet (Drama S. 96), wird von der damaligen Theorie der gemischten Dramengattung zugeordnet.

Wie das barocke Trauerspiel erzielt das Lustspiel in erster Linie eine ethische Wirkung im Sinne des cum delectatione docere und wird sogar von Birken mit der neuen Gattungsbezeichnung ›Tugendspiel‹ versehen (Borinski S. 236). Inhaltlich handelt es sich nicht um große Sünden und Laster, sondern vielmehr um komisch verzerrte Verkehrtheiten (Flemming: Barockkomödie S. 22), die die Zuschauer auf den Weg zur moralischen Besserung führen. Nach der mit aristotelischer Begrifflichkeit arbeitenden Komödienlehre sollen Hoffnung und Freude (Donati, Masen und Birken) erregt werden, worunter Birken – rein theologisch – die Hoffnung auf das ewige Heil und die Freude über die (unerwartete) göttliche Gnade versteht. Das Ziel bleibt eindeutig religiös-moralisch: die Komödie enthüllt »ultimate truths in the Christian view of man and his world« (Aikin: Drama S. 97).

3. Die gemischte Dramengattung: ›Tragikomödie‹ und ›Komikotragödie‹, ›Schäferspiel‹ und ›Allegorie‹

Die sogenannte dritte Gattung dient vor allem als »Pauschalbegriff für alle Arten von Mischungen von Elementen der Tragödie und Komödie« (Guthke S. 346). Historisch gesehen tauchen drei Hauptarten von Mischungen entweder vereinzelt oder in beliebigen Kombinationen in den Poetiken (Pontanus, Masen) immer wieder auf: die Mischung der Stände in einem Drama, die Mischung von Tragik und Komik sowie die Verbindung von ernstem Stoff und hohen Personen (insbesondere die Liebeshandlungen in den Opern) mit einem guten Ausgang. In der Barocktheorie ist ein solcher Ausgang als Hauptkriterium der Mischgattung anzusehen.

Der Begriff ›Tragikomödie‹, der in Dtld. seit 1501 belegbar ist (Guthke S. 347) und der mit modernen Vorstellungen des Tragikomischen nicht zu verwechseln ist, geht auf einen Scherz im plautinischen Lustspiel *Amphitruo* zurück, in dem neben niederen Personen auch Göttergestalten erscheinen. Das Wort bezeichnet entweder eine Komödie (Fischer-Neumann S. 57) oder eine gut ausgehende Tragödie (Guthke S. 359). Im ersten Fall bezieht sich die Theorie auf die Liebeskomödie der italienischen Renaissance (z. B. G. Cinthio), die durch hohe Personen, eine romantische Handlung, tragische Affekte und einen fröhlichen Ausgang gekennzeichnet ist. Dieser Lustspieltyp findet in der dt. Barockpoetik kaum Erwähnung, da Opitz ihn wegen des Verstoßes gegen die Ständeklausel und der Unangemessenheit des Stoffes strikt abgelehnt hat. Nur Stieler, der selbst solche Dramen geschrieben haben soll, rechtfertigt sie als eine Sondergattung, die er ›Heldenspiel‹ nennt und die im Sinne von Guarinis Theorie des Schäferspiels gemäßigte Affekte (Guthke S. 352) zu erzeugen hat. Tatsächlich ähnelt Stielers Heldenspiel dem (guarinischen) Schäferspiel, das nach Aikin »usually a romantic comedy in pastoral guise« (Drama S. 97) abgibt. Streift man aber das Pastorale bzw. das Allegorische als »unwesentliches Beiwerk« (Guthke S. 352) ab, dann tritt eine von ihren Wunschträumen (Carnap S. 76) zehrende höfische Gesellschaft mit ihren keuschen Liebeshändeln (Popp S. 40 f.) hervor. Darauf, daß es sich hier gehaltlich um das »Schrifttum einer Oberschicht« (Carnap S. 68) handelt, haben schon Harsdörffer und Birken angespielt (Aikin: Drama S. 94, Fischer S. 155). Im zweiten Fall dagegen ist die Tragikomödie nichts anderes als ein Trauerspiel mit glücklichem Ausgang. Diesen Typ, der sich mit den Taten frommer Regenten befaßt und damit die Eigenschaften eines Fürstenspiegels annimmt, nennt Birken ein ›Heldenspiel‹. Mit seiner Bemerkung, daß »in christlicher Ära die Tragikomödie die einzig angemessene Art des hohen Spieles sein könne« gewinnt Birken sogar Raum für die Tragikomödie als Sondergattung (Guthke S. 359).

Als die entgegengesetzte Zwischengattung (Guthke S. 356) zur Tragikomödie gilt die nur bei den Jesuitentheoretikern und Omeis vorkommende ›Komikotragödie‹, die seit 1540 in Dtld. belegt ist (Guthke S. 349). Dieser Prototyp der Tragödie (Guthke S. 340), dessen Stoff und Personen dem niederen, d. h. komischen Bereich entstammen, weist einen traurigen Ausgang auf (Tarot S. 58). Da Pontanus' Meinung nach niedrigen Personen die nötige Standeswürde und die Fallhöhe fehlen, hat er – und nach ihm Balde – die ›Komikotragödie‹ für ein Unding gehalten. Masen dagegen setzt sich für sie ein, allerdings mit einem großen Unterschied: die Hauptperson ist bei ihm jetzt fast vornehm und gehört dementsprechend zum mittleren (stilistischen) Bereich.

An letzter Stelle sei auch die Allegorie großen Stils erwähnt, die in der Barockpoetik entweder als Mischgattung (Birken, Harsdörffer, Masen) oder als selbständige Gattung (Stieler, Neumayr) erscheint. Zur Entschlüsselung der exemplarischen Figurennamen, die tiefe religiös-moralische Einsichten beinhalten, braucht man die Hilfe des Dramatikers. In der Sekundärliteratur wird diese ›Gattung‹ eigentlich nur von Aikin (Drama S. 94 ff.) behandelt.

IV. Dramenkritik

In der Regel richtet sich die Polemik der protestantischen Geistlichen nicht nur gegen die Gattung ›Barockdrama bzw. -oper‹, sondern auch vor allem gegen deren soziale Auswirkungen (Diebel S. 214), die eine Abwendung von den Lehren und der Kontrolle der Kirche repräsentieren. Diese Kritik geht nicht von Katholiken aus, für die die Bühne bis weit ins 18. Jh. hinein im Dienst der Theologie steht (Hövel S. 13), sondern von reformierten und, in der zweiten Hälfte des Jh.s, von pietistischen Kreisen (Lindberg S. 251 ff.). Eine radikale, gleichsam fanatische Theaterfeindschaft äußert sich in Zürich, Basel, Bern und entlang der Nord- und Ostseeküste in von kalvinistischen Einwanderern beeinflußten Städten wie Bremen, Hamburg, Lübeck, Rostock und Danzig oder in pietistischen Hochburgen wie Halle/Saale und Frankfurt/Main.

Zum reformierten Dogma gehört die weltverneinende Lehre der adiaphora oder Verwerfung der Mitteldinge (z. B. Theater, Tanz, Musik), die bei vielen Pietisten, wie bei Anton Reiser in seiner Streitschrift *Theatromania oder die Werke der Finsternis* (1681), zum Ausdruck kommt. Sowohl diese Doktrin als auch alle möglichen Einwände gegen das Drama enthält das Pamphlet *Bedenken von Komödien und Spielen*, das der kalvinistische Theologe Johann Jakob Breitinger 1624 in Zürich publizierte. Das von ihm gebrauchte Argument der zur Unsittlichkeit aufreizenden Sinnlichkeit des Theaters bzw. des Dramas (Diebel S. 68 ff.) wurde im Verlauf des Jh.s immer wieder benutzt. Man zielte dabei in erster Linie auf das weltliche Drama und das (erotische) Liebesdrama, die beide der moralischen Askese der Kirche fernstanden. Angegriffen wurden auch die derben Späße und die obszöne Gestik des Pickelhering (z. B. von August Hermann Francke, Barthold Feind).

Die platonische Ingenium- und Furorlehre, wonach die Darstellung der Laster zur Nachahmung aufstachelt, hat man in christlicher Umdeutung in der Bibel und bei den Kirchenvätern Tertullian, Novatian, Minucius Felix, Chrysostomos, dem Hl. Augustin, Laktanz, Arnobius, Justinus und Cyprian gefunden (Weismann, Jürgens). Ihre Argumente tauchen in fast allen Streitschriften gegen das Theater, vor allem bei Anton Reiser, wieder auf. Die strenggläubigen Geistlichen lehnen das Theater als unsittliche Anstalt polemisch ab.

Auch das Moment der Konkurrenz spielt eine wichtige Rolle, allerdings erst nach dem Erscheinen der englischen Komödianten auf dem Festland (Diebel S. 122 ff.). Wegen der Zugkraft dieser ersten Berufsschauspieler, für die das Theater keineswegs Mittel zur Belehrung war, sondern Selbstzweck (Michael S. 44), sah sich die Kirche in ihrer Macht gefährdet. Theater und Kirche konkurrierten um die Freizeit des Bürgers während der Bet- und Kirchenstunden und sogar an Sonn- und Feiertagen, an denen alle Gewerbe unterbunden wurden. Die Geistlichen (z. B. Albertinus und Dannhauer) wurden nie müde, auf die Unmoral des traditionell zur niedrigsten sozialen Schicht gehörenden Schauspielerstandes zu schimpfen (Michael S. 6, 47; Valentin S. 446 ff.) und verweigerten gelegentlich das Abendmahl bzw. die kirchliche Bestattung (Hövel S. 124), wie es 1692 im Falle des namhaften Prinzipals Johannes Velten vorkam. In vielen solcher Fälle mußte der objektiver urteilende Stadtrat eine Mittlerfunktion übernehmen.

Die Pastoren, die oftmals noch nie einer Dramen- oder Opernaufführung beigewohnt hatten, verwiesen häufig – und wieder unter Berufung auf die Kirchenväter – auf den heidnischen Ursprung und Inhalt des Dramas. Das bedeutet, daß in Städten wie Rostock, wo der Theatergegner Joachim Schröder wirkte, antike Dramatiker wie Plautus und Terenz von der Schulbühne verstoßen wurden (Hövel S. 30). Unter ›heidnisch‹ verstand man aber auch die »Vermischung von Christentum und heidnischer Mythologie« (Neumeister S. 140). Trotz der Einwände der Poetiker (Harsdörffer, Birken) und einiger Theologen (Winkler) durchzog diese Vermischung das ganze Barockdrama und die Oper sowie auch das Drama der Jesuiten (Hövel S. 42), das im Zeichen der propaganda fidei stand und durch glänzende rhetorische Wirkungsweise öfters protestantische Schüler zur Bekehrung anlockte, wovor man mit gutem Grund Angst hatte.

Das Drama wurde aber von Theatergegnern nicht nur mit Heidentum gleichgesetzt, sondern auch mit Verstellung, Heuchelei und Lüge (Diebel S. 90 ff.). Die Identifikation von Dichtung und Lüge ist schon bei den Griechen Solon, Lykurg und Plato zu finden (Hövel S. 8), aber auch in Bibelsprüchen vorhanden, die die Kirchenväter nur allzu gern zitierten. Der Versuch, Gottes Schöpfung nachahmend korrigieren zu wollen, kam nach der Meinung der Pietisten der Hauptsünde nahe.

Man blieb aber nicht bei diesem Argument. Unter Berufung auf das Mosaische Gesetz (5 Moses 22:5) konnte man das Tragen von Weiberkleidung auf der Bühne als sündhaft interpretieren. Man hatte auch Naturkatastrophen bei Dramenaufführungen als Zeichen des göttlichen Zornes empfunden und hatte es als eine Herausforderung an Gott verstanden, in trübseligen Zeiten wie dem Dreißigjährigen Krieg überhaupt Stücke darzustellen (Hövel S. 48 f.). Auch wenn für die Kalvinisten der Theaterbesuch in der Regel eine reine Zeit- und Geldvergeudung war, reagierten sie überraschenderweise kaum auf das Auftauchen der Schauspielerinnen auf der Berufsbühne seit 1653 (Alexander 1978 S. 36). Nur vereinzelte Stimmen erhoben sich gegen das Vorhandensein von Frauen auf der dt. Bühne (Valentin S. 456, Lindberg S. 253).

Im großen und ganzen kann man die Theatergegner in zwei Lager einteilen: in die fanatischen Theologen, für die das Drama und die Oper tatsächlich eine Gefahr für das Seelenheil der Zuschauer bedeutete (Breitinger, Johann Schmidt, J. Schröder, der ehemalige Komödiant J. Lassenius, A. Reiser, J. Winkler, A. H. Francke, Ch. Kortholt, J. W. Petersen, G. Arnoldt) und in diejenigen, deren Kritik »nur gewissen zeitgenössischen Mängeln, nicht der Sache als solcher« (Neumeister S. 136) galt (Dannhauer, J. Spener). Wie der Hl. Augustin (vgl. Weismann S. 123 ff.) bezog Spener eine recht differenzierte Stellung zu den Schauspielen, indem er gegen die Lektüre moralisch-didaktischer Stücke wie Gryphius' *Catharina von Georgien* gar nichts einzuwenden hatte (Hövel S. 81 ff.). Die Streitschriften der Reformierten und der Pietisten blieben nicht ohne Gegenstellung, vor allem nicht im Hamburger Opernstreit (Flemming S. 13 ff.), der zugunsten der Opernfreunde (Heinrich Elmenhorst, Christoph Rauch, Johann Friedrich Mayer) entschieden wurde. Theaterfreunde hatte das Drama aber schon vorher gehabt. Für evangelische Theologen (Schupp, Dürr, Elmenhorst), die sich auf Luthers und Melanchthons Empfehlung hin auf das Schuldrama stützen konnten (Geffcken S. 23), trotz gelegentlicher moralischer Bedenken, war das Drama, um mit Erasmus zu sprechen, eine Predigt mit anderen Mitteln, die über göttliche Dinge unterrichtete und deshalb die Kritik eines Engländers verdient hatte: »the german is too holy for he presents on every common stage what preachers should pronounce from pulpits« (Zitat nach Hövel S. 34). Die Perspektive des Dramatikers und des Publikums war eindeutig christlich-moralisch, auch wenn der Stoff weltlich orientiert war.

Die Haltung der Lutheraner dem Theater gegenüber hatte »mancherlei Gegensätzliches« (Hövel S. 14) an sich. Das traf aber ebenso – wenn auch nicht in so großem Umfang – für die Kalvinisten zu, deren Einstellung keineswegs als »durchweg schroff ablehnend« (wie Hövel es auf S. 14 formuliert) einzustufen ist. Man braucht hier nur an die reformierten Dramatiker im 16. Jh. zu denken (Hövel S. 19 f.), an die rege Theatertätigkeit in Heidelberg und Kassel im 17. Jh. (Neumeister S. 120), an den Dramenübersetzer Isaac Clauß in Straßburg (Alexander 1975 S. 221) und an den Dramatiker Josua Wetter in St. Gallen, dessen Vater 1629 eine Disputation veröffentlichte, die den Kalvinisten Dramenaufführungen erleichtern sollte (Thomke S. 172).

Literatur:

Monika Diebel: Grundlagen und Erscheinungsformen der Theaterfeindlichkeit dt. protestantischer Geistlicher im 17. und 18. Jh. Diss. Wien 1968 [Masch.]

Johann Geffcken: Der erste Streit über die Zulässigkeit des Schauspiels. In: Zs. des Vereins für Hamburgische Geschichte 3. 1851. S. 1ff.

Carl Hase: Das geistliche Schauspiel. 1858. S. 275 ff.

Hannelore Heckmann-French: Der Stand der dt. Theaterkritik (1700–1750) unter besonderer Berücksichtigung der deutschsprachigen Zeitschriftenliteratur. Diss. Univ. of Illinois 1981 [Masch.].

Otto Heins: Johann Rist als Dramatiker. Ein Beitrag zur Geschichte des volkstümlichen Dramas im 17. Jh. Diss. Marburg 1929. Vollständig u. d. T.: Johann Rist und das niederdeutsche Drama des 17. Jh.s. 1930.

Ernst Hövel: Der Kampf der Geistlichkeit gegen das Theater in Dtld. im 17. Jh. Diss. Münster 1912.

Heiko Jürgens: Pompa diaboli. Die latein. Kirchenväter und das antike Theater. 1972 (Tübinger Beiträge zur Altertumswissenschaft 46).

John D. Lindberg: Der Pietismus und die dt. Barockoper. Zusammenprall zweier Welten. In: Europäische Tradition S. 251 ff.

Friedrich Michael: Die Anfänge der Theaterkritik in Dtld. 1918.

Heddy Neumeister: Geistlichkeit und Literatur. Zur Literatursoziologie des 17. Jh.s. 1931 (Universitas-Archiv 51).

Jean-Marie Valentin: Bouffons ou religieux? Le débat sur le théâtre dans l'Allemagne catholique au début du 17e siècle. In: Revue d'Allemagne 12. 1980. S. 442 ff.

Werner Weismann: Kirche und Schauspiele. Die Schauspiele im Urteil der latein. Kirchenväter unter besonderer Berücksichtigung von Augustin. 1972.

Alexander 1975 (wie S. 33), *Alexander* 1978 (wie S. 28), *Flemming* 1933 (wie S. VI), *Thomke* (wie S. 13).

I. Die Dramengattungen

Die vielfältigen Bezeichnungen für die Dramengattungen des Barockzeitalters bieten ein höchst unsystematisches, verworrenes Bild. Im allgemeinen sind zwei Hauptgattungen zu unterscheiden: das Trauerspiel oder die Tragödie (eine genaue Differenzierung der beiden Begriffe entstand kurz vor 1800 – vgl. Günther S. 546; übrigens ist es das Verdienst Benjamins, als erster die beiden als Gegenbegriffe verwendet zu haben) und das Lustspiel (auch Freudenspiel, Komödie, Scherzspiel, Schimpfspiel und Possenspiel genannt). Eine dritte Gattung bildet die sogenannte gemischte Dramenform oder die Tragikomödie (auch unter Bezeichnungen wie Tragi(co)comoedia, Komiko-Tragoedie, Drama comico-tragicum, Trauer- und Lustspiel, Trauer- Freudenspiel, Mischspiel und Schauspiel bekannt – vgl. Guthke S. 353), die aber eher als ein »Sammelbecken der dramatischen Regelverstöße« (Günther S. 524) aufzufassen ist. Zu dieser ›dritten Gattung‹ rechnet man das Schäferspiel (Schäfferei, Pastorale, Pastorell, Pastoralkomödie, Waldkomödie, Waldspiel – vgl. Ninger S. 15), das im dt. Barock überwiegend aus Übersetzungen und Bearbeitungen fremdländischer Vorlagen besteht (s. S. 45 ff.).

Bis Lessing wirkt der enge Zusammenhang zwischen Gattung, Stoff und entsprechender Stillage, wobei der Ständeklausel ein besonderes Gewicht zukommt. Zwischen dem höchsten Sozialstand und dem niedrigsten, zwischen Idealität und Realität (Ziegler Sp. 2064) zieht das Barock eine scharfe Grenzlinie. Auch in der Frühzeit wird das Drama in den Poetiken an bestimmte Gegenstände gebunden. Form und Stil eines Dramas, weitgehend durch die Wahl des Sujets bestimmt, spiegeln die Gebundenheit des Dramatikers an tradierte Konventionen wider. Das Interesse gilt nicht dem Individuum, in seiner einzigartigen Entwicklung, sondern dem Repräsentanten der Menschheit: »Hier suchen nicht ›Personen‹ einen Autor, sondern ›Rollen‹ einen Spieler« (Müller S. 141).

Die Kunstgattungen des Trauerspiels, des Lustspiels und der Tragikomödie (darunter des Schäferspiels), die zunächst in Frankreich, Italien, Spanien und England ausgebildet und fortentwickelt wurden, prägen das europäische Drama des 17. Jh.s. Die Legitimation für die Gattungen sucht man aber vor allem in der Dramaturgie der Antike (Aristoteles, Horaz), wobei nicht nur die griechischen Tragiker (Sophokles, Aischylos), sondern auch die römischen Dramatiker (Seneca, Terenz, Plautus) starke Einflüsse ausgeübt haben. Die Macht der Tradition bestimmte weitgehend die Zwei- bzw. Dreiteilung der Dramengattungen.

Literatur:

Horst Günther: Tragikomödie. In: Reallexikon. Bd. 4. S. 523 ff.
Ders.: Trauerspiel, ebd. S. 546 ff.
Günther Müller: Höfische Kultur der Barockzeit. In: H. Naumann und G. M., Höfische Kultur. 1929. S. 79 ff.
Aikin: Drama, *Benjamin:* Ursprung, *Garber* (wie S. 48), *Guthke* (wie S. 52), *Ninger* (wie S. 46), *Parente* (wie S. 17), *Ziegler* (wie S. 15)

1. Das neulateinische Drama der Protestanten

Im Zeitraum 1570–1624 gedieh – neben dem Drama der Jesuiten – das neulatein. Schuldrama dt. Protestanten, das, von der Forschung kaum berücksichtigt, mit den Lustspielen von Friedrich Hermann Flayder (1625/27) einen letzten Höhepunkt erreichte, auch wenn im weiteren Verlauf des 17. Jh.s latein. Theaterstücke von Micraelius (vgl. Krickeberg) und Prasch (vgl. Dachs) immer noch erschienen.

Die Forschung befaßt sich – wenn überhaupt – nur mit den Hauptvertretern dieser schulmäßigen Gattung, deren Merkmale in den Abschnitten über ›Das Jesuitendrama‹ (s. S. 77 ff.) und ›Das protestantische Schuldrama im Barock‹ (s. S. 106 ff.) eingehend besprochen werden. Es handelt sich in erster Linie um die Dramen von Nicodemus Frischlin (1547–1590), Johann Valentin Andreae (1586–1654), Caspar Brülow (1585–1627), Friedrich Hermann Flayder (1596–1640) und Johann Ludwig Prasch (1637–1690). Mit der Ausnahme von Prasch sind alle Übergangsfiguren, wobei ungeklärt bleibt, ob Frischlin (fehlt bei Dünnhaupt) zur Spätrenaissance oder zum Barock gehört (verzeichnet bei Pyritz S. 186 ff.).

Obwohl Frischlin als führender protestantischer Dramatiker der zweiten Hälfte des 16. Jh.s anzusehen ist, liegt nur wenig Gedrucktes über seine Dramenproduktion vor, wobei die meisten Dissertationen (Fink, Neumeyer, Kohl) auf Roethes Kommentare (S. xxv ff.) zurückgreifen. Als Frischlins erfolgreichstes Stück gilt *Julius Redivivus* (1572/85; dt. von Jakob Frischlin 1585 und 1592, auch von Jakob Ayrer 1618), dessen Titelge-

bung und Rahmenhandlung bis weit ins 17. Jh. hinein nachgewirkt hat (Roethe S. xliv, Neumeyer S. 340 ff.). Nicht durch die
dramatische Form, die fast unvermeidlich den Tadel der Kritiker auf sich zieht (Neumeyer S. 152, Wheelis 1973 S. 107), sondern durch die beißende Satire, den witzigen Humor und den
glühenden Patriotismus evoziert Frischlin das Bild eines utopischen Dtld.s, dessen Vorbild die Antike liefert (Wheelis 1973
S. 106, 113 ff.).

Auf sein erstes Drama *Rebecca* (1576), das bis 1616 mindestens sechsmal verdeutscht wurde, richtet sich auch das Augenmerk der Kritik. Frischlins Mitleid mit dem Zustand der
Bauern, das er mit den Neulateinern Daniel Cramer (*Plagium*
1593) und Theodor Rhode (*Debora* 1625) teilt, hat Boeckh
veranlaßt, ihn als den Prototypen des sozialen Revolutionärs
(S. 951 ff.) einzustufen. Diese neue Mythologisierung stimmt
aber ebensowenig wie das Märtyrerbild, das Strauß von ihm
entworfen hat.

Als letztes Stück von Frischlin ist das erst posthum erschie-
nene Drama *Phasma* (1592, dt. von Arnold Glaser 1593 und
von Johannes Bertesius 1606) zu erwähnen, das lange Zeit als
sein »eigenartigstes Werk« (Roloff: Drama S. 665) und »Stil-
wirrwarr« (Neumeyer S. 354) abschätzig beurteilt wurde. Erst
Elschenbroich konnte darauf hinweisen, daß diese »Gemein-
schaftsarbeit« (S. 348), die aus einer »Aneinanderreihung von
Disputationen« (S. 343) bestand, nicht zu Frischlins Fach-
bereich gehörte (S. 348) und daß das Plautus-Zitat im dritten
Akt wohl »eine dogmatische Travestie« (S. 362) impliziert,
was nur den Zorn der Tübinger Theologen hätte erregen können.

Sechsundzwanzig Jahre nach Frischlins Tod erschien eines
der faszinierendsten Schauspiele des 17. Jh.s, das »in seinem
Gehalt und in seiner Formqualität ganz isoliert da[steht]« (Roloff: Drama S. 671). Es handelt sich um Andreaes dreimal aufge-
legtes prosaisches Lustspiel *Turbo* (1616; vgl. Dünnhaupt
S. 194, Pyritz S. 22), dessen Titelheld viele Lebensstationen
(akademische Disziplinen, Liebesabenteuer, Magie) durchlau-
fen muß, bevor er den Weg zu sich selbst findet und den Namen
>Serenus< erhält. Die Ähnlichkeiten mit dem Faust-Stoff liegen
auf der Hand (Schmidt S. 127 ff.). Andreaes Satire richtet sich
nicht nur gegen das alte scholastische Bildungssystem (Hess
1971 S. 320 ff.), sondern auch gegen »eitles Gelehrtentum, Hab-
sucht, Behördenwesen und die antiken Geistesgrößen« (Roloff:
Drama S. 671). Außerdem erscheint zum ersten Mal auf der dt.

Bühne die Figur des Harlequin (Schmidt S. 131), die die komische Parallele liefert und »die Züge des antiken Parasiten, des Grobianus, des Harlequin und des Pickelhering« aufweist (Roloff: Drama S. 671). Auf das Barock hin weisen die Ablehnung einer am Diesseits orientierten Lebenshaltung, die allegorische Komponente, die redenden Namen (Turbo bedeutet ›Wirbelwind‹) und die komischen Elemente (Sprachmengerei – vgl. Süß S. 351 – und Dialektsprechen).

Ganz anders kommt aber die Hinwendung zum Barock in den Stücken des Straßburger Dramatikers Brülow (vgl. Pyritz S. 98) zum Ausdruck. Wie Frischlin bedient sich der Verfasser des bühnenwirksamen Bibeldramas *Moyses* (1621) des höfischen Milieus und in seinem besten Stück *Julius Caesar* (1616) des »Typ(es) eines idealen Herrschers und Beschützers« (Haupt S. 49), wobei »eine staatsbürgerlich-erzieherische Tendenz« (Haupt S. 49) zu konstatieren ist. Es geht hier nicht um »eine erste, bewußte Opposition gegen die höfische Weltordnung«, die Schaefer aus der Hofkritik herauszulesen meint (S. 88), sondern vielmehr um eine bürgerliche Annäherung an den Hof, wie wir es im schlesischen Kunstdrama noch stärker erleben. Die Bestrafung der Rebellen (z. B. Brutus) und der Tyrannen (Nebukadnezar, Pharao) sowie die Inszenierung von Hinrichtungen auf der Bühne weisen ebenfalls auf barocke Tendenzen hin.

Im Gegensatz zu Brülow hält sich der Tübinger Humanist Flayder (vgl. Pyritz S. 171) streng an die aristotelischen Einheiten in seinen wegen der straffen Komposition öfters gelobten Lustspielen *Imma portatrix* (1625) und *Ludovicus bigamis* (1625). Der mit dem Ehrennamen ›Frischlinus secundus‹ gefeierte Flayder verbindet in diesen Liebeskomödien Gestalten der dt. Sagenwelt (Emma und Eginhard, den Grafen von Gleichen) mit antiken Figuren aus der römischen Palliata und der Eklogendichtung – seine griechischen Schäfer z. B. sind nichts anderes als schwäbische Bauern! Diese Dramen stellen trotz der Handlungsdürftigkeit die »höchste Vollendung der latein. Schulkomödie« dar (Bebermeyer 1925 S. 178). Im Revuestück *Moria rediviva* (1627), das als ein Beispiel der Narrenliteratur auf Erasmus' *Lob der Torheit* (1509) zurückgreift, persifliert Flayder die Schwächen des Rechtssystems und – an Andreaes *Turbo* erinnernd – die Alchemie.

Der letzte neulatein. Dramatiker ist der protestantische Bürgermeister Prasch (vgl. Dünnhaupt S. 1448 ff., Pyritz S. 536 f.), dessen Schuldramen *Comoedia Amici (1663), Tullia* (1667), *Arminius* (1678) und *Astrea* (1681) von Dachs eingehend besprochen werden. Auch von Interesse für die zukünftige Forschung ist die Dramatisierung (latein.) Romane wie Flayders *Argenis* (1626), Wolfgang Waldungs *Aethiopica* (1605), ein Drama, das großen Erfolg hatte (Grün-Riesel S. 141), Johannes Scholvins *Aethiopissa* (1608), »ein Werk, das vor allem in seiner Sprachformung bereits dem 17. Jh. angehört« (Roloff: Drama S. 670) und Brülows *Chariclia* (1614). Hierbei ist anzumerken, daß auch die dt. Dramatisierung höfischer Romane im 17. Jh. (z. B. Andreas Hartmanns *Comoedia des Amadis*, 1587 – vgl. Hoffmeister 1980 S. 463 ff.; Kuffsteins *Carcell de Amor*, 1624, in einem Mischspiel, 1678 – vgl. Hoffmeister 1980 S. 471; und die zahlreichen Dramatisierungen der *Asiatischen Banise* für die Opern- bzw. Wanderbühne seit 1710 (vgl. Kettler S. 115, Hoffmeister 1976 S. 181) äußerst selten waren.

Noch von der Forschung ungenügend erforscht sind folgende Dramen: Jakob Rosefeldts *Moschus* (1599), das nach Bolte als Parallele zu Shakespeares *Kaufmann von Venedig* zu betrachten ist (S. 187 ff.), Johann Cleophas Jacobis *Mariamne* (1618), Märtyrerstücke von Michael Virdung (*Thrasea* 1596) und Theodor Rhode (*Hagne* 1615), Rhodes Geschichtsdrama *Colignius* (1614), die Wallenstein-Stücke von Johannes Narssius (1617) und Nicolas de Vernulz (oder Vernulaeus, 1631). Darüber hinaus Georg Calaminus' Verherrlichung der Habsburger (*Rudolph-Ottocarus* 1594), Heinrich Hirtzwigs *Balsasar* (1615) und Andreas Sevelenbergs *Bironius* (1653 und 1658), die alle drei bereits den gelehrten Anmerkungsapparatus des schlesischen Kunstdramas aufweisen.

Literatur:
Gustav Bebermeyer: Zur Einführung. In: Hermann Flayder, Ausgewählte Werke, hrsg. von G. B. 1925. S. 155 ff.
Ders.: Tübinger Dichterhumanisten. Bebel. Frischlin. Flayder. 1927, n. 1967.
Wilhelm Bethke: Die dramatische Dichtung Pommerns im 16. und 17. Jh. Diss. Berlin 1938.
Joachim G. Boeckh: ›Gastrodes‹. Ein Beitrag zu Salomon Schweiggers ›Ein newe Reyssbeschreibung‹ und zu Nicodemus Frischlins ›Rebecca‹. In: Wissenschaftliche Zs. der Universität Halle-Wittenberg, Gesellschafts- und sprachwissenschaftliche Reihe 10. 1961. S. 951 ff.
Johannes Bolte: Jacobus Rosefeldts ›Moschus‹. Eine Parallele zum ›Kaufmann von Venedig‹. In: Shakespeare-Jahrbuch 21. 1886. S. 187 ff.
Karl Dachs: Leben und Dichtung des Johann Ludwig Prasch (1637–1690). In: Verhandlungen des Historischen Vereins für Oberpfalz und Regensburg 98. 1957. S. 5 ff.

Roland Edighoffer: Un Faust rosicrucien. In: EG 20. 1965. S. 419 ff.
Elise (Grün-)Riesel: Das neulatein. Drama der Protestanten in Dtld. vom Augsburger Religionsfrieden bis zum Dreißigjährigen Krieg. Diss. Wien 1929 [Masch.]
Dies.: Ein unbekanntes Drama Jacobus Rosefeldts. In: ZfdPh. 54. 1929. S. 198 ff.
Günther Haupt: Friedrich Hermann Flayders ›Moria rediviva‹ und die bedeutendsten Vertreter des latein. Schuldramas im 16. und 17. Jh. Diss. Tübingen 1928.
Günther Hess: Deutsch-lateinische Narrenzunft. 1971. S. 320 ff.
Ders.: Dt. Literaturgeschichte und neulatein. Literatur. Aspekte einer gestörten Rezeption. In: Acta Conventus Neo-Latini Amstelodamensis 1973. 1979. S. 493 ff.
Gerhart Hoffmeister: Transformationen von Ziglers ›Asiatischer Banise‹: Zur Trivialisierung des Höfisch-Historischen Romans. In: GQ 49. 1976. S. 181 ff.
Ders.: Andreas Hartmanns ›Comoedia des Amadis‹ (1587). In: Daphnis 9. 1980. S. 463 ff.
Hans K. Kettler: Baroque tradition in the literature of the German Enlightenment (1700–1750). 1943.
Josef A. Kohl: Nikodemus Frischlin. Die Ständesatire in seinem Werk. Diss. Mainz 1967 [Masch.]
Barbara Lafond: Die religiöse Polemik im ›Moses‹ von Caspar Brülow. In: Daphnis 9. 1980. S. 711 ff.
B. A. Müller: Straßburger Lokalkolorit in Frischlins ›Julius Redivivus‹ von 1585. In: Archiv für das Studium der neueren Sprachen und Literaturen 135. 1916. S. 1 ff.
Erich Neumeyer: Nikodemus Frischlin als Dramatiker. Diss. Rostock 1924 [Masch.]
Jacques Ridé: Der Nationalgedanke im ›Julius Redivivius‹ von Nicodemus Frischlin. In: Daphnis 9. 1980. S. 719 ff.
Gustav Roethe: Frischlin als Dramatiker. In: Nicodemus Frischlin, Julius Redivivus, hrsg. von Walter Janell. 1912. S. xxiv-lix.
Richard E. Schade: Nicodemus Frischlin und der Stuttgarter Hof. Zur Aufführung von ›Julius Redivivus‹ (1585). In: Europäische Hofkultur Bd. 2 S. 335 ff.
Hildegard Schaefer: Höfische Spuren im protestantischen Schuldrama um 1600. Caspar Brülow, ein pommerscher Gelehrter in Straßburg (1585– 1627). Diss. Münster 1935.
Günter Skopnik: Die Dramen von Caspar Brülow und Johannes Paul Crusius. Diss. Berlin 1934 [Teildruck]
Frederick John Stopp: Latin Plays at the Academy of Altdorf, 1577– 1626. In: Journal of European Studies 4. 1974. S. 189 ff.
David Friedrich Strauß: Leben und Schrifften des Dichters und Philologen Nicodemus Frischlin. 1856.
Wilhelm Süß: Über den Turbo des Johann Valentin Andreae (1616). In: Neue Jahrbücher für das klassische Altertum, Geschichte und dt. Literatur 22. 1908. S. 343 ff.

Hilkert Weddige: Die Historien vom Amadis auß Franckreich. 1975.
Max Wehrli: Latein und Deutsch in der Barockliteratur. In: Akten des
V. Internationalen Germanisten-Kongresses Cambridge 1975. Heft
1. 1976. S. 134 ff.
Samuel M. Wheelis: Nicodemus Frischlin's ›Julius Redivivus‹ and its re-
flections on the past. In: Studies in the Renaissance 20. 1973. S. 106 ff.
Ders.: Publish and perish: on the martyrdom of Philipp Nicodemus
Frischlin. In: Neophilologus 58. 1974. S. 41 ff.
Elschenbroich (wie S. 36), E. Schmidt (wie S. 43).

2. Das neulateinische Schuldrama der Jesuiten und Benediktiner

1540 rief der Hl. Ignatius von Loyola den Jesuitenorden ins
Leben. Knapp neun Jahre später führte man zum ersten Mal im
dt.sprachigen Gebiet ein Ordensdrama auf. Das Jedermann-
Stück *Euripus* (1549) des Minoriten Levinus Brecht (Valentin
1972 S. 81 ff.) steht am Anfang einer Reihe von mehr als 2000 Jesuitendramen, die im Verlaufe des nächsten Jh.s zwar über die
Bretter gingen, aber fast nie gedruckt wurden. Die einzigen
Ausnahmen bilden Werke von Dramatikern, die im folgenden
besprochen werden.

Den Zeitraum von der Entstehung des Ordens bis zu dessen
Auflösung (1540–1773) hat die Wissenschaft in verschiedenen
Perioden eingegliedert. Der allgemein akzeptierten Einteilung
nach Früh-, Hoch-, Spätbarock und Aufklärung entspricht
mehr oder weniger Scheids Periodisierung nach Vorblüte (Gretser, Pontanus), Blüte (Bidermann, Balde, Masen, Avancini),
Nachblüte (Aler, Claus, Weitenauer) und Verfall (Neumayr,
Friz) sowie Szarotas Klassifikationsversuch (1974) nach stofflichen Kriterien und der Vorliebe für bestimmte Gattungen. Im
allgemeinen werden die nach Avancini verfaßten Schuldramen
entweder als Epigonentum abgetan oder der Aufklärung zugeschrieben. Als terminus non post quem für das Jesuitendrama
hat Valentin, der trotz der Versuche von Adel und Sieveke die
Dramen von Johann Baptist Adolph (1657–1708) unbeachtet
läßt, das Datum 1675/80 vorgeschlagen, das mit dem Verfall des
schlesischen Kunstdramas zusammenfällt (Théâtre S. 946).

Seit der Entstehung des Schuldramas war das Hauptziel im-
mer die Erziehung der Jugend (Szarota 1979 S. 55). Als Teil des
Rhetorikbetriebs (Barner: Barockrhetorik S. 321 ff.) diente das
Theater zum Erlernen der latein. Sprache und auch als lebendige
Einführung in die Literatur (Szarota 1975 S. 129). Da aber die
Schule unter der Oberaufsicht der Kirche stand, gehörte die

propaganda fidei, also die Verbreitung der katholischen Glau-
bensideologie, zu den wichtigsten Aufgaben der Ordensmit-
glieder. Das stark didaktisch-allegorische Drama, das mit der
Predigt viel Gemeinsames hat (Becher S. 274 f.), war ein Mittel
zur Befestigung der Katholiken im Glauben und zur Bekehrung
der Andersgläubigen (Szarota 1981 S. 81), insbesondere der Lutheraner und der Kalvinisten, die mittelbar immer wieder mit
Heiden (Assyriern), Ketzern (Ariern), Tyrannen (Holofernes),
Aufrührern (Absalom) und Abtrünnigen (dem Verlorenen
Sohn) gleichgesetzt werden (s. vor allem Szarota 1976 und
1979).

Die Stoffe, in denen das Liebesthema so gut wie nie vorkommt (Becher S. 304), entnahm man vorzugsweise der bi-
blisch-kirchenhistorischen Tradition, aber auch der Profange-
schichte. Für die Jugend, auf der die Zukunft des Ordens beruh-
te, wurden Tugend- und Lastermuster geliefert, wobei die Titelgestalt immer als Repräsentant der Menschheit die richtige
oder die falsche Rolle spielte (vgl. Rädle 1981 S. 141 f.). Unter
Hinweis auf die Vergänglichkeit alles Irdischen, das Hauptthema des Jesuitendramas (Aikin: Drama S. 16), deuteten ju-
gendliche Märtyrer und Heilige aus der christlich(-stoischen)
Tradition (Flemming: Ordensdrama S. 10) tröstend auf die zukünftige Belohnung im Jenseits hin. Fromme Regenten wie Sa-
lomo, Konstantin und Theodosius, die eine »Angleichung an
das Herrscherideal der Habsburger« (Szarota 1979 S. 38) reprä-
sentierten, waren als Fürstenspiegel oder sogar als Kaiserpane-
gyrik gedacht, die das Habsburger Reich als politische Utopie
im Diesseits verherrlichten (Valentin: Théâtre S. 904). Als Ab-
schreckungsbeispiele dagegen wurden große Sünder wie der
Kirchenfürst Udo von Magdeburg, der Gelehrte Cenodoxus
und Nebukadnezar vor seiner Bekehrung verwertet.

Der Legende nach war die Wirkung des *Cenodoxus* so stark,
daß der Hauptdarsteller in den Orden eintrat und vierzehn
hochangesehene Zuschauer den Entschluß faßten, sich von der
Welt zurückzuziehen (Reinhardstöttner S. 53, 143 f.). In der
Tat behielten die Jesuiten den Primat des rhetorischen Zieles des
persuadere immer im Auge. Das geht aus ihrer Betonung des
Auges als des sinnlichen Organs par excellence (Szarota 1975
S. 133 f.) hervor. Unter der Verwendung oft schockartiger
Theatereffekte schufen sie eine prächtige Illusionsbühne, die in
der Aufführung von Avancinis *Pietas victrix* (1659) kulminiert
haben soll (Haas S. 68) und schließlich zur Veroperung des
Dramas führte (Barner: Barockrhetorik S. 365).

Dabei zielte man auf eine Manipulation des Bewußtseins nicht nur der Schüler, sondern auch der Eltern und der Massen (Szarota 1975 S. 135). Das Theater war in den Händen der Jesuiten eine sehr erfolgreiche Waffe der Gegenreformation, die vor allem in Kampfgebieten wie Schlesien eine beträchtliche Anzahl an Bekehrungen nach sich zog (Schimmelpfennig S. 181 f., 188).

In der Sekundärliteratur beschränkte man sich entweder auf Paraphrasen der Dramen für die lateinunkundige Leserschaft (Reinhardstöttner, Dürrwächter, Scheid, Kabiersch), oder man widmete sich der jesuitischen Weltanschauung (Müller, Becher) oder dem gesamten Kulturphänomen (Szarota, Valentin).

Hingegen sind Äußerungen über die Struktur dieses Schuldramas nur selten zu finden. Die durch die Personenfülle verursachte episodische Struktur, die Tarot (S. 163) und Burger (S. 117 ff.) erwähnen und an der bereits 1804 Cornova Kritik geübt hatte (S. 116 f.), wird weitgehend vernachlässigt. Daß die Jesuiten die äußere Form des Humanistendramas (Pro- und Epilog, 3–5 Akte, Chor mit allegorisch-mythologischem Personal) übernahmen, ist allgemein bekannt (Aikin: Drama S. 17).

Pontanus und Gretser

Jakob Pontanus (1542–1626) und Jakob Gretser (1562–1625) gelten als die frühen Vertreter des oberdt. Jesuitendramas. Jeder verfaßte ein Trauerspiel, auf das die Forschung bisher kaum reagiert hat (für weitere Titel und Sekundärliteratur siehe Pyritz S. 218 f. und S. 542):

Pontanus: Eleazarus der Machabäer (1600).
Gretser: Udo von Magdeburg (1587, zweite umgearbeitete Fassung 1598).

Das Bibeldrama von Pontanus ist ein regelrechtes Märtyrerstück im Sinne des Barock (Bielmann S. 59). Der Höhepunkt ist schon auf den Schluß gerichtet, nur wird im Kontrast zum üblichen Barockdrama die Hinrichtung auf dem Scheiterhaufen bloß berichtet. Die vorbildliche Haltung des jüdischen (eigentlich katholischen) Eleazarus soll die Gläubigen ermuntern, ähnliche Verfolgungen von seiten des (kalvinistischen) Landesfürsten geduldig auszustehen.

Im Gegensatz zu diesem Tugendbild beschreibt Gretser in seinem dramatisch reifsten Werk (Scheid S. 37) den grausamen Höllensturz des moralisch haltlosen Kirchenfürsten Udo von Magdeburg (vgl. Dürrwächter S. 117 ff.). Dieses abschreckende Beispiel, das sich im Schulmilieu abspielt, ist vermutlich »ein

Appell an die Geistlichkeit der Zeit« (Rädle 1978 S. 455) und erinnert stofflich stark an Bidermanns noch erfolgreicheres Stück *Cenodoxus* (Valentin: Théâtre S. 543).

Bidermann

Jakob Bidermann (1578–1639), dessen Werke erst 1666 anonym herausgegeben wurden, gilt zweifellos als der herausragendste Jesuitendramatiker im dt.sprachigen Gebiet. Von seinen elf Dramen, die heute noch existieren, haben folgende Trauerspiele (vgl. Dünnhaupt S. 298 ff. und Pyritz S. 66 ff.) die Aufmerksamkeit der Kritiker erregt:

Cenodoxus, comico-tragoedia, aufgeführt 1602; dt. von Joachim Meichel u. d. T. Cenodoxus, Der Doktor von Paris, 1635; englisch von D. Dyer, 1975.
Belisarius, comico-tragoedia, aufgeführt 1607.
Philemon Martyr, comoedia, aufgeführt 1618, dt. von M. Wehrli, 1960.

Die Literaturwissenschaft interessiert sich nicht so sehr für das historische Trauerspiel *Belisarius* als für die beiden bereits verdeutschten Stücke *Cenodoxus* und *Philemon Martyr*. Das Lob auf *Cenodoxus* als »eine der stärksten Tragödien, die ein Deutscher schuf« (Nadler S. 425) oder als »une irruption inexplicable du génie« (Valentin: Théâtre S. 551) mag zunächst als überschwenglich anmuten, ist aber der Sache durchaus gerecht.

Vor allem konzentrieren sich die Forscher auf die Titelgestalt mit ihrem sprechenden Namen – nach Tarot (1960 S. 83) bedeutet ›cenodoxia‹ im Achtlasterschema des Cassian »eitler Ruhm«; im Siebenlasterschema dagegen fällt sie mit der Hauptsünde der Hoffart zusammen. Cenodoxus selbst ist die »Verkörperung des Gelehrten schlechthin« (Wimmer S. 247), d. h. des scheinheiligen Humanisten, dem nur der eigene Ruhm im Diesseits gelegen ist, was Bidermann letzten Endes als Beispiel der vanitas mundi anprangert. Das Thema der ›blinden‹ Vergänglichkeit, gekennzeichnet durch das Fehlen der vertikalen Perspektive der christlichen Religion, durchzieht in der Tat das ganze Stück (Duhr 1913 S. 698).

Cenodoxus wird aber nicht nur als selbstbewußter Humanist dargestellt, sondern auch als Vertreter der damals geläufigen neustoizistischen Philosophie. Daß Bidermann mit dem Neustoiker Lipsius – möglicherweise schon um 1600 (Valentin: Théâtre S. 555) – gebrochen hatte, ist seit Sadil bekannt. Obwohl z. B. in der Todesszene diese negative Haltung dem Neustoizismus gegenüber zum Ausdruck kommt (G. Müller S. 196,

Dyer S. 49), ist bis Tarot (1960) eine systematische Analyse ausgeblieben. Gegensätzliche Stellungen beziehen dann Brauneck, der Tarots Befunde übernimmt und auf andere Szenen erweitert, und Lenhart, für den es im Drama überhaupt keine stoischen bzw. neustoischen Elemente gibt (S. 77 ff.). Der Sache gerechter ist Valentins Bemerkung, daß man die humanistische und neustoizistische Komponente nicht überbewerten sollte, da deren Exzesse bereits der Sünde der ›cenodoxia‹ inhärent sind (Théâtre S. 555). Diese Position unterstützt Wimmer, der in den späteren Dramen Bidermanns stoische Züge wahrnimmt (S. 195 f.). Valentins Warnung gilt auch der interessanten These von Köster, wonach Cenodoxus als Repräsentant einer bürgerlichen, kalvinistischen Ideologie anzusehen ist.

Die Struktur des Stückes, vorzüglich die Bruno-Handlung am Ende des fünften Aktes, hat ebenfalls das Interesse der Forschung in Anspruch genommen. Obwohl einige Kritiker der Meinung sind, die Bruno-Geschichte sei nicht in der Haupthandlung integriert (Nachtwey S. 69, Juhnke S. 86, Best S. 51 ff.), hat bereits 1950 Dyer darauf aufmerksam gemacht, daß Bidermann bei der Abfassung seiner Spiele immer die letzte Szene im Auge hatte (S. 101), und neuerdings hat Szarota die Bedeutung von Konversionen für die Jesuitenbühne stark hervorgehoben (1981 S. 81). Noch expliziter in seinem Lob ist aber Wehrli, der den letzten Akt als »eine unerhörte Aufgipfelung des Ganzen« (S. 19) deutet. Obwohl sich Tarot darüber im klaren ist, daß Wehrlis Beurteilung mit dem didaktischen Anliegen des Stückes übereinstimmt, ist er von der Notwendigkeit der Bruno-Handlung nicht überzeugt. Sein Schwanken kommt auch in einem Aufsatz von 1980 zum Ausdruck, in dem er zugibt, die rhetorischen Strategien nicht durchschaut zu haben und das trotz der kurzen Arbeit von Krapf, in der unter Hinweis auf die Doppelstrategie der Erregung von Furcht und Mitleid die Integration von Bruno in die Cenodoxus-Handlung überzeugend dargestellt wird (S. 127). Diese Interpretation unterstützt Aikin, die aufgrund der fehlenden Katharsis und der Beispielhaftigkeit Brunos »a double inducement for change« sieht (1981 S. 280).

Dieselben Kritiker, die sich so geringschätzig über die Bruno-Handlung äußern, zeigen ebensowenig Verständnis für die strukturelle Funktion der komischen Nebenhandlungen. Es handelt sich hier – entgegen der Meinung Nachtweys (S. 43) und Bests (S. 18) – nicht nur um retardierende Momente und Zugeständnisse an den Zeitgeschmack, sondern auch um »zentrale

Teile der Interpretation des vorgestellten Exempels« (Krapf S. 128). Die Mariscus-Handlung z. B. kann man als eine Art »Gegenhandlung zum Cenodoxus-Geschehen« (Krapf S. 129) auffassen. Außerdem haben Dyer (S. 206) und Wimmer (S. 203 f.) die kunstvolle Integrierung der komischen Komponente in anderen bidermannschen Spielen gezeigt. Nach Tarot (1960 S. 59) sollten solche Szenen vermittels des emotionellen Kontrasts die Zuschauer dermaßen aufrütteln, daß sie am Schluß bereit sind, die Lehre aufzunehmen.

Dieselben Funktionen haben die komischen Einlagen in *Belisarius*, das nach Wehrli »das erste barocke Staats- und Geschichtsdrama« (1958 S. 13) ist. In der Tat stellt Bidermann zum ersten Mal auf seiner Bühne die Welt der Politik dar. Das Augenmerk der Forschung richtet sich hauptsächlich auf das Verhältnis der Geschichte (Fortuna) zu Gottes Plan (Providentia). Geschichte ist demnach immer noch Heilsgeschichte. Die Fortuna oder vanitas hat – entgegen der Ansicht Wehrlis (1964 S. 32) – keine absolute, sondern eine relative, eher provokative Funktion und bleibt immer der göttlichen Allmacht unterworfen (Burger S. 189). Die Tragik des nach Ruhm strebenden – und deshalb verblendeten – Feldherrn liegt gerade darin, »daß er das Walten Fortunas nur *augenblickweise* und *bruchstückhaft* als providentiell erkennt« (Wimmer S. 239). In vielerlei Hinsicht hat *Belisarius* viel gemeinsam mit Gryphius' Erstlingstrauerspiel *Leo Armenius* und kann sogar als »Brücke und Vermittlung zwischen Bidermann und dem dt. Drama des Gryphius« (Burger S. 207) angesehen werden. Auch strukturell weisen die beiden Stücke viele Ähnlichkeiten auf. Es scheint fast, als habe Burger Flemmings Begriff des Idealnexus im Auge, wenn er *Belisarius* als nichtaristotelisches Stationendrama (S. 146) charakterisiert, dessen nur locker miteinander verbundene Szenen nicht durch den üblichen Kausalzusammenhang verknüpft sind, sondern durch das »Allgemeinere« (S. 122) oder das »Überindividuelle« (S. 126). Ebenfalls typisch für das spätere Barockdrama ist die Präfiguration des Schicksals der Titelgestalt im letzten Akt durch die Hinrichtung von Nebenfiguren (Alexander 1974 S. 475) wie dem arischen Tyrannen Gilimer (Burger S. 148) und – auch als Kontrast gedacht – die Behandlung des Papstes Silverius (Burger S. 161). Als ergänzende »Antwort des Autors auf die eigene Staatstragödie« interpretiert Wimmer (S. 224) Bidermanns Josephdrama, in dem den Zuschauern das Abbild eines Modellfürsten präsentiert wird (S. 214).

Eine ähnlich vorbildliche Gestalt findet sich in dem heiteren Märtyrerstück *Philemon Martyr,* dem die Kritiker reichlich Lob spenden. Bewundert werden vor allem die Lebendigkeit der Handlungsführung und die Charakterisierung des Protagonisten. Mit Morsbach darf man sogar vom »glänzenden Auftakt zum eigentlichen Barockdrama« (S. 1) sprechen, da das Thema, das die Bekehrung eines Akteurs zum Christentum behandelt, schon die Aura des barocken Welttheaters verrät. Philemon, der vielleicht den Gaukler Porphyrius in Jeremias Drexels *Julianus Apostata* (aufgeführt 1608) zum Vorbild hat (Dyer S. 227), entstammt der niedrigsten sozialen Schicht und erinnert in seinem animalisch-vegetativen Dasein stark an die beliebte Figur des englischen Pickelhering-Schauspielers, der in den Wandertruppen oftmals mehrere Rollen besetzen mußte. In der Tat ist Philemon »der homo ludens par excellence« (Feyock S. 154), der bis zur Bekehrung eine moralisch haltlose Existenz führt. Sein Gegenspieler ist der Herrscher Arianus, der mehr »dem Typ des Tyrannen des Barockdramas entspricht« (Feyock S. 129) als einer Pilatus-Figur, auch wenn man den zu Bekehrenden nicht allzu schwarz malen darf. Das Drama gipfelt nicht in der Konversion des Philemon, sondern in dessen Tod und der damit zusammenhängenden Bekehrung des Arianus in der letzten Szene. Thematisch eng verwandt ist Jakob Baldes *Jocus serius theatralis* (1629), der ebenfalls das Motiv des konvertierten Spielmannes behandelt (Valentin 1972 S. 414).

Balde

Dem elsässischen Jesuiten Jakob Balde (1604–1668), der sich als Lyriker hervortat, werden sechs latein. Dramen zugeschrieben (Dünnhaupt S. 234 ff., Pyritz S. 42 ff.), darunter aber nur ein Trauerspiel:

Jephthias Tragoedia (1654).

Dieses schon 1637 aufgeführte Bibeldrama, das als »eine selbständige Leistung« (J. Müller Bd. 1 S. 83) oder sogar als »eine große Tragödie« (Duhr S. 691) charakterisiert wurde, gibt ein rein religiöses Märtyrerstück ab, das sich eher auf das vorbildliche Verhalten der Tochter Menulema konzentriert als auf das problematische Gelübde des starrköpfigen Vaters Jepthe, der trotz seines inneren Konflikts eher tyrannisch wirkt. Daß es sich hier um eine Allegorie von Christus' Liebe zur Seele handelt, ergibt sich aus den anagrammatisch gebildeten Namen: Menulema = Emanuel; Ariphanasso = Pharonissa. Die Hinrichtung der »ausgesprochen stoischen Heldin« (Valentin, *Argenis* 1978 S. 59) wird eindeutig als Präfiguration vom Tode Christi interpretiert (Westermayer S. 67 ff.). Die Identifizierung mit Christus kommt auch in einer Vision am Schluß zum Ausdruck, die Valentin als »eine heilige Parodie« auf Seneca versteht *(Argenis* 1978 S. 61). Daß die Hinrichtung wie bei Pontanus nicht auf der Bühne stattfindet, könnte wohl auf die Einwirkung Euripides' zurückgehen.

Avancini

Der einem Südtiroler Adelsgeschlecht entstammende Nikolaus von Avancini (1611–1686) veröffentlichte zwischen 1674 und 1686 fünf Dramenbände, die 27 Stücke enthalten, davon 21 Originalleistungen (Paraphrasen bei Scheid und Kabiersch; Bibliographie der Neudrucke und der Sekundärliteratur bei Pyritz S. 39). Die Forschung hat sich bisher – wohl wegen der Kupferstiche – fast ausschließlich mit dem berühmtesten der Kaiserspiele (oder Ludi Caesarii – vgl. Valentin: Théâtre S. 895 ff.) befaßt:

Pietas victrix sive Flavius Constantinus Magnus de Maxentio Tyranno Victor [= Die siegreiche Frömmigkeit oder der Sieg des Kaisers Konstantin des Großen über den Tyrannen Maxentius]. 1659

Im Gegensatz zu Avancinis historischem Trauerspiel *Emmanuel Sosa Naufragus* (1643), in dem die Titelfigur wegen seines eitlen Ruhmstrebens durch einen schrecklichen Hungertod in der Wüste bestraft wird (Valentin 1977 S. 222) und die als »parodie de l'imitation du Christ« (Valentin: Théâtre S. 890) zu betrachten ist, endet *Pietas victrix* mit dem Triumphzug des frommen Regenten und entspricht damit dem zweiten Tragödientyp des Aristoteles und Birkens ›Heldenspiel‹. Durch eine Schwarz-Weiß-Kontrasttechnik interpretiert Avancini den Konflikt zwischen Konstantin und seinem Gegenspieler als eine Postfiguration des uralten Streites zwischen Gott und Luzifer oder zwischen Moses und dem Pharao. Diese Technik reflektiert die Beziehungen zum aktuellen Machtkampf zwischen Habsburg und der Türkei (Aikin: Drama S. 87). Durch die Idee der translatio imperii von Konstantin auf Kaiser Leopold I. (Valentin: Théâtre S. 924) und die Glorifizierung der Habsburg-Dynastie (Wimmer S. 426 ff.) steht Avancini ganz in der Nähe des Lutheraners Lohenstein. Eine Untersuchung der Parallelen und Kontraste bei den beiden Dramatikern wäre begrüßenswert. Unklar bleibt auch das Verhältnis von Avancini zu dem am Wiener Hof tätigen Bühnenkünstlern Torelli und Burnacini (Kindermann S. 457, Flemming 1964 S. 376 ff.).

Literatur:

Paul Bahlmann: Das Jesuitendrama der niederrheinischen Ordensprovinz. 1896.
Hubert Becher: Die geistige Entwicklungsgeschichte des Jesuitendramas. In: DVjs. 19. 1941. S. 269 ff.
Ignaz Cornova: Die Jesuiten als Gymnasiallehrer. Prag 1804. S. 104–110, 126–138.
Bernhard Duhr: Geschichte der Jesuiten in den Ländern dt. Zunge vom 16. bis zum 18. Jh. Bd. 2, Teil 1. 1913. S. 657 ff.
Willi Flemming: Geschichte des Jesuitentheaters in den Landen dt. Zunge. 1923.
Nigel Griffin: Jesuit School Drama. A checklist of critical literature. 1976. (Research Bibliographies & Checklists)
Carl Max Haas: Das Theater der Jesuiten in Ingolstadt. 1958.
Johannes Müller: Das Jesuitendrama in den Ländern dt. Zunge vom Anfang (1555) bis zum Hochbarock (1665). 2 Bde. 1930.
Fidel Rädle: Anonymität und große Namen im bayerischen Jesuitendrama. In: Europäische Kultur S. 243 ff.
Ders.: Aus der Frühzeit des Jesuitendramas. In: Daphnis 7. 1978. S. 430 ff. [Brecht, Gretser, Pontanus]
Ders.: Das Jesuitentheater in der Pflicht der Gegenreformation. In: Daphnis 8. 1979. S. 167 ff.
Ders.: Gottes ernstgemeintes Spiel. Überlegungen zum welttheatralischen Charakter des Jesuitendramas. In: Theatrum mundi, hrsg. von Franz Link und Günter Niggl. 1981. S. 135 ff.
Karl von Reinhardstöttner: Zur Geschichte des Jesuitendramas in München. In: Jahrbuch für Münchener Geschichte 3. 1889. S. 53 ff.
Nikolaus Scheid: Das latein. Jesuitendrama im dt. Sprachgebiet. In: LJGG 5. 1930. S. 1 ff.
C. A. Schimmelpfenning: Die Jesuiten in Breslau während des ersten Jh.s ihrer Niederlassung. In: Zs. des Vereins für Geschichte und Altertum Schlesiens 23. 1889. S. 182 ff.
Alfred Selzer: Das Jesuitendrama in der literarischen Entwicklung. Diss. Frankfurt/Main [Masch.]
Carlos Sommervogel und *Augustin de Backer:* Bibliothèque de la Compagnie de Jesus. 13 Bde. 1890–1900, n. 1960.
Elida Maria Szarota: Versuch einer neuen Periodisierung des Jesuitendramas. In: Daphnis 3. 1974. S. 158 ff.
Dies.: Das Jesuitendrama als Vorläufer der modernen Massenmedien. In: Daphnis 4. 1975. S. 129 ff.
Dies.: Geschichte, Politik und Gesellschaft im Drama des 17. Jh.s. 1976.
Dies.: Jesuitendrama und Bibel. In: Vestigia 1. 1979. S. 37 ff.

Dies.: Das oberdt. Jesuitendrama im dt. Sprachgebiet. Eine Periochen-Edition. Texte und Kommentare. 2 Bde., 4 Teile. 1979–80.

Dies.: Konversionen auf der Jesuitenbühne. Versuch einer Typologie. In: Literaturwissenschaft und Geistesgeschichte. Festschrift für Richard Brinkmann. 1981. S. 63 ff.

Dies.: Der Einfluß der Frühaufklärung auf das Jesuitendrama. In: Humanistica Lovaniensia 30. 1981. S. 197 ff.

Rolf Tarot: Schuldrama und Jesuitentheater. In: Handbuch S. 35 ff.

Jean-Marie Valentin: Aux origines du théâtre néo-latin de la réforme catholique: L'Euripus (1549) de Livinus Brecht. In: Humanistica Lovaniensia 21. 1972. S. 81 ff.

Ders.: Das Jesuitendrama und die literarische Tradition. In: Europäische Kultur S. 116 ff.

Ders.: Le théâtre des Jésuites dans les pays de langue allemande. 3 Bde. 1978.

Ders.: Le théâtre néo-latin catholique en Allemagne (XVIe et XVIIe siècles. Bilans et perspectives. In: Acta Conventus Neolatin. Amstelodamensis. 1979. S. 1020 ff.

Ders.: Latin et allemand dans le théâtre jésuite des pays germaniques. In: Acta Conventus neo-latini Turonensis. 1980. S. 571 ff.

Ders.: Das Ordensdrama des 16. und 17. Jh.s. Ein Editionsprojekt. In: Jahrbuch für internationale Germanistik. Reihe A. 9. 1981. S. 79 ff.

Emil Weller: Die Leistungen der Jesuiten auf dem Gebiete der dramatischen Kunst. In: Serapeum 25–27. 1864–66.

Aikin 1981 (wie S. 53).

Adolph, Avancini, Balde, Gretser, Pontanus

Kurt Adel: Die Dramen des P. Johann Baptist Adolph S. J. In: Jahrbuch der Geschichte für Wiener Theaterforschung. 1952/53. S. 5 ff.

Ders.: Das Jesuitendrama in Österreich. 1957 [Adolph]

Ders.: Das Wiener Jesuitentheater und die europäische Barockdramatik. 1960 [Adolph]

Otto Rommel: Rokoko in den Wiener Kaiserspielen [Adolph]. In: MuK 1. 1955. S. 30 ff.

Franz Günter Sieveke: Johann Baptist Adolph. Studien zum spätbarocken Wiener Jesuitendrama. Diss. Köln 1965 [Masch.]

Willi Flemming: Avancinus und Torelli. In: MuK 10. 1964. S. 376 ff.

Angela Kabiersch: Nikolaus Avancini S. J. und das Wiener Jesuitentheater 1640–1685. Diss. Wien 1972 [Masch.]

Heinz Kindermann: Theatergeschichte Europas. Bd. 3. 1959.

Nikolaus Scheid: P. Nikolaus Avancini S. J., ein österreichischer Dichter des 17. Jh.s. Progr. Feldkirch 1899. S. 3 ff.

Ders.: Der Verfasser des Wiener Genoveva-Dramas. In: Euph. 13. 1906. S. 757 ff.

Jean-Marie Valentin: Zur Wiener Aufführung des Avancinischen ›Sosa Naufragus‹ (1643). In: Humanistica Lovaniensia 36. 1977. S. 220 ff.

Ruprecht Wimmer: Jesuitentheater. Didaktik und Fest. Das Exemplum des ägyptischen Joseph auf den dt. Bühnen der Gesellschaft Jesu. 1982. S. 398 ff.

Nikolaus Scheid: Jakob Balde als Dramatiker. In: Historisch-Politische Blätter für das katholische Dtld. 133. 1904. S. 19 ff.

Jean-Marie Valentin: Hercules moriens. Christus patiens. Baldes ›Jepthias‹ und das Problem des christlichen Stoizismus im dt. Theater des 17. Jh.s. In: Argenis 2. 1978. S. 37 ff.

Georg Westermayer: Jacobus Balde: Sein Leben und seine Werke. 1868.

Anton Dürrwächter: Jakob Gretser und seine Dramen. 1912.

Urs Herzog: Jakob Gretsers Leben und Werk. Ein Überblick. In: LJGG NF 11. 1970. S. 1 ff.

Ders. (Hrsg.): Jakob Gretsers ›Udo von Magdeburg‹ 1598. Edition und Monographie. 1970.

Rädle 1978 (wie S. 85), *Valentin:* Théâtre

Joseph Bielmann: Die Dramentheorie und Dramengestaltung des Jakobus Pontanus. Diss. Freiburg/Schweiz 1928. Teildruck in: LJGG 3. 1928. S. 45 ff.

Rädle (wie S. 85), *Valentin:* Théâtre

Bidermann

Thomas W. Best: Jacob Bidermann. 1975 (TWAS 314).

Berchtold Bischof: Jakob Bidermanns ›Joannes Calybita‹ (1618). Textgeschichtliche Untersuchung. 1932.

Johannes Bolte: Eine Verdeutschung von Bidermanns Cenodoxus. In: Jahrbuch für Münchner Geschichte 3. 1889. S. 535 ff.

Manfred Brauneck: Jakob Bidermanns ›Cenodoxus‹. In: Das 17. Jh. in neuer Sicht. 1969. S. 29 ff.

Harald Burger: Jakob Bidermanns ›Belisarius‹: Edition und Versuch einer Deutung. 1966.

Heinz Otto Burger: Dasein heißt eine Rolle spielen. Barockes Menschentum im Spiegel von Bidermanns ›Philemon Martyr‹ und Weises ›Masaniello‹. In: GRM 42. 1961. S. 365 ff.

Anton Dürrwächter: Jakob Bidermann und das Jesuitentheater. In: Die Kultur 1903. S. 144 ff.

Dennis G. Dyer: Jakob Bidermann. A seventeenth century German Jesuit dramatist. Diss. Cambridge 1950 [Masch.]

Lucie Elbracht-Hülseweh: Jakob Bidermanns ›Belisarius‹. Beitrag zur phänomenologischen Behandlung eines literarischen Kunstwerkes. Diss. München 1935.

Hertha T. Feyock: Das Märtyrerdrama im Barock: ›Philemon Martyr‹ von Jakob Bidermann, ›Le Veritable Saint Genest‹ von Jean Rotrou, ›Theodore, Vierge et Martyre‹ von Pierre Corneille, ›Catharina von Georgien‹ von Andreas Gryphius: Ein Vergleich. Diss. Colorado 1966 [Masch.]

Siegfried Juhnke: Bidermanns ›Cenodoxus‹ 1617 in Ingolstadt. Eine Studie zur Publizistik der frühen Jesuitenbühne. Diss. Berlin (FU) 1957 [Masch.]

Udo Köster: Überlegungen zur Soziologie der Barockliteratur am Beispiel zweier Jesuitendramen (›Cenodoxus‹ und ›Philemon Martyr‹) von Jakob Bidermann. In: GRM Beiheft 1. 1979. S. 127 ff.

Ludwig Krapf: Die dramatische Agitation des Jakob Bidermann. Einige Überlegungen zum nicht-aristotelischen Theater der Jesuiten. In: Akten des 5. Internationalen Germanisten-Kongresses, Cambridge 1975. 3. 1976. S. 124 ff.

Peter Paul Lenhart: Religiöse Weltanschauung und Didaktik im Jesuitendrama. Interpretationen zu den Schauspielen Jakob Bidermanns. 1976.

Charlotte Morsbach: Jakob Bidermanns ›Philemon Martyr‹ nach Bau und Gehalt. Diss. München 1936.

Hermann Nachtwey: Die Exerzitien des Ignatius von Loyola in den Dramen Jakob Bidermanns S. J. Diss. München 1937.

Josef H. K. Schmidt: Die Figur des ägyptischen Joseph bei Jakob Bidermann (1578–1639) und Jakob Böhme (1575–1624). Diss. Zürich 1967.

Elida Maria Szarota: Bidermanns ›Philemon Martyr‹. In: E. M. S., Künstler, Grübler und Rebellen. 1967. S. 7 ff.

Rolf Günther Tarot: Jakob Bidermanns ›Cenodoxus‹. Diss. Köln 1960.

Hermann Teichmann: Das Jesuitendrama: Seine geistesgeschichtliche, theatergeschichtliche und pädagogische Bedeutung. In: Tricoronatum. Festschrift zur 400-Jahrfeier des Dreikönigsgymnasiums. 1952. S. 96 ff.

J. Hermann Tisch: Ruhm und Ehre bei Bidermann und Gryphius. Mit einem Ausblick auf Spätbarock und Aufklärung. In: Australasian Universities Language and Literature Association Proceedings and Papers of the Twelfth Congress, 1969. 1970. S. 324 ff.

Max Wehrli: Bidermann. Cenodoxus. In: Das dt. Drama, hrsg. von Benno von Wiese. Bd. 1. 1958. S. 13 ff.

Rettenpacher

Der Dichter, Regisseur und Komponist Simon Rettenpacher (1634–1706) war der bedeutendste Dramatiker des Benediktinerordens in Salzburg und Kremsmünster. Er schrieb neben dem Lustspiel *Plutus* (Newald S. 433) und dem dt. Stück von den treuen Weibern von Weinsberg *(Herzog Welf* 1682) mindestens neun latein. Schuldramen, die im Sammelband *Selecta Dramata* (1683) gedruckt wurden (vollständige Titel bei Pfanner S. 9; Pyritz S. 549 ff.):

Osiris (1668/71)
Demetrius (aufgeführt 1672)
Atys (aufgeführt 1673)

Perseus (aufgeführt 1674)
Rosimunda (1675/83)
Callirrhoes (Festspiel 1677)
Ulysses (Singspiel 1680)
Juventus Virtutis (Oper, nach 1680)
Laophilus et Irene (Friedensschauspiel um 1683)

Diese Dramen zeigen hinsichtlich des Stoffes, der Titelgebung und der Dramaturgie eine starke Annäherung an das Drama der Jesuiten (Boberski S. 188 ff.), wobei nicht zu vergessen ist, daß Rettenpacher mit Avancini befreundet war. Auf die Unterschiede zwischen dem nicht so individualisierten, mehr polemisch orientierten Jesuitentheater und dem menschenfreundlicheren Benediktinerdrama haben Flemming (Ordensdrama S. 28 ff.) und Kindermann (S. 461 f.) hingewiesen. Eine gewisse Korrektur ihrer Forschungsergebnisse erreichte Zelewitz, der im Salzburger Ordensdrama nach 1675 Beispiele religiöser und politischer Intoleranz finden konnte (1978 S. 251; 1979 S. 209 ff.).

Darüber hinaus ähnelt das Benediktinerdrama von Rettenpacher dem schlesischen Kunstdrama, ohne aber davon abhängig zu sein. An Gryphius und noch mehr an Lohenstein erinnern die pessimistische Anthropologie, die Vorliebe für historische Stoffe (Boberski S. 110), die Personen (Märtyrer und Tyrannen), die Thematik (Schuld/Sühne; Sein/Schein; Fall eines Herrschers), die Motivik (Vanitas mundi, Fortuna-Providentia, Geister, Träume, Verherrlichung der Habsburger), die Verwendung von Musik und Tanz (vgl. Dahms) und die didaktischen Strukturen (Doppeltitel, Allegorie, Pro- und Epilog, Chöre). Dagegen ist Rettenpachers gemäßigter Stil, der zwar immer noch eine Vorliebe für Antithesen, Pointen und Sentenzen aufweist, alles andere als lohensteinisch (Flemming: Ordensdrama S. 33).

Wie Masen hält sich Rettenpacher eng an die Einheit der Handlung, aber nicht an die anderen Einheiten des klassischen Dramas. Noch mehr verstößt er gegen die Barocknormen, indem er – in der Tradition des Schuldramas – eine Ständemischung auf der Bühne darstellt und Tragik und Komik mischt.

Literatur:

Heiner Boberski: Das Theater der Benediktiner an der alten Universität Salzburg (1617–1778). Wien 1978.
Sibylle Dahms: Das Musiktheater des Salzburger Hochbarocks (1668–1709). I. Das Benediktinerdrama. Diss. Salzburg 1974 [Masch.]

89

Edmund Haller: Simon Rettenpacher (1634–1706) als Dramatiker. In: Heimatgaue 8. 1927. S. 280 ff.

Johann Haider: Die Geschichte des Theaterwesens im Benediktinerstift Seitenstetten in Barock und Aufklärung. 1973.

Alfons Isnenghi: Das Theater an der alten Salzburger Universität. In: Festschrift Universität Salzburg 1622 – 1962 – 1972. 1972. S. 173 ff.

Hildegard Pfanner: Das dramatische Werk Simon Rettenpachers. Diss. Innsbruck 1954 [Masch.]

Gotthard Übleis: Simon Rettenpacher. Diss. Wien 1923 [Masch.]

Klaus Zelewitz: Soziale Aspekte des Benediktinerdramas. Bemerkungen zum Salzburger Ordenstheater in der Zeit Maximilian Gandolph von Khuenburg (1668–1687). In: Europäische Kultur S. 249 ff.

Ders.: Propaganda Fides Benedictina. Salzburger Ordenstheater im Hochbarock. In: Daphnis 8. 1979. S. 201 ff.

Kindermann 1959 (wie S. 15), *Roloff:* Drama.

3. Das Trauerspiel in Deutschland

Die Ansätze des schlesischen Kunstdramas sind schon im humanistischen Gelehrtendrama vorhanden, das am Ausgang des 16. Jh.s auf Schulbühnen aufgeführt wurde. Die Tendenzen, die später auftauchen, sind in Wolfhart Spangenbergs Übertragungen der Tragödien des Euripides und des Sophokles sowie im neulatein. Drama des Caspar Brülow festzustellen. Alle wurden von Seneca, dem Favoriten der Trauerspieldichter, stark beeinflußt. Obwohl die Straßburger Schule bekanntlich nicht auf das neue Kunstdrama einwirkte, führten solche Ansätze zu Opitz' Übersetzungen von Senecas *Trojanerinnen* (1625), eine Tragödie, die die damalige Kriegsmisere widerspiegelt, und von Sophokles' *Antigone*, die auf das Märtyrerthema hinweist (Barner 1968 S. 346 f., Steinhagen S. 105). Die beiden Übertragungen ziehen die Grenzlinie zum Anfang des neuzeitlichen Kunstdramas und liefern Anregungen.

Das barocke Trauerspiel, das sich (unmittelbar) an Seneca, an das übernationale Jesuitendrama und an den zeitgenössischen Vondel anschließt, ließ noch zwei Jahrzehnte auf sich warten. Nach Vorbereitungen durch Übersetzungen von Vondels *Gebroeders* und Caussins *Felicitas* schrieb Gryphius erst 1646 sein Erstlingswerk *Leo Armenius* und begründete damit das schlesische Kunstdrama. Das »moralisch-konsolatorische Modell« (Schings 1980 S. 58) erfolgt aber erst mit den Märtyrerstücken, vorzüglich mit *Papinianus* (1659), einem Drama, das zugleich einen Höhepunkt darstellt.

Dagegen weist Lohenstein einen größeren Abstand zum Dreißigjährigen Krieg auf. Die Interessen haben sich aber auch verlagert. Indem der politische Lohenstein, dessen Weltbild seit Fülleborn (S. 37) in keinem fundamentalen Gegensatz zu dem Gryphius' steht, sich nicht mehr für die vorbildlichen Märtyrerfiguren interessiert, sondern für »eine politisch-teleologische Geschichtskonstruktion, der sich seine Protagonisten unterzuordnen haben« (Schings 1980 S. 58) und die die Grenzen zwischen der Wirklichkeit des absolutistischen Alltags und einem idealisierten Jenseits verwischt, bedeuten seine optimistischen Geschichtsdramen eine Auflösung des gryphschen Modells.

Diese beiden Dramatiker wirken dann vorbildlich auf den Epigonen Hallmann, dessen Einbeziehung nichtgattungsgemäßer Elemente in seine Trauerspiele eine Auflockerung bzw. Auflösung des Modells bedeutet, und auf Haugwitz, der ohne Erfolg das gryphsche Vorbild nachahmt und zwar in der Hoffnung, dem Auflösungsprozeß Einhalt zu gebieten. Eine wahre Flut von literarisch wertloser Duzendware überschwemmt dann den Markt bis etwa Mitte des 18. Jh.s.

Eine besondere ›Nebengattung‹ bildet das Schuldrama, das in der zweiten Hälfte des 17. Jh.s durch Mitternacht, Zeidler, Riemer und Weise eine neue, aber nur kurze Blüte erlebte.

Allgemeine Charakteristik des barocken Trauerspiels

Vor einem kosmischen Hintergrund spielt sich das barocke Welttheater ab, wobei das Theater selbst »zum vollständigen Abbild und zum vollkommenen Sinnbild der Welt« (Alewyn/Sälzle S. 48) geworden ist. Wie im mittelalterlichen Passionsspiel ist Geschichte immer noch Heilsgeschichte, in der Gott als Regisseur und zugleich als Zuschauer fungiert. Unter ›Welt‹ hingegen versteht man »das irdische Treiben in seiner Verworrenheit und Schattenhaftigkeit, das durchdrungen werden muß, ehe die große Harmonie der göttlichen und der sittlichen Werte bestätigt werden kann« (Kaiser: Drama S. 261). In der Tat halten sich die Barockdramatiker streng an das Gebot der historischen Faktentreue und weichen von dieser Norm nur ab, wenn die tiefere Wahrheit des geschichtlichen Geschehens zu verdeutlichen ist. Vor allem bedienen sie sich eines allegorisch-emblematischen Verfahrens, um die Dichotomie zwischen Sein und Schein hervorzuheben und zu überbrücken.

Im Gegensatz zur Antike entstammen die (weitgehend allegorischen) Hauptgestalten nicht dem Mythos, sondern der Geschichte, die selbst als Trauerspiel aufgefaßt wird (Benjamin: Ursprung S. 52, Voßkamp S. 131 ff.). Sie sind keine Individuen im modernen psychologischen Sinne, sondern typenhafte »Repräsentanten menschlichen Daseins« (H. Burger 1966 S. 156). Weil sie Fürsten- und Beamtenrollen spielen, stehen sie an der Spitze der Gesellschaft, was den Radius ihrer (positiven oder negativen) Beispielhaftigkeit noch vergrößert. Im Stück selbst nehmen sie als Beispiele des »Prinzips der Kontrapositierung« (Rotermund S. 258) (diametral) entgegengesetzte Haltungen ein.

Innerhalb dieses rigorosen Tugend- und Lasterschemas verkörpern wohl die Märtyrer und die Tyrannen die erbaulichen Intentionen der Barockdramatiker am bündigsten. Sie tauchen in fast jedem Trauerspiel auf und stellen nach Benjamin die »Janushäupter des Gekrönten« (Ursprung S. 60) dar. Ins Gigantische gesteigert und des öfteren der aktuellen Zeitgeschichte entnommen, müssen diese beiden unbeugsamen ›Willen‹, die keine Entwicklungsmöglichkeiten haben, auf unterschiedliche Art und Weise zugrundegehen.

Im Falle des Märtyrers handelt es sich um die physische Vernichtung einer unschuldigen Herrschergestalt, die als Gottes Stellvertreter auf Erden menschlichen Gesetzen nicht unterworfen sein sollte. Trotzdem werden diese Figuren eingekerkert, gefoltert und schließlich hingerichtet, und zwar fast immer auf offener Bühne, um die Wirkung noch stärker hervortreten zu lassen. Das Gefängnis fungiert dabei als Allegorie für die sinnliche Welt (des Körpers).

Im heilsgeschichtlichen Rahmen dient das Schicksal der Märtyrer als Beispiel für den Nachvollzug der Passion Christi (Schöne 1958 S. 29 ff.) und auch für die durch die Erbsünde gefallene Menschheit. Die meist aus profanen Gründen gemarterten Fürsten behaupten sich durch stoisch-christliche Kardinaltugenden, die mit den aristokratischen Werten der höfischen Gesellschaft übereinstimmen: z. B. durch Beständigkeit (constantia), Großmut (magnanimitas), Klugheit (prudentia) und Vernunft (recta ratio). Nach bestandenen Bewährungsproben, bei denen sich die die Welt beherrschende Göttin Fortuna als scheinhaft entpuppt – wenn nicht als Instrument der göttlichen Providenz – wird dem Märtyrer ewiges Heil beschert. Dieser moralische Triumph ist im Grunde alles andere als tragisch (Benjamin 1955 S. 259 ff.). Dabei wird die Trennung zwischen Idealität und Realität in den Trauerspielen Gryphius', die man als eine Utopie e negativo gekennzeichnet hat (Schings 1980 S. 57), nicht überwunden, sondern erst im historischen Drama Lohensteins.

Dem Märtyrer gegenüber steht der geistig verblendete Tyrann oder Hofintrigant, der meist als Opfer einer einzigen (handlungsfördernden) Leidenschaft (z. B. Machtstreben, Eros, Haß, Rache) dargestellt wird (Steinhagen S. 258). Wegen dieses hochstilisierten Charakterzuges, der nach Rotermund »einen konstitutiven Gegenstand der Tragödie oder der Dichtung schlechthin« (S. 249) bildet, hat der holländische Theoretiker Heinsius das Trauerspiel als »Schule der Affekte« charakterisiert. Aus solchen Veranlagungen ergibt sich eine Reihe von auf offener Bühne inszenierten Greueln, die unvermeidlich zum Wahnsinn des Tyrannen führen und ihn letztendlich im Höllenfeuer enden lassen. Diese von Gott bestrafte Figur ist zugleich Chiffre für die entqualifizierte, aus Katastrophen bestehende Welt (des Scheins), die durch die Vanitas- oder Vergänglichkeitsmetaphorik schon genügend beschrieben wurde (Alewyn/ Sälzle S. 49) und die scheinbar – im provokativen Sinne gemeint – von Fortuna und durch ihre jähen Schicksalsumschläge beherrscht wird. Diese Situation schildert Schings treffend: »Man bekämpft Fortuna, indem man die Affekte unterdrückt und dämpft. Man bekämpft umgekehrt die Affekte, indem man Fortuna entmachtet und als Schein entlarvt« (1980 S. 55).

Neben diesem religiös-moralischen Gehalt stehen staatstheoretische Konzepte, die auf die Funktion des barocken Trauerspiels als »Schule der Politik« (Martino 1978 S. 132) oder Fürstenspiegel hindeuten. Erwartungsgemäß sind die meisten muttersprachlichen Trauerspieldichter als Luther-Anhänger »Vertreter der konservativen christlichen Lehre« (Reichelt 1978 S. 222). Sie huldigen entweder dem feudalen Ständestaat (z. B. Mitternacht) oder – vielleicht noch zeittypischer – dem aufsteigenden Absolutismus, der in seiner lutherisch-patriarchalischen Prägung als »christlich-ästhetische Utopie« (Wiedemann 1973 S. 33) keine Trennung zwischen Ethik und Politik erlaubt. Aus dem Bedürfnis nach Ruhe und Frieden im Innern und durch den Glauben an das Gottesgnadentum des Fürsten werden die Lehren der Monarchomachen sowie die Theorien der Volkssouveränität und des naturrechtlichen Gesellschaftsvertrags von vornherein abgelehnt. Nur passiver Widerstand, sogar Tyrannen gegenüber, ist akzeptabel (z. B. Gryphius). Andere Anhänger des Absolutismus (Lohenstein, Weise) halten sich an eine ethische Relativierung. Angesichts der Drohung durch die Türken aber verschwindet diese Ambivalenz gegenüber den Habsburgern, deren Außenpolitik (oft überschwenglich) gepriesen wird.

Der Gehalt zielt, wie schon im dritten Kapitel erwähnt, auf die Erregung der tragischen Affekte von Mitleid und Schrecken, die aber – im Gegensatz zum antiken Katharsisbegriff – nicht geläutert werden. Durch eine christliche Fassung der Katharsis werden diese Emotionen in stoisch gefärbte Tugenden verwandelt – vor allem in der Figur des Märtyrers exemplifiziert – und den Zuschauern eingepflanzt. Die durch den Tyrannen verkörperten Laster werden zugleich durch wiederholtes Anschauen der Greuel gemäßigt. Der erschütterte Zuschauer, der sich aber nach den vorgeschriebenen ethisch-religiösen Normen verhält, kann ruhig nach Hause gehen, getröstet durch das Wissen, daß seiner ewigen Seele kein Schaden zugefügt werden kann. Im Schuldrama dagegen liegt die Betonung weniger auf emotionellen Mitteln als auf der Beispielhaftigkeit der Figuren (Aikin 1981 S. 253).

Diese sogenannten Sicherungen setzt Schings mit einem System von Deutungen gleich: »Die Welt des Trauerspiels ist eine auf Deutung angelegte und eine im Prinzip gedeutete Welt« (1980 S. 59). Der Deutungswille kommt vor allem in der von Schöne erschlossenen emblematischen Form zum Ausdruck, d. h. im Doppeltitel (fehlt bei dem moralisch ambivalenteren Lohenstein), in den allegorisch-mythologischen Reyen, in Selbstdefinitionen im Text, in den Sentenzen und den Anmerkungen sowie in Pro- und Epilog. »Demonstration ist« nach Schings (Gryphius S. 46) »der Grundgestus des Trauerspiels«.

Neben solchen didaktisch-lehrhaften Strukturen steht eine innere Form, die sich im Barockdrama nur ausnahmsweise dem pyramiden Bau des klassischen Dramastücks annähert (Flemming 1958 S. 62 ff.). Unter dem dominierenden Formprinzip, das Flemming als »Idealnexus« bezeichnet (Barockkomödie S. 14) und mit der Struktur des musikalischen Fuge verglichen hat (1958 S. 50 ff.), versteht man ein Thema, das in den verschiedenen Akten bzw. Szenen aus unterschiedlichen Perspektiven beleuchtet wird, ohne daß die Akte bzw. Szenen den traditionellen Kausalzusammenhang aufzuweisen brauchen. Der Fall des Regenten, der als barocke Version der Peripetie zu begreifen ist (Schings 1971 S. 30), findet aber erst am Ende des Dramas statt und unterstreicht die »Endgipfelkomposition« (Kappler S. 39) des barocken Trauerspiels (Nuglisch S. 13, Alexander 1974 S. 2, Reichelt 1978 S. 224).

Entgegen den Ansichten einiger Forscher, die zu Unrecht die ›mangelnde‹ Integrierung des fünften Aufzugs in die Haupthandlung tadeln (Nuglisch, Benjamin, Lunding, Gilbert, Turk,

Nolle) plädieren aus neuerer Zeit Steinhagen (S. 192) und Aikin (Drama S. 12, 276) für die kunstvolle Integrität solcher Trauerspiele wie Gryphius' *Cardenio und Celinde* oder Lohensteins *Cleopatra* und *Ibrahim Sultan*.

In diesen schlesischen Trauerspielen ist die Hauptversform immer der Alexandriner, der – öfters in Form von Stichomythien vorkommend – dem antithetischen Lebensgefühl des Barock einen angemessenen Ausdruck verleiht. Es herrscht außerdem ein stark rhetorischer Stil vor, dessen Wirkung nach Schings »die Essenz der Barocktragödie« (Consolatio S. 4) ausmacht, während er für Steinhagen nur ein Moment unter anderen ist (S. 7). Der Primat der Rhetorik aber, die durch »Diskussion, Analyse und dialektische Demonstration« (Jens S. 83 f.) die Szene dominiert – zuungunsten einer (sehr) dürftig wirkenden Handlung – sollte nicht dazu verleiten, die Dramen als bloß »agierte Disputationen« abzutun (G. Müller 1927 S. 224; neuerdings Kramer S. 274 und – mit Einschränkungen – Beetz S. 180 f.).

Gryphius

Andreas Gryphius (1616–1664) gilt sowohl auf dem Gebiet der Lyrik wie der Dramatik als herausragendster Dichter der dt. Barockliteratur. Von ihm stammen folgende Trauerspiele, die fast alle kurz nach dem Westfälischen Frieden entstanden sind (Dünnhaupt S. 715 ff., Pyritz S. 268 ff.):

Leo Armenius, Oder Fürsten-Mord. In: Deutsche Reim-Gedichte (1650).
Catharina von Georgien. Oder Bewehrete Beständigkeit. In: Dt. Gedichte Erster Theil (1657)
Cardenio und Celinde, Oder Unglücklich Verliebte. In: Dt. Gedichte Erster Theil (1657)
Ermordete Majestät. Oder Carolus Stuardus König von Groß Britannien. In: Dt. Gedichte Erster Theil (1657); zweite wesentlich umgearbeitete Ausgabe, in: Andreae Gryphii Trauer-Spiele auch Oden und Sonnette (1663)
Großmütiger Rechts-Gelehrter, Oder Sterbender Aemilius Paulus Papinianus (1659)

Das Hauptinteresse der Forschung gilt nicht so sehr den modellhaften Märtyrerstücken *Carolus Stuardus* und *Catharina von Georgien* (siehe die oben geschilderte Charakterisierung des Trauerspiels), sondern gerade den Stücken, die vom Grundtypus abweichen, nämlich *Leo Armenius*, *Cardenio und Celinde* und *Papinianus*.

Mehrfach hat Gryphius gegen die geltenden Normen der Barockpoetik verstoßen, was nach Steinhagen (S. 148) einer bewußten Kritik gleichkommt. Vor allem in *Cardenio und Celinde*, aber auch in *Papinianus*, sprengt Gryphius die sogenannte Ständeklausel. Die nach Selbstaussage »fast zu niedrig vor ein Traur-Spiel« spielenden Personen in *Cardenio und Celinde*, wenn sie vorwiegend dem niederen Adel entstammen, agieren innerhalb einer städtisch-bürgerlichen – also keiner aristokratischen – Gesellschaft, wobei die politisch-historische Sphäre des Höfischen durch eine private Liebeshandlung ersetzt wird. Eben wegen dieses Milieus sahen einige Literaturwissenschaftler in diesem Stück das erste, wenn auch wirkungslose, bürgerliche Trauerspiel (Palm 1882 S. 259, Kappler S. 43 ff.). Als weiteren Grund für die Verwendung dieser zum 18. Jh. gehörenden Gattungsbezeichnung gibt Markwardt (Bd. 1 S. 172 ff.) den Moralismus des Dramas an. Er hat jedoch übersehen, daß sich der Moralismus des 18. Jh.s ganz anders darstellt als der des Barock. Zu den Kritikern, die zu Recht die Angemessenheit dieses Begriffs (›bürgerliches Trauerspiel‹) für *Cardenio und Celinde* mehr oder weniger intensiv bestritten haben, gehören Böckmann, Mannack, Tarot und Gilbert. Für Mannack ist das Schauspiel immer noch barockes Welttheater (Gryphius S. 46). Nach Gilbert (1949/50 S. 31, Anm. 37) und Steinhagen (S. 145) ist es eher der Gattung der Mantel- und Degenstücke zuzuschreiben. *Cardenio und Celinde* ist aber nicht das einzige gryphsche Stück, das die Ständeklausel außer Acht läßt. Der Hofbeamte Papinian entstammt wie Gryphius selbst dem gehobenen Bürgertum. Diese »eindeutige Parteinahme für die bürgerliche Klasse« (Kiesant S. 327) und deren Ideale erfolgt wahrscheinlich aus dem Wunsch heraus, einen Angehörigen der eigenen sozialen Schicht darzustellen, was sonst weder im Trauer- noch im Lustspiel möglich gewesen wäre (Steinhagen S. 238).

Als letzter Verstoß gegen die damaligen Normen – abgesehen vom versöhnlichen Ende – gilt der aufs engste mit dem Stoff zusammenhängende mittlere Stil (»die art zu reden ist gleichfalls nicht viel über die gemeine« – so Gryphius in der Widmung an den Leser), für den bisher allerdings keine Untersuchung vorliegt.

Seit Benjamins These von der Immanenz im barocken Trauerspiel befaßt sich die Forschung mit dem Problem der Säkularisierung bzw. der Transzendenz in diesen drei Dramen. Ist *Leo Armenius* ein rein immanentes Tyrannendrama oder liegt hier nicht vielmehr ein Gnaden- bzw. Märtyrerstück vor? Für die erste Möglichkeit haben sich die meisten Literaturwissenschaftler (Stachel, Mawick, Duruman, Rühle, Geisenhof, Fricke, Lunding) entschieden, wobei Szondi im Tode der Titelfigur sogar eine kontrapunktische Verschärfung des Untergangs sieht (S. 81). Im Anschluß an Szondi beschreibt South aufgrund einer etwas einseitigen Parallelisierungstheorie dieses Trauerspiel als das »Emblem einer radikalen diesseitigen Weltsicht« (S. 162). Die entgegengesetzte Stellung nehmen Plard, Tisch und vor allem Kaiser, Eggers und Schäublin ein, die durch das Sammeln von heilsgeschichtlichen Verweisen das Stück als Gnadendrama interpretieren, dessen Form die »Einheit von Verborgensein und Offenbarensein (Gottes)« (Kaiser: Drama S. 33) erkennen läßt – ein Prinzip übrigens, das über dieses Trauerspiel hinaus für die gesamte Dramenproduktion des Barock Gültigkeit hat. Noch einen Schritt weiter geht Schäublin, indem er im Sinne eines christozentrischen Weltbildes die Ermordung Leos als symbolhafte Auflösung der alttestamentlichen zugunsten einer neutestamentlichen Welt deutet (S. 40).

Trotz alledem ist kein endgültiges Urteil gefällt, die Kritik bleibt weiter unsicher (Strasser S. 11 f., Steinhagen S. 31, Anm. 102; Voßkamp S. 127, Anm. 167; Mannack: Gryphius S. 41). Das kommt vor allem in Formulierungen wie »Märtyrer wider Willen« (Beetz S. 194) zum Ausdruck. Wie Martino es schon überzeugend für Lohenstein demonstriert hat, ist die Lösung in diesem Falle wohl auch beim Zuschauer zu suchen: »Gryphius setzt auf die kritische Einsicht des aktiv die Argumentation der Figuren prüfenden Zuschauers« (Beetz S. 200).

Weniger umstritten ist die Frage der Immanenz oder Transzendenz bei *Cardenio und Celinde*. Hier ist sich die Forschung im großen und ganzen darüber einig, daß dieses Stück, das »eine gewisse innere Bewegung« (Kappler S. 44) aufweist, die Form eines Bekehrungsdramas hat (Gilbert S. 16 f.), indem die moralische Umkehr schon im Diesseits durch das Einwirken höherer Mächte bzw. der göttlichen Providenz (Mannack: Gryphius S. 46, Turk S. 100) erreicht wird (Nolle S. 82). Dagegen, und in Übereinstimmung mit Frickes Bemerkung von den »Ansätze(n) eines ›neuen Bewußtseins‹ diesseitiger Prägung« (S. 110 ff.), nimmt Steinhagen bei einer »verstärkt immanente(n) Funktionalisierung des Transzendenten« (S. 206) im Drama die »Keimzelle« (S. 192) einer utopischen, diesseitigen Gesellschaft wahr.

Auch im Falle *Papinianus'* gehen die Meinungen der Forscher auseinander. Handelt es sich hier um ein Schicksalsdrama (Benjamin, Keller – nur mit Einschränkungen –, Heckmann) oder ein säkularisiertes Märtyrerdrama (Lunding, Wehrli, Welzig, Ziegler, Szarota) oder um ein christliches Märtyrerstück? Weil Papinian als nichtchristlicher Stoiker am heidnischen römischen Hofe wirkte, wo er sein Leben nicht um des Glaubens, sondern um des Heiligen Rechts willen opfern mußte, entschied sich die (ältere) Forschung (z. B. Heckmann) für die säkularisierte Figur des Heiligen. Dagegen haben Schöne (Emblematik S. 134) und insbesondere Schings im Sinne einer »Harmonisierung von stoischer Ethik und christlicher Heilslehre« (Gryphius S. 203) und in Folge des Analogiedenkens überzeugend für ein stoisch-christliches Märtyrerstück plädiert (Schings: Gryphius S. 223 ff.). Eine Symbiose der beiden Richtungen versucht Steinhagen, indem er den Begriff des Transzendentalen auf »utopische Immanenz« nivelliert (S.288), ohne dabei die historische Gültigkeit des transzendentalen Horizonts für Gryphius in Frage zu stellen.

Aus Mangel an umfangreichen Untersuchungen bleiben noch zwei weitere Fragen aufzuklären: erstens, ob der theologische Moralismus, der in der Darstellung der Affekte zum Ausdruck kommt, auf die Philosophie von Bacon und Descartes zurückzuführen ist (Schöffler S. 137, Powell 1951/52 S. 274 ff.) oder ob die Ähnlichkeiten (z. B. die Schilderung des Sündenfalls im ersten Reyen) nicht bloß zufälliger Natur bzw. anderen Traditionen zuzuschreiben sind (Schings: Gryphius S. 54 ff.). Eine mögliche Auseinandersetzung mit Descartes glaubt Steinhagen in der Konstituierung des Subjekts feststellen zu können (S. 171 ff.); zweitens, ob der religiöse Gehalt von Gryphius' Trauerspielen eine »Nähe zur protestantischen Reformorthodoxie« (Schings 1980 S. 57) aufweist oder ob – aufgrund von Viëtors Untersuchung über Gryphius' Verhältnis zur mystisch-häretischen Bewegung in Schlesien – nicht eine häretische Komponente vorhanden ist (South S. 182, Steinhagen S. 203 f. und 290 f.). Für beide Fragen liegen aber bisher keine überzeugenden Antworten vor.

Antnalysen des politischen Gehalts befassen sich bei Gryphius mit der Frage, ob in den Trauerspielen eine Kritik an den realen, absolutistischen Machtverhältnissen intendiert ist. Entgegen der Ansicht Kaisers, der eine solche Haltung nicht wahrnimmt (Drama S. 15), hat schon Mawick auf den »Zusammenstoß zwischen Staatsidee und der Idee christlicher Humanität« (S. 56) aufmerksam gemacht, so daß sich die auch von Szyrocki festgestellte Kritik (S. 85) als »eine theologisch ausgerichtete« (Schäublin S. 35) ergibt. Das Ideal eines absolutistischen Staates, in dem Ethik und Politik harmonisieren, hat Gryphius in seinen Schriften stark hervorgehoben (Reichelt: Absolutismus S. 54). Die politische Interpretation von Szarota (1967 S. 190 ff., 206 ff., 213 f.) unterstützt Zielske, der *Catharina von Georgien* als »eine genau berechnete politische Demonstration« (1983 S. 31) deutet, in der die Titelgestalt mit den Piasten und Chach Abas mit den Habsburgern identifiziert werden.

Auch in der Frage der Qualität der dramatischen Komposition sind sich die Forscher nicht einig. Obwohl einige *Leo Armenius* für Gryphius' bestes Trauerspiel halten (Fricke S. 111 f., Lunding S. 78, Kaiser: Drama S. 16 f., Szyrocki 1964 S. 79) – wohl wegen des zweideutigen Gehalts und des Ausgangs, die ein modernes Publikum eher ansprechen als die anderen (Märtyrer-)Stücke – stimmt die Mehrheit der Wissenschaftler darin überein, daß Gryphius' Erstlingsdrama eher eine schwache, spannungslose Struktur ohne motivierten Geschehenszusammenhang aufweist (Benjamin: Ursprung S. 68, Kaiser: Drama S. 32, Rusterholz S. 134).

Lohenstein

Daniel Casper von Lohenstein (1635–1683), der hochgeachtete ›teutsche Seneca‹ des Barockzeitalters, der schon in der Aufklärungszeit einer ihn gründlich mißverstehenden Kritik ausgesetzt war (siehe Kap. E), nahm erst seit den sechziger Jahren dieses Jh.s die ihm gebührende, gleichrangige Stellung neben Gryphius ein. Seine dramatische Produktion (Dünnhaupt S. 1090 ff., Pyritz S. 435 ff.) umfaßt folgende Titel:

Ibrahim (Bassa) (1653)
Cleopatra (1661), zweite überarbeitete Fassung (1680)
Agrippina (1665)
Epicharis (1665)
Ibrahim Sultan (1673)
Sophonisbe (1680, aber schon 1669 aufgeführt – vgl. Spellerberg 1975 S. 239 ff.)

Wie bei Gryphius' *Leo Armenius* und *Papinianus*, die nach Asmuth (Lohenstein S. 14 f.) lohensteinisch wirken, gilt das Hauptinteresse einer Säkularisationsthese, erstmalig von Hankamer (1935, S. 313) eingeführt, um das Weltbild in Lohensteins Trauerspielen zu kennzeichnen. Es handelt sich hier um heidnische Stoffe, innerweltliche Auseinandersetzungen und nach Asmuth um »die Darstellung eines mehr aus menschlicher Eigeninitiative als im Vertrauen auf Gott gestalteten Lebens« (Lohenstein S. 45). Diese sogenannte Immanenz, die Lohenstein zum Vorläufer der Aufklärung machen soll (Weier S. 50, Wentzlaff-Eggebert 1963 S. 5 ff., Heckel S. 335), wird von der Forschung übernommen. Sie wird markiert durch die Abwesenheit religiös-moralischer Werte (Lunding S. 116 f., O. Müller S. 76, Klein S. 219) und eines christlichen Gottes (Gillespie 1965 S. 40), wobei Just (1953 S. xxxiv) von einer »entgötterten Welt« spricht und Voßkamp von der »Emanzipation des Realzeitlichen von geglaubten Außerzeitlichen« (S. 222). Noch weiter geht Rusterholz: »Das politisch erotische Spiel der Trauerspiele ist von so radikaler Diesseitigkeit, daß die vor allem in den Gedichten und im ›Arminius‹ noch vorhandenen religiösen Bezügen dazu in geradezu ironischem Gegensatz stehen« (S. 137). An diese Ansicht schließen sich auch Verhofstadt mit seinem Begriff der »Entchristianisierung«, nach der Gott nicht geleugnet, sondern einfach ignoriert wird; und Asmuth, der eine Wertverschiebung zugunsten des Diesseits (Lohenstein S. 39, 45) wahrnimmt.

Szarota, die 1967 der Säkularisationsthese zustimmte (S. 306), konnte drei Jahre später von der »religiösen Verankerung« des Verhängnis-Begriffs sprechen und dabei auf eine neue Entwicklung in der Forschung hinweisen.

Die Bedeutung dieses Begriffes für das Verständnis Lohensteins hat als erster W. Kayser 1941 hervorgehoben, allerdings immer noch im Sinne der Säkularisationsthese. Während Flemming (Kunstdrama S. 13) und Schöne (1968 S. 101) diesen Begriff mit einem in der christlichen Tradition wurzelnden Geschichtsbegriff in Verbindung gebracht hatten, war es vor allem Tarot, der ihn aufgrund von zahlreichen Zitaten aus dem *Arminius*-Roman als religiös fundiert bewies. Er entpuppt sich als die göttliche Providenz und stellt damit die Gültigkeit des christlichen Rahmens für Lohenstein wieder her (das Tugend-Laster-Schema Gryphius' ist jetzt hinfällig – vgl. Spellerberg 1970 S. 268). Dieser überzeugenden Interpretation der Geschichte als »ein(em) sinnhafte(n), göttlich gelenkte(n) Prozeß« (Spellerberg 1970 S. 115), die zugleich eine Vielfalt an widersprüchlichen Deutungen beiseiteschiebt, schließen sich Fülleborn, Pasternak, Aikin und Schings an.

Innerhalb dieses metaphysischen Rahmens hält Rom bzw. das Heilige Römische Reich (deutscher Nation) eine besondere Stellung inne, die auf der Weltreichelehre des Buches Daniel (Verhoftstadt S. 271 f.) und dem translatio-Begriff (Spellerberg 1970 S. 212 ff.) basiert. Da die Mission Roms, nämlich das universelle Heil der Menschheit, religiös fundiert ist (Aikin 1976 S. 277), müssen ja alle zugrundegehen, vor allem die Heiden, die Roms Herrschaftsanspruch, d. h. dem göttlichen Plan für die Geschichte, widerstreben (Aikin 1976 S. 24 f.). In diesem Kontext sind allzu positive Deutungen solcher Figuren wie Antonius, Sophonisbe, Epicharis und Cleopatra zu modifizieren.

In Lohensteins Trauerspielen, die »ein verwickelteres Personengefüge« (Asmuth: Lohenstein S. 48) aufweisen als bei Gryphius, z. B. eine Dreierkonstellation, handeln Augustus und Scipio in Konformität mit der göttlichen Providenz und im Interesse der ›Römischen Mission‹. Sie verkörpern aber auch die politische Tugend der Vernunft oder prudentia und lassen sich nicht so sehr von ihren Leidenschaften lenken wie ihre Gegenspieler. Obwohl Augustus nicht immer im rein ethischen Sinne handelt (Lunding S. 113, Gillespie 1965 S. 107, Klein S. 34), bleibt er dennoch das »Idealbild und Sprachrohr lohensteinischer Moral« (Nolle S. 206).

Figuren, die sich nicht zu Rom bekennen und der ›sündhaften‹ afrikanischen oder türkischen Welt anhängen (Antonius), müssen untergehen, wenn sie (wie Masanissa) nicht bereit sind, sich politisch ›bekehren‹ zu lassen.

Die echten Gegenspieler zu Augustus und Scipio sind aber nicht solche wankenden Männergestalten, sondern die »Machtweiber«, die von Lohenstein und der (hauptsächlich männlichen) Forschung negativ beurteilt werden – eine Ausnahme bildet Szarota (1970 S. 168). Im allgemeinen spricht man von einem neuen dämonischen Frauencharakter (Newald S. 327) oder von Lohensteins »religiös-ethischem Antifeminismus« (Lupton S. 249 f.). Im Gegensatz zu Gryphius' *Catharina von Georgien* geht es hier um einen neuen, dritten Charaktertypus (Meinhardt, Nuglisch, Martin), den Rotermund kommentiert: »Die Leidenschaften, die bei Gryphius zumeist den Antagonisten beherrschten, sind auf die Hauptfiguren übergewechselt« (S. 261). In der Tat interessiert sich Lohenstein nicht so sehr für tugendhafte Frauen, für die passivischen Opfer tyrannischer Wut wie Ambre (Lunding S. 129 f.), sondern in erster Linie für die politisch ehrgeizigen ›Machtweiber‹ Cleopatra, Sophonisbe, Epicharis und Agrippina, die alles einsetzen, vorzüglich die Erotik, um ihre politischen Ziele zu erreichen (an der Poppäa- bzw. Inzestszene in *Agrippina* hat die Kritik [des 19. Jh.s] immer Anstoß genommen – vgl. Asmuth: Lohenstein S. 32). Sie sind nicht so sehr »gemischte Charaktere« als starke Willensnaturen, die nach dem Verfehlen ihrer Ziele zumeist durch Selbstmord heroisch untergehen. Doch ist Sophonisbe sicherlich nicht mit Maria Magdalena gleichzusetzen, wie es Aikin (Drama S. 171) vorschlägt. Unangemessen ist auch die Bezeichnung ›Märtyrer‹ für Figuren wie Isabella, Agrippina oder Epicharis (Lunding S. 95, Asmuth: Lohenstein S. 26, Just 1953 *Türkische Trauerspiele* S. xliii), deren Schicksal öfters zur Charakterisierung des Tyrannen dient und die wegen ihrer Herausforderung des Göttlichen Planes (ein Beispiel ihres Hochmuts) zugrunde gehen müssen. Ihr Laster muß aber zuerst vom Zuschauer erlebt werden, bevor es gereinigt werden kann (Aikin 1981 S. 252). Im politischen Raum ist, wie Spellerberg bemerkt (1977 S. 267), »die Differenzierung in Tyrann, Märtyrer, Intrigant hinfällig«. Diese Frauengestalten sind »als Liebende die Verdammten der Politik und als Politikerinnen die Verdammten der Liebe« (Spellerberg 1977 S. 233). Der Hauptkonflikt zwischen Erotik und Politik (Just 1961 S. 143 ff.), zwischen Vernunft und Leidenschaft (Spellerberg 1970 S. 189) wird im Kampf zwischen Mann und Frau objektiviert (Asmuth: Lohenstein S. 45).

Die Kehrseite der Darstellung des Negativen, die für Lohensteins Dramen kennzeichnend ist (Katz S. 18, 29, 33; Lubos S. 117) ist »das Plädoyer für eine vernünftig geordnete Welt« (Asmuth: Lohenstein S. 45), das aber aufgrund damalig bestehender Normen eine Reaktion beim Zuschauer provoziert (Lubos S. 117): »there is an ethical system implicit in his works, wherever ethical comment is absent« (Aikin: Drama S. 13). Das ist freilich ganz anders als bei Gryphius, dessen emblematische Form dazu dient, die Handlungen in den moralisierenden Reyen auszuwerten. Bei Lohenstein, für den der Idealtypus des Emblems nicht mehr gültig ist (Schöne: Emblematik S. 169 f.), sind die Reyen stärker von den Abhandlungen gelöst. Sie sind kleine Handlungen geworden, die man als Miniaturopern (Just), Singspiel-Reyen (Schöne) oder allegorische Affekt-Ballette (Rotermund) charakterisiert hat. In erster Linie liefern sie eine Analogie, um das Verhältnis des Reyens zur Abhandlung klarzustellen und umgekehrt (Aikin: Drama S. 14 f.). Die Interpretation bleibt immer noch dem Zuschauer überlassen (Fülleborn S. 38 f.).

Auch bei einer Untersuchung des politischen Gehalts der Trauerspiele, die Lohensteins profunde Kenntnis des Hofes (Martino 1978 S. 155) widerspiegelt, kann man von einer »abenteuerlichen Dialektik der Deutungen« sprechen. Entweder unterstützt Lohenstein das Widerstandsrecht der Untertanen (Just 1961 S. 150, Wentzlaff-Eggebert 1963 S. 11 f., Gillespie

1965 S. 42 ff., Klein S. 227 ff.) und die Idee einer Republik (Verhoftstadt S. 178, 200), wobei seine Dramenproduktion als »Gegenstück zu den streng königstreuen Dramen des Gryphius«
(Asmuth: Lohenstein S. 35) anzusehen ist, oder aber er befürwortet Absolutismus und das Gottesgnadentum des Kaisers
(Hildebrandt S. 41, 43 f.; Flemming 1936 S. 288), solange der
Monarch in Übereinstimmung mit der göttlichen Providenz ar-
beitete. Seine staatstheoretischen Ansichten reflektieren »die
komplizierte Beziehung zwischen der Stadtrepublik Breslau
und der Habsburg-Monarchie« (Szarota 1967 S. 318). Mitver-
antwortlich für die widersprüchlichen Meinungen der Forscher
ist zweifellos Lohensteins eigene Ambivalenz: »the result is not
the unequivocal embracing of republicanism, nor the unambi-
guous expression of the right to remove the tyrant« (Aikin:
Drama S. 188). Die lohensteinische Polemik ist »specifically
pro-Habsburg and pro-Empire« (Aikin: Drama S. 278), denn
Scipio und Augustus als Präfigurationen des Kaisers Karl V.
und Leopold I. sind die »Figura(e) jenes Weltreiches [. . .], das
die Verheißung hat, bis zum Ende der Welt zu dauern« (Spellerberg 1970 S. 268 ff.). Dieses römisch-österreichische Reich, das
das afrikanisch-türkische Reich (des Antichrist) überwinden
muß, besitzt die Potenzialität, schon im Diesseits eine neue
(habsburgische) Utopie zu etablieren.

Hallmann

Der zu einem unbestimmten Zeitpunkt zum Katholizismus
übergetretene Johann Christian Hallmann (um 1640 – um
1716), der noch 1757 von Gottsched als »der IV. tragische Dichter von besserer Art« (*Nöthiger Vorrath* Bd. 1 S. 222) neben
Opitz, Gryphius und Lohenstein gestellt wurde, geriet mit seinen zeitgebundenen, »nahezu alle Ströme der dramatischen Literatur des Jh.s« (Richter S. 406) darstellenden Stücken bald danach in literarische Vergessenheit. Neben Szenaren zu unge-
druckten oder verschollenen Dramen (verzeichnet bei Dünnhaupt S. 753 ff., Krämer S. 18 f.; abgedruckt bei Richter
S. 344 ff.) veröffentlichte er fünf Trauerspiele (für weitere
bibliographische Hinweise siehe Pyritz S. 314 f.):

Verführter Fürst / Oder Entseelter Theodoricus (1666)
Die Beleidigte Schönheit Oder Sterbende Mariamne (1670)
Die Himmlische Liebe / Oder Die Beständige Märterin Sophia (1671)
Die Sterbende Unschuld / Oder Die Durchlauchtigste Catharina Köni-
    gin in Engelland (1684), in: Trauer- Freuden- und Schäffer-Spiele.

Die Unüberwindliche Keuschheit, Oder Die großmüthige Prinzessin
Liberata (1700)

Seit Erdmann Neumeister (1695) hat die Kritik (Schmidt, Stachel, Kolitz, Benjamin, Lunding, Flemming und Gabel) Hallmann fast ausnahmslos an Gryphius und Lohenstein gemessen,
um ihn dann wegen angeblichen Mangels an gedanklichem Inhalt und formaler bzw. sprachlicher Kompetenz als ›Epigone‹
(Schings: Consolatio S. 36) abzutun. Gerügt werden die allzu
ornamentale Sprache (Neumeister S. 45, Flemming: Kunstdrama S. 51 ff.) und die musikalischen Stilmittel, die zum »Ver-
opern des Wortdramas« (Hankamer 1935, S. 318 ff.) führten.
Das Ergebnis ist in den Augen dieser Kritiker eine kompositori-
sche Zersplitterung (Schmidt S. 44) und grobe Effekthascherei
(Kolitz S. 182), die eine Auflösung der Form und Sprache mit
sich bringen (Gabel 1971 S. 221) und typische Merkmale einer
Verfallszeit darstellen (Spellerberg 1973 S. 182). Außerdem tadelt Steger den unmotivierten Geschehenszusammenhang
(S. 105), Schings dagegen »die Starre der Figuren, de(n) outrier-
te(n) Moralismus, die geringe Variabilität der Handlungsführung, das Fehlen dramatischer Spannung« (Consolatio S. 36).
Bisher haben Forscher (Werner, Richter, Steger) nur vereinzelt
den an Avancini orientierten Stilwandel (Hankamer 1935, S.
318 ff., Krämer S. 114) und damit die große Bühnenwirksam-
keit von Hallmanns Stücken (Aikin: Drama S. 81) günstig beurteilt. Einen ersten systematischen Rettungsversuch hat neuerdings Krämer unternommen. Sie weist in ihrer gedruckten Dissertation auf die zentrale Bedeutung einer von Gottesfurcht und
christlichem Ethos geprägten Grundhaltung hin (S. 32 f.) zum
besseren Verständnis von gedanklichem Gehalt und Struktur
Hallmanns Dramen. Dabei stellt sie ein »zumal im Vergleich
mit Gryphius gänzlich anders gerichtete(s) Kunstwollen und
ein neu(es) ästhetisch(es) Bewußtsein [fest], dem die Oper als
absoluter Höhepunkt der Kunst erscheint« (S. 20).
Im großen und ganzen stimmen die Forscher darin überein,
daß *Mariamne* Hallmanns gelungenstes Stück ist (Stachel
S. 329, Werner S. 690, Aikin: Drama S. 83). Von einer Enthero-
isierung der Titelgestalt (Lunding S. 168, Szyrocki 1964 S. 220)
kann nicht die Rede sein, da Mariamne als Märtyrerin in praefi-
guratione Christi stirbt (Aikin: Drama S. 83). Auch in diesem
Trauerspiel kommt »eine gewisse Verschiebung der konfessio-
nellen Problematik auf die politische« vor (Szarota 1976 S. 85),
wobei dem Intriganten eine »eminente, ja zentrale Bedeutung«

Spellerberg 1973 S. 198) zukommt. Als heuristische Vorschläge sind Szarotas (1976 S. 91 ff.) und Aikins (Drama S. 82 ff.) Hinweise auf zeitgeschichtliche Bezüge in Hallmanns Trauerspielen zu deuten.

Haugwitz

August Adolph von Haugwitz (1647–1706), ein lausitzscher Edelmann, dessen Dramen die Reihe des schlesischen Kunstdramas abschließen, mußte von seiten der Literaturgeschichtsschreibung (Koberstein, Wysocki, Stachel, Kipka, Flemming; neuerdings Schöne, Schings und Aikin) eine vernichtende Kritik über sein Oeuvre ergehen lassen. Man sah in diesem Epigonen den »impotente(n) Dichter«, den »naive(n) Plagiator« (so Stachel S. 348 f.); seine Werke interpretierte man als »eine kaum ernst zu nehmende Übungsarbeit« (Kipka S. 171), die sich allzu eng an sein großes Vorbild Gryphius hielten (Kipka S. 173 ff., Neumann S. 163 ff.). Einer höheren Einschätzung konnte sich Haugwitz erst durch die geistesgeschichtlichen Arbeiten von Hankamer (1935 S. 314 ff.), Neumann (S. 135) und Lunding (S. 184 ff.) erfreuen, die gerade diejenigen Aspekte betonen, die den Übergang zur Aufklärung zeigen. Auch für Szarota (1976 S. 85) beweisen die mangelnden Greuelszenen sowie das Nichtvorhandensein von Pathos und großen Gesten die Richtigkeit von Ernst Robert Curtius' These von der Ablösung barocker Stile durch klassische. Daß die Etablierung solcher Entwicklungslinien einen schwachen Halt bietet, hat schon Heitner zu Recht herausgestellt (S. 32).

Ansonsten sind die meisten Kritiker der Meinung, daß es sich bei Haugwitz um eine auflösende Tendenz handelt (Hankamer 1935 S. 314) und zwar ohne Gryphius' streng dualistisches Weltbild (Szarota 1976 S. 80). Der unpolemisch, vielleicht irenisch gesinnte Haugwitz (Szarota 1976 S. 82, Heitner S. 9) entwickelt in seinem *Maria Stuarda*-Drama ein gleichgewichtiges Gegenspiel und wertet dabei die politische Klugheit der Königin Elisabeth auf (Heitner S. 29, Szarota 1976 S. 80 ff.). Dieses Bemühen um Historizität wird aber auch als Schwäche betrachtet (Aikin: Drama S. 88).

Die Frage, ob hier ein echtes Märtyrerstück vorliegt, stößt auf unterschiedliche Meinungen. Entgegen den Verneinungen von Lunding (S. 57 ff., 184 ff.) und Heitner (S. 40 ff.) aus Gründen, die durch die Auflösungsthese zu erklären sind, hält Szarota Haugwitz' *Maria Stuarda* doch für ein Märtyrerdrama (1976

S. 81), und zwar als Gegenstück zum Jesuitendrama (1976 S. 80). Ebenfalls symptomatisch für die Auflösungstendenz ist das sogenannte Mischspiel *Soliman*, das in den ersten vier Akten alle Kennzeichen des barocken Trauerspiels aufweist (Alexander 1974 S. 410), aber im fünften Akt die typische Struktur durchbricht, um im Sinne eines Fürstenspiegels die »development of Soliman from a potential tyrant to a model ruler« (Alexander 1974 S. 390) zu zeigen. Neben *Soliman* und *Maria Stuarda*, die in der Sammlung *Prodromus Poeticus oder Poetischer Vortrab* (1684) erscheinen und deren Volltitel unten angegeben werden, verfaßte Haugwitz ein verschollenes Wallenstein-Drama (Dünnhaupt S. 821 ff., Pyritz S. 326):

Schuldige Unschuld oder Maria Stuarda (1683)
Obsiegende Tugend Oder Der Bethörte doch wieder Bekehrte Soliman (1684)

Das protestantische Schuldrama des Barock
Allgemeines

Die Nachblüte eines typischen, bürgerlichen Phänomens des 16. Jh.s fand in der zweiten Hälfte des 17. Jh.s statt. Dieses Phänomen ging auf Luthers Empfehlung zurück: »Komödien spielen soll man um der Knaben in der Schule willen in der Schule nicht wehren, sondern gestatten und zu lassen, erstlich, daß sie sich üben in der latein. Sprache, zum anderen, daß in Komödien fein künstlich erdichtet, abgemalet und fürgestellet werden solche Personen, dadurch die Leute unterrichtet und ein jeglicher seines Amtes und Standes erinnert und vermahnet werde, was einem Knecht, Herrn, jungen Gesellen und Alten gebühre, wohl anstehe, und was er thun soll; ja es wird darinnen fürgehalten und für die Augen gestellt alle Dignitäten Grad, Amter und Gebühr, wie sich ein jeglicher in seinem Stande halten soll im äußerlichen Wandel, wie in einem Spiegel« (Tischreden 1534).

Wie beim Jesuitendrama ging es hier nicht so sehr um Dramen, die auf der Schulbühne aufgeführt wurden, sondern um »eine bestimmte Gattung von Dramen, die aus der Schule entstanden und für die Schule geschrieben wurde« (Schubert S. 113), insbesondere zu bestimmten schulischen Anlässen.

Die Dramatisierungen des Unterrichtsmaterials, die eigentlich keine eigene Gattung bilden (Zeller S. 21) und – ohne literarisch-künstlerische Ambitionen – in erster Linie pädagogische Ziele verfolgten, war von jeher der germanistischen Forschung ein Dorn im Auge (Zeller S. 12). Ihre Kritik galt den ästhetischen Entgleisungen hinsichtlich der Struktur des Schuldramas. In der Tat ist die Dispersion der Handlung in zahllose, oft überflüssig wirkende Szenen der Hauptgrund für eine episodische Handlungsstruktur (Zeller S. 114, 130), die letzten Endes von der enormen Personenfülle abhängig ist. Aus pädagogischen sowie aus wirtschaftlichen Gründen sollten möglichst viele Schüler an den Handlungen aktiv teilnehmen. Demnach besteht zwischen Zahl der Akteure und Umfang der Handlung ein direktes Verhältnis. Bei der Menge der Rollen handelt es sich »nicht um eine Ungeschicktheit des Dramatikers [. . .], sondern um ein reflektiertes Kunstprinzip« (Martini S. 201).

Neben dem humanistisch orientierten Rhetorikunterricht in dt. Sprache (nach Barner: Barockrhetorik S. 302 bildet das Schuldrama »nur die Spitze einer gleitenden Skala von rhetorischen Übungs- und Präsentationsformen«) enthielt das Schuldrama Material zur Ethik, Moral und Theologie lutherischer Prägung. Hier sei aber auch angemerkt, daß im Barock die konfessionelle Komponente zugunsten einer weltmännischen, ›politischen‹ Erziehung stark zurücktrat (Zeller S. 41). Das Schuldrama wurde noch einmal zum »Instrument einer bürgerlich geprägten Beamtenerziehung« (M. Kaiser S. 171).

Im Gegensatz zu den Schlesiern hoben die Schuldramatiker, die teilweise Verfechter des feudalen Ständestaats (M. Kaiser) waren, die Ständeklausel auf, indem sie in ihren Dramen Vertreter aus allen sozialen Klassen auftreten ließen. Auch im stilistischen Bereich befreite man sich vom schlesischen Modell. Eine schlichte, allgemein verständliche Prosa ersetzte die allzu esoterische Dichtung von Gryphius und Lohenstein. Eine Gesamtdarstellung dieser rhetorischen Prosa fehlt sowohl für das Schuldrama insgesamt als auch für die einzelnen Schuldramatiker.

Trotz Barners Studie bleibt noch heute das dt. Schuldrama ein ungenügend erforschtes Gebiet. Das Interesse der Wissenschaft gilt nicht dem Zeitraum vor 1650 (z. B. Friedrich Dedekind, Heinrich Knaust, Martin Rinckart, Johannes Micraelius, Christoph Kaldenbach), sondern Christian Weise und der Traditionslinie Mitternacht-Zeidler-Weise (M. Kaiser) sowie Johannes Riemer (Krause) und Christian Gryphius (D. Eggers) und dessen halbdramatischem Schulactus.

Rist

Der Wedeler Pastor Johann Rist (1607–1667), dem im Verlaufe des Dreißigjährigen Krieges zahlreiche Dramenmanuskripte verlorengingen, verfaßte nur ein Trauerspiel, das heute noch erhalten ist und – weil weder Schuldrama noch Kunstdrama – eine Sonderstellung in der Geschichte des Barockdramas einnimmt (Dünnhaupt S. 1561, Pyritz S. 566).

Perseus (1634)

Dieses stark durch die Wanderbühne beeinflußte Tyrannenstück (Heins S. 51 ff.) enthält eine theologisch ausgerichtete Kritik am machiavellistischen Verhalten des absolutistischen Monarchen Perseus, der eine Rebellion gegen Rom anstiftet, wofür er gestürzt wird. Der unschuldige, kaisertreue Bruder Demetrius, der auf Perseus' Befehl ermordet wird, erhält aber nicht die stoischen Züge des barocken Märtyrers (Mannack 1972 S. 141 ff.). Eine am Anfang stehende Rekrutierungsszene wurde im Barockdrama lange nachgeahmt.

Mitternacht

Johann Sebastian Mitternacht (1613–1679) inszenierte fünfzehn Dramen, von denen nur zwei im Druck erschienen:

Trauer-Spiel / Der Unglükselige Soldat und Vorwitzige Barbirer (1662)
Politica Dramatica. Das ist Die edle Regimentierkunst [. . .] (1667)

Obwohl das Hauptinteresse der Kritik dem politischen Gehalt des antiabsolutistischen, eher am feudalen Ständestaat ausgerichteten Fürstenspiegels *Politica Dramatica* gilt, ist neuerdings auch das im *Trauer-Spiel* [. . .] vorkommende Gelehrtenideal berücksichtigt worden. Bedroht wird dieses tradierte Ideal nicht nur durch das neue, höfische Bildungsideal (M. Kaiser S. 35), sondern auch durch die neue, empirische Methode in den Naturwissenschaften und in der Medizin (Sorg S. 285). Recht interessant in dieser Hinsicht ist »die strukturelle Korrespondenz von Rebellion und Vivisektion, von Revolution und Verbrechen« (Sorg S. 265), auf die schon M. Kaiser hingewiesen hatte (S. 41). Damit wird die erzkonservative Haltung dieses theologisch orientierten Schulmannes noch einmal unterstrichen.

Riemer

Von dem in Weißenfels wirkenden Professor Johann Riemer (1648–1714) stammen sieben Prosadramen, von denen drei das Augenmerk der Forschung erregt haben (Dünnhaupt S. 1512 ff., Pyritz S. 559):

Von der erlöseten Germania (1679)
Von hohen Vermählungen (1679)
Von Staats-Eiffer (1681)

Eine Analyse des politischen Gehalts dieser drei Dramen bietet Krause. Aufgrund seiner Recherchen stellte es sich heraus, daß der Lutheraner Riemer, der den fürstlichen Absolutismus unterstützt und dementsprechend den Königsmord ablehnt, für eine strikte Trennung von Kirche und Staat sowie von Amt und Person (Krause S. 206) eintritt. In den beiden sich im höfischen Milieu abspielenden Maria Stuart-Dramen, die Krause als eine dialektische Einheit deutet (S. 221), ist eine auf der Vernunft basierende Tendenz zu konstatieren, die das Verhalten der beiden Königinnen nach objektiven Kriterien zu beurteilen versucht (Krause S. 220, 235). Dagegen kommt im Schlüsseldrama *Erlösete Germania*, das den Krieg gegen Frankreich (1673–79) behandelt, eine polemische Stellungnahme zum Ausdruck. Das machiavellistische Antiideal, Ludwig XIV. von Frankreich, wird als Kontrast zum vorbildlichen Regenten Leopold I. dargestellt, dessen Macht durch einen Vertrag mit dem Volk abgeschwächt wird. Nach Krause kommt diese Abschwächung einer »Überwindung des fürstlichen Absolutismus« (S. 246) gleich.

Weise

Christian Weise (1642–1708) veröffentlichte vier Stücke, die eindeutig in die Gattung ›Trauerspiel‹ einzuordnen sind:

Der Tochter-Mord. Welchen Jephtha unter dem Vorwande eines Opfers begangen hat (1679)
Der gestürtzte Marggraff von Ancre (1681)
Von dem Neapolitanischen Rebellen Masaniello (1683)
Der Fall des Frantzösischen Marschalls von Biron (1693)

Im Gegensatz zur älteren Kritik, die Weises Stil als nüchtern, gemein oder sogar platt verurteilte (Lachmann S. 4, Schmidt S. 525, Wolff S. 261), konnte Fulda – unter Berufung auf Weises literarhistorische Stellung – den Spieß umkehren und denselben Stil als fortschrittliche Prosadiktion vis-a-vis den stark rhetorisierten Versen der Schlesier loben (S. xliv). Mit einem Mal betrachtete man ihn als »den (ersten) Gegenspieler zum Barock (Fulda: Titel, Lubos Bd. 1 S. 168) oder sogar als »den Vorboten der Aufklärungszeit« (Richter S. 245). Vor allem pries man Weise als »Wegbereiter und Vorläufer für das bürgerliche Lustspiel« (Prang S. 137), indem man aus schwer erklärlichen Gründen das Lustspiel als autonomes, d. h. nicht pädagogischzweckgebundenes Kunstdrama in Anspruch nahm (Fulda, Lachmann).

Aus Aversion gegen die pädagogische Zweckbestimmtheit der Weiseschen Trauerspiele entstand eine Kritik, die vor allem ästhetische Fehlgriffe in der dramatischen Form bemängelte (Palm 1877 S. 56, Wich S. 13, Schaefer S. 151). Indem man aber den Dramatiker vom Pädagogen trennte (Zeller S. 13), kam man unvermeidlich zu Fehlurteilen (Neuß S. 9 f.). Erst durch tiefere Einsichten in die Schulzwecke konnte man Weise gerecht werden. Fruchtbringend wurden die ersten Ansätze zu einer solchen Beurteilung (Lachmann, Petsch, Haxel und Eggert) erst bei Horn (1966) und Barner (Barockrhetorik 1970), deren Studien einen Wendepunkt in der Weiseforschung darstellen sollen (Zeller S. 19). Auch wenn schon Horn die Bedeutung des Schuldramas bei Weise »in dem oratorischen Übungszweck, in dem Bereich der ›Prudentia oratoria‹« (S. 116) erkannte, blieb es Barner vorbehalten, die rhetorischen Grundlagen der Weiseschen Pädagogik aufzudecken. Obwohl weitere Forschungen zu Weises Rhetorik bis jetzt ausgeblieben sind, hat Barner den Impuls »[. . .] zur Erhellung der Zusammenhänge von Pädagogik, Rhetorik und Drama bei Christian Weise« (Zeller S. 250) geliefert.

Außerdem interessiert sich die Forschung für Weises Bildungsideal sowie für seine staatsrechtlichen Ideen. Als Haupttugend des erfolgreichen Weltmannes oder ›Politici‹ wird die – nicht immer an ethische Normen gebundene – Staatsklugheit oder prudentia hervorgehoben, wie es schon vorher bei Lohenstein der Fall war. Diese pragmatische Einfärbung, die öfters zur moralischen Entrüstung der Kritiker (Neuß S. 54, 65; Schaefer S. 15 ff., Wich S. 43) geführt hat, ist aber dadurch sehr eingeengt, daß man die Staatsraison nur unter bestimmten Umständen (z. B. Rebellion) einsetzen durfte, wobei die Moral immer noch eine kontrollierende Funktion hat. Daß der christliche Politiker oder Weltmann machiavellistische Züge trägt, führt keineswegs zu einer Ambivalenz in Weises Bildungsideal (Horn S. 71 ff., M. Kaiser 1972 S. 127). Diese Ambivalenz ist vielmehr bei den Wissenschaftlern zu suchen.

Dagegen ist nicht zu leugnen, daß Weise eine »Angleichung der städtischen Schule an eine Akademie erstrebte« (M. Kaiser S. 169), was auch in seinem Ziel eines »Balances des Adels und Bürgerschaft« (M. Kaiser S. 168) reflektiert ist. Er dachte zwar

»ganz und gar ›monarchistisch‹« (Zeller S. 34), wollte aber zugleich die absolute Macht des Herrschers durch die Fundamental-Gesetze bzw. die ständischen Interessen beschränkt sehen (M. Kaiser S. 168). Bei Mißständen, vor allem beim Mißbrauch der in Tyrannei ausgearteten Staatsraison, ist eine theologische Kritik des Absolutismus angebracht, keineswegs aber ein gewaltsamer Aufstand (M. Kaiser S. 131).

Wichtig für das Verständnis von Weises Dramen ist auch der metaphysische Rahmen, den die Bibeldramen liefern (Schaefer S. 25 f.). Sie wurden alljährlich am ersten Tag angeführt. In den nächsten zwei Tagen folgten je ein Trauerspiel und eine freie Erfindung, zumeist ein Lustspiel. Außer den Bibeldramen geben die (allegorischen) Pro- und Epiloge Einsicht in Weises Weltbild. Diese umrahmenden Szenen warfen eine Streitfrage auf, die entweder im Verlaufe des Spieles bestätigt bzw. widerlegt wurde oder dem kritisch urteilenden Zuschauer überlassen blieb (Zeller S. 212). Dabei sind die allegorischen Szenen nicht »verzichtbares Beiwerk« (so K. Lessing S. 278, Szarota 1976 S. 212, Wich S. 120, Battafarono S. 134), sondern liefern sehr oft die notwendige Perspektive.

Im Spiel selbst tritt – wie bei Lohenstein – der transzendentale Rahmen zurück, ohne aber dabei seine Gültigkeit zu verlieren, wie einige Wissenschaftler glauben (Neuß S. 49, Battafarono S. 162). Hinter den Zufällen in den Trauerspielen, die dem göttlichen Eingreifen in den Bibeldramen gleichkommen, steht die Providenz (Schaefer S. 6).

Weises Trauerspiele sind von der Forschung weitgehend vernachlässigt worden. Eine Ausnahme bildet *Masaniello*, ein Stück, das seit Lessing als Weises bestes Trauerspiel gilt (Palm 1877 S. 69). Trotz aller Faszination von dem sympathischen, doch politisch naiven Protagonisten (Neuß S. 61, Battafarono S. 150 ff.), der in sich Züge sowohl eines Märtyrers als auch eines Tyrannen trägt, betrachtet Weise den neapolitanischen Aufstand zwar als verständlichen, nicht aber zugleich gutzuheißenden Reflex auf die Machtmißbräuche und eigennützigen Intrigen von seiten des Adels. Die Rebellion des vertrauensseligen Masaniello (Wich S. 65), die dem göttlichen Plan in der Geschichte zuwiderläuft, ist von vornherein zum Scheitern verurteilt. Das sollte aber nicht dazu verleiten, die Titelgestalt als allzu negativ zu deuten (so Guthke S. 406), denn Masaniello hat letzten Endes seine Funktion innerhalb des göttlichen Vorhabens erfüllt und die Schwächen einer absolutistischen, zur Tyrannei neigenden Regierung gleichsam anatomisch zur Schau gestellt. Aufs Korn genommen werden vor allem die Adligen, insbesondere der Vizekönig, nicht so sehr dagegen der Kardinal Philomarini, der als Masaniellos wirklicher Gegner eine prudentistische Praxis an den Tag legt, um den Zusammenbruch des Aufstandes und den darauffolgenden Triumph der Adelspartei herbeizuführen und der nach Martini (S. 198) die Position Weises einnimmt. Hingegen betrachtet Rusterholz (1970 S. 84) sowohl Masaniello als auch Philomarini als »defizient«.

4. Das Lustspiel in Deutschland

Wie beim Trauerspiel liegen die Ansätze zur barocken Komödie um die Jahrhundertwende. Als Anfang dürfte wohl das auf Plautus und auf englische und italienische Anregungen zurückgehende Stück *Von Vincentio Ladislao* (1594) von Herzog Heinrich Julius von Braunschweig gelten (Flemming: Barockkomödie S. 37), das durch seine Thematik (Sein-Schein-Gegensatz, Hof als Norm), Darstellungsweise (indirekte Lehrhaftigkeit) und prosaische Sprachform »eine unleugbare Selbständigkeit« (Holl S. 90) aufweist und spätere Tendenzen im barocken Lustspiel antizipiert. Die Titelgestalt selbst ist ein Vertreter der spätfeudalen Gesellschaft, der sich den neuen Verhältnissen des Frühabsolutismus nicht anpassen kann (Emmrich S. 63, 99). Auf zukünftige Entwicklungen weist aber auch Ludwig Hollonius' Spiel vom Bauern als König *(Somnium vitae humanae* 1605) hin, in dem der Schein-Sein-Kontrast, das Thema der Vergänglichkeit alles Irdischen und die Funktion des Dramas als höfischer Fürstenspiegel zum Vorschein kommt. Ob die episodenhafte Form dieser beiden Lustspiele als schwach zu bewerten (Catholy 1969 S. 133 f.) und dem älteren Dramentypus des 16. Jh.s zuzurechnen ist (Flemming: Barockkomödie S. 40; Spengler S. iv, Holl S. 84, Bethke S. 139) oder ob schon – besonders bei Hollonius – eine Synthese von Form und Gehalt (Hankamer 1935 S. 346 f., Glodny S. 81) vorliegt, ist heute noch eine ungelöste Frage der Forschung. Auf jeden Fall haben Heinrich Julius und Hollonius kaum auf das barocke Lustspiel nachgewirkt, sondern höchstens Anregungen dafür gegeben.

Erst gegen Ende des Dreißigjährigen Krieges schrieb Gryphius seine ersten Lustspiele nieder. Unentschieden bleibt, ob der anonym veröffentlichte *Peter Squentz* (1657) vor oder nach *Horribilicribrifax Teutsch* (1663) entstanden ist (Mannack: Gryphius S. 55 ff., Flemming: Barockkomödie S. 47). Auf diese komisch-satirischen Lustspiele, die Plautus, Terenz, den englischen Komödianten, der commedia dell'arte und Vondel vieles verdanken, folgte das Mischspiel *Verlibtes Gespenst/Gelibte Dornrose* (1660), das man wie Aikin als »italienisch« oder »romantisch« bezeichnen darf (Drama S. 97), da es in erster Linie Liebesverwicklungen und deren glückliche Lösung am Ende schildert. Das von Opitz propagierte Gesetz der Ständeklausel wird dabei nicht beachtet.

An diesen zweiten Lustspieltyp schließt sich der bisher von der Forschung weitgehend vernachlässigte Verfasser der Rudolstädter Festspiele (1665–1667) an. In der zweiten Hälfte des 17. Jh.s mündet dieser Zweig aber in die musikalischen Formen des Singspiels bzw. der Oper.

Unmittelbar an Gryphius' satirische Komödien knüpfen sich die zahlreichen, pädagogisch orientierten Lustspiele Christian Weises, die bei den Forschern ebenfalls auf nur geringfügiges Interesse gestoßen sind. Das gilt noch mehr für Christian Reuters pasquillenartige Stücke, die in vielerlei Hinsicht den Endpunkt der barocken Komödie darstellen.

Allgemeine Charakteristik des barocken Lustspiels

Im Vergleich zu anderen europäischen Ländern, die im Barockzeitalter mit einem Shakespeare, Calderón, Lope de Vega oder Molière prunken konnten, hat Deutschland, das bekanntlich kaum Lustspiele von weltliterarischem Rang hervorbrachte (H. Burger 1967 S. 31), im 17. Jh. eine »öde Lustspiel-Landschaft« (Emrich S. 219) aufzuweisen. Das Augenmerk der Literaturkritik gilt vorwiegend Gryphius, aber auch Weise und Reuter. In der Literaturgeschichtsschreibung wird der Rudolstädter Festspieldichter erst 1982 etwas gründlicher von Aikin gewürdigt (Drama S. 109 ff.).

Wie beim Trauerspiel stiften die barocken Gattungsbezeichnungen wieder Verwirrung (s. S. 71 f.), besonders weil keine sachlichen Unterschiede festzustellen sind. Als sehr nützlich erscheint mir Aikins Zweiteilung barocker Lustspiele in ›satirische Komödien‹ und ›italienische Liebeskomödien‹ (Drama S. 97), die hier übernommen wird. Zum ersten Typ gehören die als ›Freudenspiel‹, ›Comedie‹, ›Satyra‹, ›Schertzspiel‹ und ›Possenspiel‹ bezeichneten Dramen, die im Sinne der damaligen Ständeklausel die stilisierten Fehler und Laster des gemeinen Volkes zum Gegenstand haben. Die Liebe erscheint hier nur als grobe Sexualität. Zu diesem Typ zählt man außerdem das zu Derbheit und Drastik neigende ›Schimpspiel‹ (z. B. Gryphius' *Peter*

Squentz). Die große Mehrheit der barocken Lustspiele fällt unter diese Kategorie.

Viel seltener – wohl wegen des Verbotes der Ständeklausel – ist hingegen der zweite Typ, die italienische Liebeskomödie, die im Barock auch als ›Gesangspiel‹, ›Lustspiel‹ oder ›Heldenspiel‹ bekannt ist und die die Liebesverhältnisse und -intrigen des Adels behandelt. Dieser Typ, zu dem Gryphius' oft gepriesenes Mischspiel *Verlibtes Gespenst/Gelibte Dornrose* und die Rudolstädter Festspiele gehören, dient häufig als Wertmaßstab. Von der Forschung verdammt wird das beliebtere satirische Lustspiel wegen Mangel an »seelischen Höhenlagen und verfeinerten Empfindungen« (Emrich S. 217, Flemming: Barockkomödie S. 11 f.). Daß es stofflich und motivlich zu Überschneidungen der beiden Typen kommt, was Gryphius' *Horribilicribrifax* beweist, sollte nicht überraschen.

Beiden Typen gemeinsam ist der metaphysische Rahmen, der die religiös-ethischen und sozialen Normen setzt, die im erfundenen Stoff vor allem durch den Hof oder höfisch-ethisch gesinnte Figuren entweder explizit oder implizit repräsentiert werden (Flemming: Barockkomödie S. 13 f.). Der Schwerpunkt wird dabei auf »die barocke Ethik und die barocke Soziallehre« (Emmerling S. 26) gelegt. In dieser Hinsicht ist das Lustspiel, das »zum, allerdings gebrechlichen, Abbild der großen metaphysischen Harmonie werden« kann (Kaiser: Drama S. 261), kaum vom Trauerspiel zu unterscheiden (Mannack: Gryphius). Dabei kommt der Liebe eine religiös-allegorische Bedeutung zu, aber ohne eine »parodistische Kontrafaktur« (so Schlienger S. 293) zu sein.

Das Komische ergibt sich also aus dem spannungsreichen Widerspruch zwischen Sein und Schein, Maske und Wahrheit, Rollenspielen und Stand (Alewyn 1974 S. 32 f.), d. h. aus der Diskrepanz zwischen höfischer, ständischer oder literarisch wissenschaftlicher Norm und dem vergeblichen Streben, öfters über den eigenen Stand hinaus, nach dieser Norm (Flemming: Barockkomödie S. 13 f.). Dieser fundamentale Gegensatz wird in den Figuren und Situationen so stark widergespiegelt, daß man wie Emmerling (S. 33) von einer »Kontrastdramaturgie« sprechen darf.

Am Ende des Lustspiels wird die Kongruenz zwischen metaphysischer und sozialer Ordnung dadurch wiederhergestellt, daß alle Figuren wieder in die Gesellschaft integriert werden (Schlienger S. 294), d. h. sie bleiben innerhalb des ihnen angemessenen Standes. Durch diese Wiederbestätigung der Weltordnung soll der getröstete Zuschauer die Welt besser verstehen und sich an der richtigen Haltung orientieren.

Die sich nie entwickelnden exemplarischen Figuren (Trunz S. 1 ff.), die immer wieder dieselbe Haltung demonstrieren (Flemming: Barockkomödie S. 15), sind »Sprachrohre der ewigen sittlichen Ordnung« (Geisenhof S. 207) und vertreten die Norm bzw. das »Scharfsinnsprinzip« (Schlienger S. 67) oder die Abweichung von der Norm bzw. die eindimensionale materialistische Weltsicht (Asper S. 131). Neben den höfischen oder höfisch gesinnten Figuren stehen – vorwiegend im satirischen Lustpiel – die mit ihnen kontrastierenden, keineswegs realistisch dargestellten »soziologisch kostümierte(n) Vertreter komischer Urtypen« (Emmerling S. 37): der großsprecherische Offizier (miles gloriosus, Bramarbas), der pedantische Schulmeister, die plumpen Handwerker und die dummen Bauern, die alle in komisch »übersteigerter Ichschätzung« (Flemming: Barockkomödie S. 15) mit unzulänglichen Mitteln nach der Norm streben. Ein unerschöpflicher Quell komischen Betragens ist wegen des grellen Kontrasts »die Situation des groben Bauern am vornehmen Hof« (Asper S. 159).

Das gilt auch für den berühmten Spaßmacher des barocken Lustspiels, der unter verschiedenen Namen auftaucht (Jan Bouset, Peter Pickelhering, Jean Potage, Hans Stockfisch, Hans Wurst, Morio, Scaramutz, Harlekin u. a. m. – vgl. Asper S. 2 ff.) und der aus einer Mischung von englischem Fool (Vertreter des gesunden Menschenverstandes) und Clown (Narr mit animalisch-vitalischen Funktionen) besteht (Eckhardt S. 22, Asper S. 13). Diese Gestalt, die das Publikum durch direkte Anrede, durch Verwendung der lokalen Mundart und durch Anspielungen auf gegenwärtige Ereignisse für sich zu gewinnen weiß, erregt Lachen nicht aufgrund seiner ureigenen Position zwischen Bühne und Publikum, sondern durch seine fiktive bäuerliche Herkunft (Asper S. 129), die ihm allerlei Grobianismen erlaubt, aber auch durch Aufstachelung der Mitspieler zu weiteren Durchbrechungen der Normen. Komisch gewirkt haben auch die ständigen Hinweise auf den Abstand der Norm bei den Mitspielern, die letztlich auf eine »Anerkennung bestehender sozialer Verhältnisse« (Catholy 1969 S. 150) hinausläuft. Wenn die komische Person Sozialkritik übt, nimmt sie nur Mißstände aufs Korn. Die soziale Stellung des Hofes wird dabei keineswegs gefährdet (Asper S. 165). Außerdem stellt die komische Nebenhandlung keine Parodie der Norm dar, sondern ist vor allem nur als »komische Parallele« (Rommel S. 382) zur Haupthandlung zu betrachten.

Im gleichen Sinne darf man die Sprache der Bramarbas-Typen nicht so sehr als Parodie der Tyrannengestalten im barocken Trauerspiel ansehen (Schlienger S. 52), sondern als wiederholte Enthüllung der komisch-satirischen Abweichung von der Norm.

Zur Erhellung der barocken Komik und besonders der Lustspiel-Struktur hat Flemming Wesentliches beigetragen. Seit Gottsched hatten Kritiker, denen der Pyramidenbau klassischer Stücke als Maßstab diente, die scheinbare Formlosigkeit barokker Komödien angeprangert. Auch wenn die klassische Einteilung in drei oder fünf Akte im großen und ganzen beibehalten wurde, fehlte ein motivierter Geschehensverlauf mit Peripetie. Man verstieß aber auch gegen die antiken ›Regeln‹ aufgrund der »Vielfalt von Handlungen« (Zeller S. 116), wie sie vor allem im Schuldrama zu finden sind. Die Struktur des Lustspiels beruht wieder auf dem Prinzip des Idealnexus (Flemming: Barockkomödie S. 14), das einen Grundgedanken von verschiedenen Seiten beleuchtet, wobei Aufzüge und Szenen meistens nicht durch Kausalzusammenhang, sondern nur durch ihre Beziehungen zum Hauptthema locker verbunden sind. Nach Christian Weise muß »eine iedwede Szene zur Interpretation des vorhabenden Thematis dienen« (Comödien-Probe, Vorrede a 5ʳ f). Die Idee hat den Vorrang, nicht die Handlung (Emmerling S. 35). Das gilt auch für die Form des Mischspiels Verlibtes Gespenst/Gelibte Dornrose (Flemming 1958 S. 68).

Gryphius

Auch wenn Gryphius als Lustspieldichter von seinen Zeitgenossen hochgeachtet wurde, herrschte in der Literaturgeschichte lange Zeit das Bild vom pessimistischen Tragiker vor, der sich nur um Antworten auf todernste, metaphysische Fragen bemühte. Korrigiert wurde diese allzu enge Perspektive nicht so sehr durch Flemmings Einführung zur Barockkomödie als durch die Arbeiten von Mannack (1964) und Hinck (1965), die eine Reihe von (gedruckten) Dissertationen angeregt haben. Das Augenmerk der Kritik richtet sich nicht nur auf die beiden erst am Ende des Dreißigjährigen Krieges entstandenen aber erst ein Jahrzehnt später gedruckten satirischen Lustspiele, sondern auch auf das 1660 konzipierte Mischspiel, das zu den ›italienischen‹ Komödien gerechnet wird (Dünnhaupt S. 725 ff., Pyritz S. 286 ff.):

Absurda Comica. Oder Herr Peter Squentz / Schimpff-Spiel (1658)
Horribilicribrifax. Teutsch (1663)
Verlibtes Gespenst / Gesang-Spil. Die gelibte Dornrose / Schertz-Spil
(1660)

Entgegen Gryphius' üblicher Praxis erschien *Peter Squentz*,
ein Lustspiel, das ein verschollenes Stück von Daniel Schwent-
zer zur Vorlage hat, anonym und ohne Publikationsinformatio-
nen. Der Grund dafür liegt weder in der Neuheit der Gattung
(Powell, 1969 S. vii), noch in einer jugendlichen Torheit (Powell, Lustspiele S. 45), noch darin, daß Schwenter selbst als
Verfasser zu gelten hat (Michelsen S. 54 ff.), sondern wohl in
der Tatsache, daß Gryphius als Vertreter der glogauischen
Landstände es sich nicht leisten konnte, namentlich auf dem Titelblatt eines Dramas zu erscheinen, das die soziale und kultu-
relle Bedeutung der lokalen Zünfte ins Lächerliche zog (Elsner
S. 221). Es ist auch bekannt, daß Zunftsmitglieder nach Aufführungen Beschwerde einlegten (Scheid 1930 S. 44, H. Burger
1967 S. 55).

Das Lustspiel selbst, das vielleicht als Nach- oder Zwischen-
spiel an Gryphius' Trauerspiel *Cardenio und Celinde* (1657) angehängt wurde (Flemming: Barockkomödie S. 45, Cysarz S. 4,
Mannack: Gryphius S. 56, Aikin: Drama S. 100 f.), ist in der
Forschung in erster Linie als literarische Satire auf die ältere
Dramenform des 16. Jh.s (Gottsched Bd. 8 S. 169), speziell die
Hans Sachs' und die der Meistersinger (Meyer von Waldeck S.
195 ff.), sowie auf die Pyramus-Thisbe-Stücke des frühen 17.
Jh.s (Kaiser: Drama S. 223) interpretiert worden. Das Komische entsteht aus dem Bemühen der negativ stilisierten Handwerker, die höfisch-gelehrte Norm zu erreichen, wobei dem
Pickelhering – entgegen Schliengers Meinung (S. 127 f.) – die
übliche Vermittlerfunktion zufällt (Kaiser: Drama S. 210, Elsner S. 141).

Elsner hat in seiner verdienstvollen Studie nicht nur die
Strukturmerkmale des Handwerker-Theaters, sondern auch die
sozialen Verhältnisse dieses Standes (S. 188 ff.) herausgearbeitet. Er sieht in der Konfrontation zweier grundverschiedener
poetologischer Systeme die Widerspiegelung eines gesellschaftlichen Konflikts (S. 104, 136). Schon früher hatte G. Kaiser auf
die Sozialsatire im Stück hingewiesen (S. 220). Am Dramenschluß werden die Handwerker in ihre sozialen (und literarischen) Schranken gewiesen, d. h. ihnen wird durch den Hinweis
auf die »Inkompatibilität von handwerklicher Kunstpraxis und
höfischer Norm« (Elsner S. 148) und durch die Geldübergabe

gleichsam verziehen (Schlienger S. 143), und sie werden wieder in die Gesellschaft integriert. Der Versuch, das Possenspiel als Parabel des Dreißigjährigen Krieges mit »possible religio-political allusions« (Schade, *Persona* S. 298) zu interpretieren, entbehrt des Beweises und wirkt daher wenig überzeugend.

Angeregt wurde Schades Deutung wohl durch Hincks Aufsatz über *Horribilicribrifax*, der als »Protest gegen die Überheblichkeit der Kriegerkaste« (Hinck S. 122) aufzufassen sei. Die zweisprachigen Capitani verträten außerdem die beiden Kriegsparteien (Hinck S. 124, Schiewek S. 82). Sicherlich stellt Horribili (der Name bedeutet ›schrecklicher Siebmacher‹ – Holl S. 97), der mit Mars, Tod und Teufel identifiziert wird, das »nicht ganz unschädliche Gespenst des sinnlos zerstörenden Krieges« (Schlienger S. 160) dar. Hier geht es nicht so sehr um eine literarische Parodie (so Powell 1969 S. xxxiii) als um eine Sozialsatire auf prätentiöse Offiziere und Möchtegern-Gelehrte wie Sempronius, die sozial-ethisch und sprachlich die höfische Norm nicht erreichen können. Als »die denkbar treffendste und zerstörendste Form der Entlarvung« (Hinck S. 114 f.) dient die wohl in der volkstümlichen Tradition (Kirby S. 142) wurzelnde Verdoppelung der Titelgestalt, wobei »Urbild und Spiegelbild nicht zu unterscheiden« sind und »jeder nur als Spiegelbild der Nichtigkeit des anderen Existenz« besitzt (Kaiser: Drama S. 231). Die Differenzen zwischen Horribili, Daradiridarumtarides und Sempronius sind im Gegensatz zu Hincks (S. 126) und Schliengers (S. 167) Auffassung nicht grundsätzlicher, sondern gradueller Art. Ihre Schwächen werden durch die Diener entlarvt, die, keineswegs überflüssig (so Szyrocki 1969 S. 106), die traditionellen Funktionen des Pickelhering übernehmen (Hinck S. 122, Schlienger S. 183).

Den großmäuligen Offizieren ähnlich ist der hebräische Brocken hervorbringende Jude Isachar, der aber auch als Sprachrohr für Gryphius' religiös-ethische Haltung fungiert (Schiewek S. 98). Dramaturgisch kommt die Haltung dann in der ›Bekehrung‹ des jungen Patriziers Palladius zum Ausdruck. Dieser psychologisch unmotivierte Umschlag, der aus moderner Sicht bloß die »Reduzierung der Liebe auf ihre spieltechnische Qualität« (Hinck S. 118 f.) bedeuten würde, ist eher auf göttliches Eingreifen zurückzuführen und hat deshalb den »Charakter einer religiösen Bekehrung« (Kaiser: Drama S. 239). Noch vorbildlicher aber ist das Verhalten der tugendhaften Sophia dem Statthalter Cleander gegenüber, wobei ein Tragödienmotiv (das Lucretia-Virginia-Motiv – vgl. Kiesel S. 69) in das Lustspiel eingeführt und provokativ umfunktioniert wird. In dieser Episode wird das utopische Ideal eines fürstlichen Absolutismus legitimiert, in dem Hof und Ethos konform gehen (Kiesel S. 76 f.), aber zur gleichen Zeit kann Gryphius sein tiefliegendes Mißtrauen dem höfischen Bereich gegenüber (Kiesel S. 74) nicht verstecken.

Bei einem so politischen Konservatismus sind Vorschläge zur Lösung sozialer Probleme, geschweige denn zu Änderungen in der gesellschaftlichen Struktur, kaum zu erwarten. Es geht hier um die »Integration aller sozialen Stufen und aller werthaften Seinsweisen« (Emmerling S. 90), was am Komödienschluß tatsächlich eintritt.

Hinsichtlich der Figuren und des Hauptthemas hält sich Gryphius keineswegs an Opitz' Regeln. Die Forschung ist sich im großen und ganzen darüber einig, daß das dominierende Liebesthema, dem das Sprach- (Böckmann) und Kommunikationsthema (G. Kaiser) unterzuordnen ist (Schlienger S. 180), neben der ethischen Perspektive (Emmerling S. 45 f., Schiewek S. 81) auch eine metaphysische Dimension (Kaiser: Drama S. 238) aufweist. Dieses Thema dient auch – unter Verwendung zahlreicher Parallel- und Kontrastszenen (Flemming: Barockkomödie S. 47) – zum Idealnexus für das Lustspiel (Flemming: Barockkomödie S. 47, Mannack: Gryphius S. 58). Außerdem besteht die Komödie aus zwei traditionellen Lustspielhandlungen, nämlich der Bramarbas-Posse und der Komödie von der Partnerwahl (Emmerling S. 91). Das Lustspiel ist nicht wegen Formlosigkeit (Lunding S. 90) oder Uneinheitlichkeit (Hinck S. 121) zu verurteilen, sondern hat vielmehr einen strengen Bauplan, aufgrund dessen fünf verschiedene Handlungsstränge kunstvoll ineinander verschränkt sind (Kaiser: Drama S. 241 f.).

Auch die Struktur des Mischspiels *Verlibtes Gespenst/Gelibte Dornrose*, das aus zwei vorwiegend geschlossenen, aktweise ineinandergeschobenen Lustspielen besteht, ist in der Forschung nicht immer auf Verständnis gestoßen, besonders weil die beiden Stücke nicht nur separat (neu-)gedruckt, sondern auch so in der Sekundärliteratur behandelt wurden. Die frühe Kritik hat sich für den vermeintlichen ›dichterischen Realismus‹ des mundartlichen Bauernstücks begeistert (Holl S. 98 ff., neuerdings auch Szyrocki S. 109), während die heutigen Forscher eine merkbare Vorliebe für die »heiter-unbeschwerte Komödie« (Mannack: Gryphius S. 63) *Verlibtes Gespenst* zeigen (Emrich S. 219).

Die Form des in Italien entstandenen Mischspiels (Flemming: Barockkomödie S. 44) könnte auf die »Ausweitung der Zwischenszenen zu einem selbständigen Lustspiel« (Mannack 1963 S. 90) zurückgehen, wobei der komische Kontrast zwischen dem normsetzenden oberen Stand der ›italienischen‹ Liebeskomödie und den Dialekt sprechenden Bauern beibehalten wird. Auf die kunstvolle Verflechtung der beiden Stücke hat als erster Mannack (1963 S. 90) durch ein Zusammenstellen gemeinsamer Themen und Motive hingewiesen und damit die Grundlage für G. Kaiser (Drama S. 275 ff.) und Catholy (1969 S. 149 ff.) geschaffen. An dieser Stelle sei auch erwähnt, daß die barocke ›Tektonik‹ oder Idealnexus im Mischspiel nicht verlorengeht, auch wenn das eine Stück *(Verliebtes Gespenst)* »ein Abgehen vom barocken Handlungsschematismus zugunsten eines handlungskausalen Szenenablaufs« (Emmerling S. 113) aufweist.

Verbunden werden die beiden Komödien durch das Liebesthema, das im zweiten Stück – im Kontrast zur Ständeklausel – eine »seelische Dimension« (Catholy 1969 S. 154) annimmt und damit eine Aufwertung des sonst verachteten Bauernstandes herbeiführt (Mannack 1963 S. 65). Diese Liebe, die in den beiden Lustspielen moralisch-wertend zu verstehen ist, erhält sogar einen metaphysischen Bezug als »Ordnungs- und Heilsmacht« (Kaiser: Drama S. 273) oder als »Vorspiel der ewigen Wollust« (Schlienger S. 239). Auf der sozialen Ebene ergibt sich aus der Liebe bzw. Heirat eine Wiederherstellung der gesellschaftlichen Harmonie (Mannack 1963 S. 94), genauso wie die dynastische Heirat, zu deren Anlaß das Stück aufgeführt wurde, politische Einheit und Frieden verspricht (Aikin: Drama S. 108).

Außerdem hat sich die Forschung mit dem Scheintod des Suplicius beschäftigt, was Kaiser wenig überzeugend als »Tragödienparodie« (Drama S. 267) interpretiert, und mit der Figur des Richters Wilhelm von Hohen Sinnen im Dialektstück, dessen widerspruchsvolle Charakterisierung (er ist »teils komischer Bramarbas und teils Vertreter des richtenden und schlichtenden Prinzips« – Lunding S. 90) entweder als Manifestation des Rollenspielens (Mannack 1963 S. 89, G. Kaiser: Drama S. 278) oder als göttliches Eingreifen (Aikin: Drama S. 107) erklärt wird.

Zu den anonym erschienenen Stücken, deren Verfasserschaft noch nicht geklärt ist (Goedeke Bd. 2 S. 106, Flemming: Festspiele S. 134 ff., Höfer) und die bei der neueren Forschung zur Gattung der höfischen (Hinck S. 130) oder ›italienischen‹ Komödie (Aikin: Drama S. 109) gerechnet werden, gehören:

Der vermeinte Printz (1665)
Die erfreuete Unschuldt (1666)
Der betrogene Betrug (1667)

Das Augenmerk der Forscher richtet sich auf die aus der commedia dell'arte entlehnten Figuren, vor allem auf Scaramutza, der ab 1665 eine feste Stellung auf der dt. Bühne einnimmt (Höfer S. 164 f.) und sich durch eine neue »höfische Politur und Urbanität« (Hinck S. 132) von den früheren komischen Figuren abhebt. Man kann ihn nicht bloß als Zugeständnis an die große Menge abtun (Höfer S. 160), auch wenn er nur locker mit der Haupthandlung in Verbindung steht (Hinck S. 134), denn er übt eine gesunde Kritik sowohl an seinen Mitspielern als auch an den Zuschauern (Aikin: Drama S. 111) aus.

Die Technik der Handlungsführung insbesonders hat Hinck gelobt, und Aikin hat die drei Komödien als religiöse und politische Allegorien aufgefaßt (Drama S. 110 ff.).

Masen

Jakob Masen (1606–1681) veröffentlichte neben dem Trauerspiel *Mauritius* drei latein. Schulkomödien und drei Allegorien großen Stiles, die nicht in diesen gattungsmäßigen Zusammenhang gehören (Dünnhaupt S. 1124 ff., Pyritz S. 459 f.):

Ollaria (entstanden zwischen 1629 und 1640) (1654)
Rusticus imperans (entstanden 1640–48) (1654)
Bacchi schola eversa (1654)

Masens vieraktige Bearbeitung von J. Vives' Erzählung vom Eintagskönig *(Rusticus imperans)*, die schon vor ihm Hollonius behandelt hatte (s. S. 112), ist zweifellos »die meistgespielte und beliebteste latein. Schulkomödie des Jh.s« (H. Burger 1967 S. 32). Die Trunksucht des Schmiedes Mopsus – hier eine Jedermann-Figur –, die Masen auch in der Komödie *Bacchi schola eversa* (Die aufgelöste Bacchusschule) nur allzu gern satirisiert, führt zu vielerlei Abweichungen von der höfischen Norm und erregt das Lachen der Zuschauer. Kritik übt Masen aber nicht nur an all denjenigen, die sich über den eigenen Stand erheben wollen (Best 1978 S. 252), sondern auch am Alamodewesen (H. Burger 1967 S. 44) und möglicherweise an jenen Fürsten, die dem Ideal nicht gewachsen sind (Scheid 1930 S. 45, H. Burger 1967 S. 44).

Der Quelle Vives verdankt Masen ebenfalls ein Hauptthema des Barockdramas, nämlich das Vanitas- oder Fortunamotiv, das schon hier provokativ zu verstehen ist (Burger 1967 S. 33). Die Selbstentfremdung des Schmiedes birgt in sich, wie H. Burger treffend bemerkt hat, »die Möglichkeit der Tragik« (1967 S. 50). Vermieden wird aber eine solche Tragik durch die Wiederherstellung der theologisch fundierten Gesellschaftsordnung am Dramenschluß (Valentin: Théâtre S. 824).

Neben dem Gehalt hat auch die Struktur dieses Lustspiels die Aufmerksamkeit der Forscher erregt. Die Hinzufügung des komischen Dieners Congrios – vielleicht Masens eigene Leistung (H. Burger 1967 S. 38) – lobt Scheid wegen der »geschickte(n) Verwebung in die Haupthandlung« (1930 S. 45). Dagegen tadelt Best diese Nebenhandlung wegen ihrer fehlenden Integration (1978 S. 252). Solange nicht mehr über Masens Quellen bekannt ist, ist eine gerechte Beurteilung kaum möglich.

Thematisch und strukturell viel einfacher als *Rusticus imperans* ist die Komödie vom geizigen Jüngling Desiderius mit dem Titel *Ollaria*, die bisher nur Schoolfield eingehender behandelt hat. In dieser Umkehrung des typischen Vater-Sohn-Schemas, die auch interessante Parallelen und Kontraste zur Parabel vom Verlorenen Sohn bietet, sieht Schoolfield eine (wohl verdeckte) Satire auf den Kalvinismus (S. 44 f.).

Weise

Der Zittauer Reformpädagoge, dessen Schuldramen schon im Abschnitt ›Trauerspiel‹ besprochen wurden (s. S. 109 ff.), hat mindestens 18 Komödien veröffentlicht, die in Lindbergs historisch-kritischer Ausgabe neugedruckt werden (Dünnhaupt S. 1847 ff., Zeller S. 252 ff.):

Die Triumphirende Keuschheit (1668); Opernfassung (1683)
Die Beschützte Unschuld (1673)
Bäuerischer Machiavellus (1679)
Von dem Dreyfachen Glücke (1679)
Von einem zweyfachen Poeten-Zunfft (1682)
Tobias und die Schwalbe (Parodie eines neuen Peter Squentzens) (1683)
Von Jacobs doppelter Heyrat (1683)

Von der verkehrten Welt (1683)
Der Politische Quacksalber (1684)
Von dem Großmütigen Alfanzo (1685)
Die unvergnügte Seele (1688)
Vom Verfolgten Lateiner (1696)
Der Betrogene Betrug (1696)
Die böse Catharina (gedruckt 1883)
Schau-Spiel von betrübten und wiederum vergnügten Nachbars-Kindern (1699)
Ein wunderliches Schau-Spiel vom Niederländischen Bauer (1700)
Curieuser Körbelmacher (1705)
Ungleich und gleich gepaarte Liebes-Alliance (1708)

Nach der übereinstimmenden Meinung der Forschung weisen die späteren, formal raffinierten Lustspiele auf die Aufklärung und die Empfindsamkeit hin (Brüggemann S. 16, Haxel S. 93, H. Burger 1967 S. 120 ff., Wich S. 155, 174). Sie nähern sich dramentechnisch und thematisch dem Typ der ›italienischen‹ Komödie (Flemming: Barockkomödie S. 54, Haxel S. 41) spielen sich aber innerhalb des Bürgertums ab (Fulda S. lxivf., Haxel S. 41 ff., Wich S. 247). Einige Literaturhistoriker sehen in diesen Komödien sogar eine »Vorstufe zur sächsischen Familienkomödie« (Holl S. 103 f., Holl 1911 S. 69, neuerdings auch Hinck S. 138). Welches Lustspiel aber den Wendepunkt zwischen den früheren, überwiegend satirisch ausgerichteten Komödien und den späteren, ›bürgerlichen‹ darstellt, ist immer noch nicht entschieden. Auch wenn bei den meisten Wissenschaftlern die Wahl auf die *Unvergnügte Seele* (1688) fällt (Burger, Hartmann, Emmerling, Rieck, Neuß) kann man die *Nachbars-Kinder* (1699) nicht so leicht übergehen. Nach Haxel (S. 41, an ihn anschließend Zeller S. 12) ist dieses Stück »das erste deutsche bürgerliche Lustspiel«, das »nicht etwa das Erzeugnis eines neuen Stilwillens war, sondern aus den besonderen Zittauer Schulverhältnissen erwuchs«. Wich dagegen hat sich für den *Curieusen Körbelmacher* entschieden (S. 174, 192).

Neben aufklärerischen Zügen tauchen auch in den späteren Lustspielen barocke Figuren wie der christliche Einsiedler und die Göttliche Providenz auf. Solche (metaphysischen) Elemente, die einige Kritiker nicht akzeptieren wollen (H. Burger 1967 S. 7, Emmerling S. 145, Brüggemann S. 15, Neuß S. 65, Wich S. 12) sprechen gegen die Versuche, Weise allzu eng in eine lineare Entwicklung hineinzupressen. Weise konzentriert sich zwar auf das Diesseits – und hier erinnert er an Lohenstein –, vor allem auf den Kontrast zwischen »ethischem Soll und realem

Sein« (Wich S. 137), was aber in keinem Fall die transzendentale Dimension ausschließt.

Um diese Kluft zwischen ethischer Norm und negativer Verhaltensweise deutlich herauszustellen, bedient sich Weise in den frühen Lustspielen einer satirischen Komik, die sich nicht nur gegen menschliche Schwächen, veraltete literarische Formen (z. B. den Meistersang) und übertriebene Stilarten (z. B. Lohenstein) richtet, sondern auch gelegentlich gegen identifizierbare Personen (Comenius, Zesen) und – leicht polemisch – gegen die katholische Geistlichkeit (Haxel S. 72 ff.). Auch die ethische Fragwürdigkeit des sonst von Weise idealisierten ›Politicus‹ (Wich S. 189) wird zum satirischen Gegenstand, vor allem im Stück *Bäuerischer Machiavell*, in dem die bäuerlichen Bewohner des Dorfes Querlequitsch [wohl verkehrt für ›Quirlequetsch‹, d. h. querköpfige Menschen (Quirle) in einem unbedeutenden Ort (Quetsche), einen Spitznamen für Königstein/ Sachsen (Haxel S. 74, Pietsch-Ebert S. 37)] nicht nur die ›Bauernhaftigkeit‹ aller Menschen darstellen (Haxel S. 80), sondern auch »die satirisch-karikierte Kehrseite des Politicus« (Wich S. 119). Obwohl Weise den Bauernstand aus komisch-satirischen Gründen recht negativ schildern kann, hat er die Bedeutung dieser sozialen Schicht nie verleugnet – die politischen Folgen gesellschaftlicher Mißstände sind ihm klar bewußt. Seine antirevolutionäre Haltung dagegen entspringt der tradierten lutherischen Lehre vom Gottesgnadentum des Herrschers (Zeller S. 74) und erlaubt – entgegen der Ansicht M. Kaisers – keine antihöfische Tendenz (Flemming 1952 S. 397).

Zum Verständnis dieser Meinungen dienen die auf T. Boccalinis *Relationen* beruhenden allegorischen Szenen (Borinski S. 358), die den Rahmen für einige Komödien liefern und denen die Forschung lange Zeit verblüfft gegenüberstand. Sie wurden als »steifledern« (Holl S. 108) oder sogar überflüssig abgelehnt, auch wenn man erkannte, wie wichtig die in diesen Szenen eingebettete didaktische Lehre für die Bedeutung des Stückes ist (Schubert S. 121). Haxel und Wich sahen in ihnen sogar einen Widerspruch zum Gehalt des Binnenspiels (Haxel S. 89, Wich S. 4, 120, 138). Die verschiedenen Funktionen dieses allegorischen Rahmens hat Zeller systematisch untersucht und ist dabei zu folgenden Ergebnissen gekommen: der Rahmen thematisiert nicht nur die »Ohnmacht des Idealismus« (S. 222), sondern liefert auch die richtige Haltung zur Beurteilung des Dramas (S. 217); er wirkt nur in Verbindung mit der Haupthandlung didaktisch und kann die Beantwortung der aufgeworfenen Streitfrage dem kritisch denkenden Zuschauer überlassen (S. 220).

Es kann jedoch nicht verkannt werden, daß sich die Forschung trotz des Fehlens von umfangreichen Untersuchungen über den didaktischen Inhalt und den Stil von Weises Dramen mit geistesgeschichtlichen und formalen Fragen intensiv beschäftigt hat. Bis ungefähr 1966 mußte die Form eine vernichtende Kritik über sich ergehen lassen (vgl. Fulda, Holl, Petsch, Neuß, Wich, Schaefer), weil man nicht sehen wollte, daß die Dramen weitgehend im Dienst der Schule entstanden waren (Horn S. 116). Obwohl schon Haxel einsah, daß Weises Stücke »nur eine erweiterte Oratorie« darstellten (S. 9), blieb es Barner vorbehalten, den Komplex Rhetorik-Dramatik bei Weise zu erschließen (Barockrhetorik S. 302, 315). An ihn schließt sich Zeller an, der Weises Theorie und Praxis »als eine spezifische Schultheater-Dramaturgie« (S. 19) untersucht hat.

Die Ursachen für die sogenannte Formlosigkeit der Komödien – *Der Verfolgte Lateiner* kommt hier als »technisch wohlgelungene(s) Intrigenlustspiel« (Levinstein S. 23) nicht in Frage – war eine große, aus pädagogischer Notwendigkeit entstandene Personenfülle, die sich aus ästhetischer Sicht nicht verteidigen läßt (Fulda S. lxxiv, Steinmetz S. 11, Zeller S. 127). Darauf, daß die hohe Personenzahl auch eine künstlerische Funktion hat, nämlich als Darstellung der gesamten Gesellschaft (vor allem in den Massenszenen), hat Hankamer hingewiesen (1935 S. 358).

Eine solche Personenfülle bringt eine »Dispersion der Handlung« (Zeller S. 114) mit sich, wobei die klassischen Einheiten, insbesondere die Einheit der Handlung, verlorengehen. Umgekehrt erlaubt die episodische Handlungsstruktur des offenen Dramentyps (Zeller S. 130), die in den satirischen Lustspielen dominiert, eine beliebige Personenzahl. Das strukturelle Prinzip für fast alle Komödien ist nicht der Kausalnexus (so Neuß S. 91 ff.), sondern der Idealnexus (Emmerling S. 139, Zeller S. 135). Daß soviele Handlungen und Nebenhandlungen die Gefahr von Unordnung und Verwirrung mit sich bringt, ist der Forschung – besonders in den Komödien *Tobias und die Schwalbe* und *Die verkehrte Welt* – nicht entgangen (Holl S. 107, Flemming: Barockkomödie S. 52, Haxel S. 38, 48; Zeller S. 129).

Als eine besondere Bedrohung der Handlungseinheit gilt die komische Nebenhandlung, die »eine Art spiegelbildlich abgewandelte possenhafte Wiederholung der Haupthandlung« (Wich S. 30) ist. Nur in ganz wenigen Fällen ist die lustige Person in die Haupthandlung integriert (Zeller S. 194). Diese Person fällt aus ihrer Rolle, um die Zuschauer zu unterhalten, zu entfremden (Rieck S. 172 f.) oder zur Benutzung ihrer kritischen Beurteilungsfähigkeit zu ermutigen (Zeller S. 232).

Reuter

Der Bauernsohn aus Kütten bei Halle/Saale besuchte in Leipzig die Universität und wirkte eine Zeitlang am Dresdner Hofe. Er schrieb drei satirische Lustspiele, die die Unzulänglichkeiten des Bürgertums und des Adels aufs Korn nahmen (Dünnhaupt S. 1503 ff., Pyritz S. 551 ff.):

Die Ehrliche Frau zu Plißine (1695)
Der ehrlichen Frau Schlampampe Krankheit und Tod (1696)
Graf Ehrenfried (1700)

Wie Weise, der ihm als Vorbild gedient haben soll (Flemming: Barockkomödie S. 57), ist Reuter als Übergangsfigur zu sehen, die aus dem Barock hervorgeht und aufklärerische Züge trägt. Diejenigen Kritiker, die in ihm »den glanzvollen Endpunkt einer Entwicklungslinie« (Catholy 1969 S. 46; auch Flemming: Barockkomödie S. 57) zu sehen glauben, betonen in erster Linie die traditionellen Elemente in den Lustspielen: die komische Person, die nicht in die Haupthandlung integriert ist (Catholy 1969 S. 209) und ab und zu Dialekt spricht (Catholy 1969 S. 171), den Bramarbas-Typ (Holl S. 115) und das übliche Barockthema vom Sicherheben über den eigenen Stand (Flemming: Barockkomödie S. 54).

Noch faszinierender für die Forschung ist aber die »Synthese von Figurentypen und Zeitkritik« (Catholy 1969 S. 169). Dank der positivistischen Forschung von F. Zarncke ist man imstande, die Satire als traditionellen Angriff nicht nur auf allgemeine Laster, sondern auch auf »wirkliche Menschen mit ihren Besonderheiten und charakteristischen individuellen Zügen, Redensarten und Schrullen« (Emrich S. 225) zu verstehen. In dieser »lebensechten Wirklichkeitsnähe« (Ziegler Sp. 2059) und in der »neue(n) realistisch-gesellschaftskritische(n) Richtung« (Emrich S. 225) sieht man einen Neubeginn (Holl S. 115 f., Hecht S. 50).

Deshalb lobt man Reuter wegen seiner »Detailtreue in der Zeichnung bürgerlicher Genrebilder« (Hecht S. 140) und wegen seiner gelungenen Charakterisierungen (Holl S. 113 ff.) sowie seiner Gestaltung der Figur Schlampampe (für die Bedeutung

dieses Spottnamens siehe Alexander 1979 S. 385). Zum ersten
Mal steht eine Frau als komische Person im Mittelpunkt des Ge-
schehens (Catholy 1969 S. 170), die zugleich als Typ, d. h. als
Vertreter des Bürgertums, und Individuum zu betrachten ist.
Daß Reuter mit seiner persönlichen Invektive manchmal zu
weit geht, beweist die Schlußszene des zweiten Schlampampe-
Dramas (1696), die »künstlerisch geschmacklos« (Holl S. 115),
»grotesk« (Schneider, *Rede* S. 10) und unkomisch wirkt (Hecht
S. 27).

Diese persönliche Satire richtet sich auch gegen die Figuren in
der letzten Komödie, in der ein Adliger zur komischen Person
wird und die Sozialkritik kaum zu überhören ist (Witkowski
S. 345, Hecht S. 51).

Neben dem Lob auf solche Figuren findet man in der Sekundärliteratur überall verstreute Angaben über die Form der Lustspiele. In diesen überwiegend negativen Bemerkungen tadelt
man die allzu vielen epischen Einschübe als die Handlung retardierende Momente (Holl S. 114) und die unverbundenen Szenen und Handlungsstränge (Flemming: Barockkomödie S. 56,
Hecht S. 51), darunter die komische Nebenhandlung (Holl
S. 115). Nur die Verkleidungsszene im ersten Lustspiel, die als
Gipfelpunkt des Stückes gilt (Emrich S. 233) und ein »Spiegelbild des ständigen Kontrasts von Schein und Sein bei der
Schlampampe-Familie (Catholy 1969 S. 174) liefert, wird gepriesen. Zu den dringendsten Desiderata der Reuterforschung
gehört demnach eine eingehende Untersuchung der ästhetischen Struktur dieser Komödien.

Literatur

Das Trauerspiel

Allgemeines

Richard Alewyn: Der Geist des Barocktheaters. In: Welttheater: Fest-
gabe für Fritz Strich zum 70. Geburtstag, hrsg. von Walter Muschg
und Emil Staiger. 1952. S. 15 ff.
Richard Alewyn und *Karl Sälzle:* Das große Welttheater: Die Epoche
der höfischen Feste. 1959.
Richard Alewyn: Maske und Improvisation. Die Geburt der europäischen Schauspielkunst. In: R. A., Probleme und Gestalten. Essays.
1974. S. 20 ff.
Wilfried Barner: Gryphius und die Macht der Rede. Zum ersten Reyen
des Trauerspiels ›Leo Armenius‹. In: DVjs. 42. 1968. S. 325 ff.

Manfred Beetz: Disputatorik und Argumentation in Andreas Gryphius' Trauerspiel ›Leo Armenius‹. In: Lili. Zs. für Literaturwissenschaft und Linguistik 38/39. 1980. S. 178 ff.

Hugo Bekker: The Lucifer Motif in the German and Dutch Drama of the Sixteenth and Seventeenth Centuries. Diss. Univ. of Michigan 1958 [Masch.]

Manfred Beller: Über den Gebrauch der Schiffgleichnisse in politischem Traktat und Drama des Barock. In: Actes du IXe. congrés de l'association intern. de litt. comparée 1. 1980/81. S. 261 ff.

Walter Benjamin: Was ist das epische Theater? In: Schriften Bd. 2. 1955. S. 259 ff.

Ders.: Allegorie und Emblem. In: Dt. Barockforschung, hrsg. von Richard Alewyn. 1965. S. 395 ff.

Felix Bobertag: Einleitung. In: Die zweite schlesische Schule, hrsg. von ––. 1885 (DNL 36). S. iff.

Herbert Cysarz: Dt. Barockdichtung. Renaissance – Barock – Rokoko. 1924.

Willi Flemming: Die Fuge als epochales Kompositionsprinzip des dt. Barock. In: DVjs. 32. 1958. S. 49 ff. Auch in: W. F., Einblicke in den dt. Literaturbarock. 1975. S. 48 ff.

Ulrich Fülleborn: Die barocke Grundspannung Zeit-Ewigkeit in den Trauerspielen Lohensteins: Zur Frage der strukturellen Einheit des dt. Barockdramas. 1969.

Joseph E. Gillet: Das Ziel des Dramas in Dtld. im 16. und 17. Jh. In: Modern Philology 12. 1915. S. 481 ff.

Ders.: Über den Zweck des Schuldramas in Dtld. im 16. und 17. Jh. In: JEGP 17. 1918. S. 69 ff.

Ders.: Wesen und Wirkungsmittel des Dramas in Dtld. vor Gottsched. In: Modern Philology 17. 1920. S. 581 ff.

Horst Günther: Trauerspiel. In: Reallexikon Bd. 4 S. 546 ff.

Walter Jens: Einleitung. In: Die Bauformen der griechischen Tragödie, hrsg. von ––. 1971.

Helmut Kappler: Der barocke Geschichtsbegriff bei Andreas Gryphius. 1936.

Karl Kipka: Maria Stuart im Drama der Weltliteratur, vornehmlich des 17. und 18. Jh.s. 1907 (Breslauer Beiträge zur Literaturgeschichte Bd. 9)

Gottfried Kirchner: Fortuna in Dichtung und Emblematik des Barock: Tradition und Bedeutungswandel eines Motifs. 1970.

Paul Kluckhohn: Die Arten des Dramas. In: DVjs. 19. 1941.

Martin Kramer: Rhetorikunterricht und dramatische Struktur. Am Beispiel der consultationes. In: Stadt – Schule [. . .] S. 261 ff.

August Langen: Dialogisches Spiel. Formen und Wandlungen des Wechselgesangs in der dt. Dichtung (1600–1900). 1966 (Annales Universitatis Saraviensis VI. 5)

Fritz Martini: Geschichte im Drama, Drama in der Geschichte: Spätbarock, Sturm und Drang, Klassik, Frührealismus. 1979.

128

Alberto Martino: Daniel Casper von Lohenstein. Geschichte seiner Rezeption. Bd. 1. 1978.

Hans Mayr: Die Estherdramen: Ihre dramaturgische Entwicklung und ihre Bühnengeschichte von der Renaissance bis zur Gegenwart. Diss. Wien 1958 [Masch.]

Günther Müller: Höfische Kultur der Barockzeit. In: Hans Naumann und – –, Höfische Kultur. 1929 (DVjs.-Buchreihe Bd. 17). S. 79 ff.

Franz-Josef Neuß: Strukturprobleme der Barockdramatik. Andreas Gryphius und Christian Weise. Diss. München 1955 [Masch.]

Rolf Werner Nolle: Das Motiv der Verführung. Verführer und Verführte als dramatische Entwürfe moralischer Wertordnung in Trauerspielen von Gryphius, Lohenstein und Lessing. Diss. Mannheim 1976

Oskar Nuglisch: Barocke Stilelemente in der dramatischen Kunst von Gryphius und Lohenstein. Diss. Breslau 1938.

Hermann Palm: Das dt. Drama in Schlesien bis auf Gryphius. In: H. P., Beiträge zur Geschichte der dt. Literatur des 16. und 17. Jh.s. 1877, n. 1977. S. 113 ff.

Johanna Porwig: Der Jephta-Stoff in der dt. Dichtung. Diss. Breslau 1932.

Klaus Reichelt: Das protestantische Schuldrama in Schlesien und Thüringen. Dokumente der zeitgenössischen Sicht des Absolutismus. In: Daphnis 7. 1978. S. 215 ff.

Erwin Rotermund: Der Affekt als literarischer Gegenstand: Zur Theorie und Darstellung der Passiones im 17. Jh. In: Die nicht mehr schönen Künste, hrsg. von H. R. Jauß. 1968. S. 239 ff.

Bärbel Rudin: Dt. Theater nach dem Westfälischen Frieden – Zwanzig Jahre des Aufbaus. In: Zu Epicharis S. 50 ff.

Alfred Schaer: Die dramatischen Bearbeitungen der Pyramus-Thisbe-Sage in Dtld. im 16. und 17. Jh. 1909.

Wolfgang Schildknecht: Deutscher Sophokles, Beiträge zur Geschichte der Tragödie in Dtld. Diss. Bonn 1934. 1935.

Hans-Jürgen Schings: Gryphius, Lohenstein und das Trauerspiel des 17. Jh.s. In: Handbuch S. 46 ff.

Frank Schnur: Der Henker im dt. Drama von Gryphius bis Dürrenmatt. Diss. State University of New York, Stony Brook, 1972 [Masch.]

Albrecht Schöne: Figurale Gestaltung: Andreas Gryphius. In: Säkularisation als sprachbildende Kraft. 1958 (Palaestra Bd. 226) S. 29–75.

Dieter Schwarz: Mimischer Manierismus. Untersuchungen über den Realitätscharakter des Theaters zwischen Renaissance und Barock. Diss. Berlin 1974.

Martin Sommerfeld: Judith-Dramen des 16. und 17. Jh.s. 1933.

Gerhard Spellerberg: Das schlesische Barockdrama und das Breslauer Schultheater. In: Zu Epicharis S. 58 ff.

Harald Steinhagen: Wirklichkeit und Handeln im barocken Drama. Historisch-ästhetische Studien zum Trauerspiel des Andreas Gryphius. 1977 (Studien zur dt. Literatur Bd. 51)

Bernhard Ulmer: Martin Opitz. 1971 (TWAS 140)

Winfried Weier: Duldender Glaube und tätige Vernunft in der Barock-
tragödie. In: ZfdPh. 85. 1966. S. 501 ff.
Werner Welzig: Constantia und barocke Beständigkeit. In: DVjs. 35.
1961. S. 416 ff.
Ders.: Magnanimitas. Zu einem Zentralbegriff der dt. Barockliteratur.
In: Orbis litterarum 28. 1973. S. 192 ff.
Conrad Wiedemann: Barockdichtung in Dtld. In: Renaissance und
Barock, hrsg. von August Buck. Bd. 2. 1972. S. 177 ff.
Manfred Windfuhr: Die barocke Bildlichkeit und ihre Kritiker. 1966.
Aikin 1981 (wie S. 53), *Alexander* (wie S. 15), *H. Burger* (wie S. 6), *Lun-
ding:* Kunstdrama, *G. Müller:* Dt. Dichtung, *Voßkamp* (wie S. 18),
Wiedemann: Barocksprache.

Gryphius

R. J. Alexander: A Possible Historical Source for the Figure of Poleh in
Andreas Gryphius' ›Carolus Stuardus‹. In: Daphnis 3. 1974. S. 203 ff.
Heinz Ludwig Arnold (Hrsg.): Andreas Gryphius. 2. Aufl. 1980 (Text
und Kritik 7/8)
Dieter Baacke: And tell sad stories of the death of kings. Das Schicksal
der Könige bei Gryphius und Shakespeare. In: TuK 7/8. 1965. S. 24
ff., n. 1980. S. 46 ff.
Lothar Baier: Persona und exemplum. Formeln der Erkenntnis bei
Gryphius und Lohenstein. In: TuK 7/8. 1965. S. 31 ff., n. 1980.
S. 58 ff.
Clifford Albrecht Bernd: Conscience and passion in Gryphius' ›Catha-
rina von Georgien‹. In: Studies in the German Drama. A Festschrift
for Walter Silz. 1974. S. 15 ff.
Paul Böckmann: Formgeschichte der dt. Dichtung. Bd. 1. 1959.
Emilio Bonfatto: Sentenze e sticomitie nel ›Trauerspiel‹ di Andreas Gry-
phius. In: Sigma. Rivista trimestrale di letteratura 31. 1971. S. 90 ff.
Robert Boxberger: Zu ›Cardenio und Celinde‹. In: AfL 12. 1884.
S. 219 ff.
M. L. Du Toit: Der Monolog und Andreas Gryphius. 1928.
Werner Eggers: Wirklichkeit und Wahrheit im Trauerspiel des Andreas
Gryphius. 1967.
Ernst Feise: Cardenio und Celinde und Papinianus von Andreas Gry-
phius. In: JEGP 44. 1945. S. 181 ff.
Hertha T. Feyock: Das Märtyrerdrama im Barock: ›Philemon Martyr‹
von Jakob Bidermann, ›Le Veritable Saint Genest‹ von Jean Rotrou,
›Theodore, Vierge et Martyre‹ von Pierre Corneille, ›Catharina von
Georgien‹ von Andreas Gryphius: Ein Vergleich. Diss. Colorado
1966 [Masch.]
Willi Flemming: Andreas Gryphius und die Bühne. 1921.
Ders.: Die Form der Reyen in Gryphs Trauerspielen. In: Euph. 25.
1924. S. 66 ff.
Ders.: Andreas Gryphius. Eine Monographie. 1965 (Sprache und Lite-
ratur Bd. 26)

Gerhard Fricke: Die Bildlichkeit in der Dichtung des Andreas Gryphius. 1933.

Werner Paul Friederich: From ethos to pathos: the development from Gryphius to Lohenstein. In: Germanic Review 10. 1935. S. 223 ff.

Gernot Uwe Gabel: Andreas Gryphius. Catharina von Georgien. Ein Wortindex. 1973.

Erika Geisenhof: Die Darstellung der Leidenschaften in den Trauerspielen des Andreas Gryphius. Diss. Heidelberg 1958.

Mary Enole Gilbert: ›Carolus Stuardus‹ by Andreas Gryphius. A contemporary tragedy on the execution of Charles I. In: GLL NS 3. 1949/50. S. 81 ff.

Dies.: Gryphius's ›Cardenio und Celinde‹. In: MLR 45. 1950. S. 483 ff. Deutsch in: Dt. Dramen von Gryphius bis Brecht, hrsg. von Jost Schillemeit. 1965 (Interpretationen Bd. 2). S. 11 ff.

Gerald Gillespie: Andreas Gryphius' ›Catharina von Georgien‹ als Geschichtsdrama. In: Geschichtsdrama, hrsg. von Elfriede Neubuhr, 1980. S. 85 ff.

Götz Großklaus: Zeitentwurf und Zeitgestaltung in den Trauerspielen des Andreas Gryphius. Diss. Freiburg i. Br. 1966.

Friedrich Gundolf: Andreas Gryphius. 1927.

Alois M. Haas: Nachwort. In: Andreas Gryphius. Catharina von Georgien, hrsg. von ––. 1975 (UB 9751–9752) S. 135 ff.

Karl-Heinz Habersetzer: Tragicum Theatrum Londini. Zum Quellenproblem in Andreas Gryphius' ›Carolus Stuardus‹. In: Euph. 66. 1972. S. 299 ff.

Ders.: Politische Typologie und dramatisches Exemplum. Studien zum ästhetisch-historischen Horizont des barocken Trauerspiels am Beispiel von Andreas Gryphius' ›Carolus Stuardus‹ und ›Papinianus‹. Diss. Heidelberg 1979 [Masch.]

Walter Haug: Zum Begriff des Theatralischen: Versuch einer Deutung barocker Theatralik, ausgehend vom Drama des Andreas Gryphius. Diss. München 1952.

Herbert Heckmann: Elemente des barocken Trauerspiels. Am Beispiel des ›Papinian‹ von Andreas Gryphius. 1959.

August Heisenberg: Die byzantinischen Quellen von Gryphius' ›Leo Armenius‹. In: Zs. für vergleichende Literaturgeschichte NF 8. 1895. S. 439 ff.

Clemens Heselhaus: Andreas Gryphius' ›Catharina von Georgien‹. In: Das dt. Drama. Interpretationen, hrsg. von Benno von Wiese. Bd. 1. 1958. S. 35 ff.

Gerd Hillen: Andreas Gryphius' Cardenio und Celinde: Zur Erscheinungsform und Funktion der Allegorie in den Gryphischen Trauerspielen. Diss. Stanford Univ. 1966. 1971.

Hermann Isler: ›Carolus Stuardus‹: Vom Wesen barocker Dramaturgie. Diss. Basel 1966 [Masch.]

Walter Jockisch: Andreas Gryphius und das literarische Barock. 1930, n. 1967.

Dietrich Walter Jöns: Das ›Sinnen-Bild‹: Studien zur allegorischen Bildlichkeit bei Andreas Gryphius. 1966.

Gerhard Kaiser: ›Leo Armenius‹ – das Weihnachtsdrama des Andreas Gryphius. In: Poetica 1. 1967. S. 333 ff. Erweiterte Fassung u. d. T. Leo Armenius, Oder Fürsten-Mord. In: Kaiser: Dramen. S. 3 ff.

Werner Keller: Nachwort. In: Andreas Gryphius. Großmütiger Rechtsgelehrter oder Sterbender Aemilius Paulus Papinianus. Trauerspiel, hrsg. von Ilse-Marie Barth. 1965 (UB 8935–8936) S. 143 ff.

Knuth Kiesant: Konfliktgestaltung und Menschenbild in Andreas Gryphius' Trauerspiel ›Großmüttiger Rechts-Gelehrter / Oder Sterbender Aemilius Paulus Papinianus‹. Diss. Potsdam (PH) 1974. Autorreferat in: Wissenschaftliche Zs. der Pädagogischen Hochschule Potsdam. Gesellschafts- und sprachwissenschaftliche Reihe 20. 1976. S. 326–328.

Wilhelm Kühlmann: Der Fall Papinian. Ein Konfliktmodell absolutistischer Politik im akademischen Schrifttum des 16. und 17. Jh.s. In: Europäische Hofkultur Bd. 2, S. 249 ff.

Hans Kuhn: Non decor in regno. Zur Gestalt des Fürsten bei Gryphius. In: Orbis Litterarum 25. 1970. S. 126 ff.

Walter Mawick: Der anthropologische und soziologische Gehalt in Gryphius' Staatstragödie ›Leo Armenius‹. Diss. Münster 1935.

A. Menhennet: Die Wichtigkeit der intimen Anredeformen bei Gryphius. Zur dramatischen Rede und dramatischen Funktion in ›Carolus Stuardus‹ und ›Leo Armenius‹. In: Studia Neophilologica 44. 1972. S. 231 ff.

Ders.: The three functions of Hugo Peter in Gryphius's ›Carolus Stuardus‹. In: MLR 68. 1973. S. 839 ff.

Peter Michelsen: ›Wahn‹. Gryphius' Deutung der Affekte in ›Cardenio und Celinde‹. In: Wissen aus Erfahrungen. Werkbegriff und Interpretation heute. Festschrift für Hermann Meyer zum 65. Geburtstag. 1976. S. 64 ff.

Othmar Müller: Drama und Bühne in den Trauerspielen von Andreas Gryphius und Daniel Casper von Lohenstein. Diss. Zürich 1967.

Karl Neubauer: Zur Quellenfrage von Andreas Gryphius' ›Cardenio und Celinde‹. In: Studien für vergleichende Literaturgeschichte 2. 1902. S. 433 ff.

Hans Werner Nieschmidt: Truth or Fiction? A problem of the source material for Gryphius' ›Carolus Stuardus‹. In: GLL NS 24. 1970/71. S. 30 ff.

Ders.: Emblematische Szenengestaltung in den Märtyrerdramen des Andreas Gryphius. In: MLN 86. 1971. S. 321 ff.

Dieter Nörr: Papinian und Gryphius. Zum Nachleben Papinians. Zs. der Savigny-Stiftung für Rechtsgeschichte: Romantische Abteilung 83. 1966. S. 308 ff.

Hermann Palm (Hrsg.): Andreas Gryphius. Trauerspiele. 1882, n. 1961.

Ludwig Pariser: Quellenstudium zu Andreas Gryphius' Trauerspiel ›Catharina von Georgien‹. In: Zs. für vergleichende Literaturgeschichte 5. 1892. S. 207 ff.

Bernd Peschken: Andreas Gryphius aus neustoizistischer, sozialge-
schichtlicher Sicht. In: Daphnis 6. 1977. S. 325 ff.
Henri Plard: De heiligheid van de koninklijke macht in de tragedie van
Andreas Gryphius. In: Tijdschrift van de Vrije Universiteit van Brus-
sel 2. 1960. S. 202 ff. – Französisch u. d. T.: La sainteté du pouvoir
royal dans le ›Leo Armenius‹ d'Andreas Gryphius. In: Le pouvoir et
le sacré, hrsg. von Luc de Heusch. 1962. S. 159 ff. (Annales de Centre
d'Étude des Religions Bd. 1)
Percival Hugh Powell: Andreas Gryphius and the ›New Philosophy‹.
In: GLL NS 5. 1951/52. S. 274 ff.
Ders.: The two versions of Andreas Gryphius' ›Carolus Stuardus‹. In:
GLL NS 5. 1951/52. S. 110 ff.
Ders.: Introduction and commentary. In: Andreas Gryphius. Carolus
Stuardus, hrsg. von ––. 1955.
Ders.: Introduction and commentary. In: Andreas Gryphius. Cardenio
und Celinde, hrsg. von ––. 1961, ²1967.
Klaus Reichelt: Politica dramatica. Die Trauerspiele des Andreas Gry-
phius. In: TuK 7/8. 1980. S. 34 ff.
Jean F.-A. Ricci: L'Histoire de Cardenio et de Célinde. Diss. Paris 1947.
S. 29 ff.
W. A. Roose: The sign of man: A study of form in the historical tragedies
of Andreas Gryphius. 1969.
Peter Rühl: Lipsius und Gryphius: Ein Vergleich. Diss. Berlin (FU)
1967.
Peter Rusterholz: Die Trauerspiele der Zeit und das Lustspiel der Ewig-
keit: Andreas Gryphius. In: P. R., Theatrum vitae humanae: Funk-
tion und Bedeutungswandel eines poetischen Bildes. 1970. S. 25 ff.
Ders.: Nachwort. In: Andreas Gryphius. Leo Armenius. Trauerspiel,
hrsg. von ––. 1971 (UB 7960-7961) S. 127 ff.
Frank G. Ryder: Individualization in Baroque dramatic verse: A sug-
gestion based on Gryphius' ›Papinianus‹. In: JEGP 61. 1962. S. 604 ff.
Peter Schäublin: Andreas Gryphius' erstes Trauerspiel ›Leo Armenius‹
und die Bibel. In: Daphnis 3. 1974. S. 1 ff.
Gerhard Scharnhorst: Studien zur Entwicklung des Heldenideals bei
Andreas Gryphius. Diss. Wien 1955 [Masch.]
Hans-Jürgen Schings: Catharina von Georgien. Oder Bewehrete Be-
ständigkeit. In: Kaiser: Dramen S. 35 ff.
Ders.: Großmüttiger Rechts-Gelehrter / Oder Sterbender Aemilius
Paulus Papinianus. In: Kaiser: Dramen S. 170 ff.
Johann Elias Schlegel: Vergleichung Shakespears und Andreas Gryphs.
1741. In: J. E. S., Beyträge zur Critischen Historie [. . .] Bd. 7, 28.
Stück, Faksimiledruck, hrsg. von Hugh Powell. 1964.
Gustaf Klemens Schmelzeisen: Staatrechtliches in den Trauerspielen des
Andreas Gryphius. In: Archiv für Kulturgeschichte 53. 1971. S. 93 ff.
Herbert Schöffler: Dt. Geistesleben zwischen Reformation und Aufklä-
rung. 1940, ²1956. S. 136 f.
Albrecht Schöne: Ermordete Majestät. Oder Carolus Stuardus König
von Groß Britannien. In: Kaiser: Dramen S. 117 ff.

Gustav Schönle: Die Trauerspiele des Andreas Gryphius. Untersuchung der geistigen und formalen Gestaltung des Stoffes. Diss. Köln 1930 [Masch.]. Teildruck u. d. T.: Das Trauerspiel Carolus Stuardus des Andreas Gryphius. Quellen und Gestaltung des Stoffes. 1933.

Peter Schütt: Die Dramen des Andreas Gryphius. Sprache und Stil. 1971 (Geistes- und sozialwissenschaftliche Dissertationen Nr. 11)

Kurd Schulz: Ermordete Majestät oder Carolus Stuardus König von Groß Britannien. Eine Betrachtung zu dem ›Trauer-Spil‹ von Andreas Gryphius. In: Jahrbuch der Schlesischen Friedrich-Wilhelms-Universität zu Breslau 17. 1972. S. 297 ff.

M[arie-Luise] S. South: Leo Armenius oder die Häresie des Andreas Gryphius. Überlegungen zur figuralen Parallelstruktur. In: ZfdPh. 94. 1975. S. 161 ff.

Blake Lee Spahr: Cardenio und Celinde. In: B. L. S., Problems and Perspektives. 1981. S. 131 ff.

Gerhard Spellerberg: Szenare zu den Breslauer Aufführungen Gryphischer Trauerspiele. In: Daphnis 7. 1978. S. 235 ff.

Ders.: Das Bild des Hofes in den Trauerspielen Gryphius', Lohensteins und Hallmanns. In: Europäische Hofkultur Bd. 3, S. 569 ff.

Janifer Gerl Stackhouse: In defence of Gryphius' historical accuracy: The missing source for Carolus Stuardus. In: JEGP 71. 1972. S. 466 ff.

Dies.: Gryphius' Proclamation of ›Recht‹ in ›Ermordete Majestät‹: A Source and Text Analysis. Diss. Harvard Univ. 1973 [Masch.]

Dies.: The mysterious regicide in Gryphius' Stuart drama. Who is Poleh? In: MLN 89. 1974. S. 797 ff.

Emil Staiger: Die christliche Tragödie: Andreas Gryphius und der Geist des Barock. In: Eckart 12. 1936. S. 145 ff.

Xaver Stalder: Formen des barocken Stoizismus. Der Einfluß der Stoa auf die dt. Barockdichtung – Martin Opitz, Andreas Gryphius und Catharina von Greiffenberg. 1976 (Studien zur Germanistik, Anglistik und Komparativistik Bd. 39)

Gerhard Strasser: Andreas Gryphius' ›Leo Armenius‹. An emblematic interpretation. In: Germanic Review 51. 1976. S. 5 ff.

Adolf Strutz: Andreas Gryphius: Die Weltanschauung eines dt. Barockdichters. 1931.

Elida Maria Szarota: Gryphius' ›Catharina von Georgien‹. In: E. M. Künstler, Grübler und Rebellen: Studien zum europäischen Märtyrerdrama des 17. Jh.s. 1967. S. 190 ff.

Dies.: Gryphius' ›Carolus Stuardus‹, ebd. S. 234 ff.

Dies.: Gryphius' ›Papinian‹, ebd. S. 288 ff.

Peter Szondi: Versuch über das Tragische. 1961, ²1964.

Marian Szyrocki: Andreas Gryphius. 1964.

Rolf Tarot: Nachwort. In: Andreas Gryphius. Cardenio und Celinde oder unglücklich Verliebte, hrsg. von --. 1968 (UB 8532) S. 95 ff.

J. Hermann Tisch: Andreas Gryphius' ›Leo Armenius‹. An inaugural lecture. 1968.

Horst Turk: ›Cardenio und Celinde, Oder Unglücklich Verliebete‹. In: Kaiser: Dramen S. 73 ff.

Theo Vennemann und *Hans Wagener:* Die Anredeform in den Dramen des Andreas Gryphius. 1970.

F. Vogler: ›Cardenio und Celinde‹ des Andreas Gryphius und Shakespeares ›Romeo und Juliet‹. In: Archiv für das Studium neuerer Sprachen und Literaturen 79. 1887. S. 391 ff.

Hans Wagener: Nachwort. In: Andreas Gryphius. Carolus Stuardus. Trauerspiel. 1972 (UB 9366–9367) S. 155 ff.

Friedrich-Wilhelm Wentzlaff-Eggebert: Dichtung und Sprache des jungen Gryphius: Die Überwindung der latein. Tradition und die Entwicklung zum dt. Stil. 1936.

Ders.: Der Glaube an das Recht im ›Carolus Stuardus‹ des Andreas Gryphius. Zur Quellenforschung von Janifer G. Stackhouse. In: F.-W. W.-E., Belehrung und Verkündigung. 1975. S. 165 ff.

Ders.: Der triumphierende und der besiegte Tod in der Wort- und Bildkunst des Barock. 1975.

Paulus Bernhardus Wessels: Das Geschichtsbild im Trauerspiel ›Catharina von Georgien‹ des A. Gryphius. 1960.

Dietrich Wintterlin: Pathetisch-monologischer Stil im barocken Trauerspiel des Andreas Gryphius. Diss. Tübingen 1958 [Masch.]

Peter Wolters: Die szenische Form der Trauerspiele des Andreas Gryphius. Diss. Frankfurt/Main 1958.

Harald Zielske: Andreas Gryphius' ›Catharina von Georgien‹ auf der Bühne. Zur Aufführungspraxis des schlesischen Kunstdramas. In: MuK 17. 1971. S. 1 ff.

Ders.: Andreas Gryphius' Trauerspiel ›Catharina von Georgien‹ als ›Festa Teatrale‹ des Barock-Absolutismus. In: Funde und Befunde zur schlesischen Theatergeschichte. Bd. 1, zusammengestellt von Bärbel Rudin. 1983. S. 1 ff.

Barner (wie S. 23), *Beetz* (wie S. 128), *Kappler:* Geschichtsbegriff, *Lunding:* Kunstdrama, *Markwardt* (wie S. 21), *Nolle* (wie S. 129), *Schings:* Handbuch, *Stachel:* Seneca, *Steinhagen* (wie S. 129), *Tisch* (wie S. 88), *Voßkamp* (wie S. 18), *Welzig* (wie S. 130), *Ziegler:* Drama, *Żygulski* (wie S. 34)

Lohenstein

Judith Popovich Aikin: Egyptian captivity and the theme of freedom in Lohenstein's ›Cleopatra‹. In: Argenis 2. 1978. S. 159 ff.

Dies.: The mission of Rome in the dramas of Daniel Casper von Lohenstein. Historical tragedy as prophecy and polemic. 1976. (Stuttgarter Arbeiten zur Germanistik Bd. 21)

Bernhard Asmuth: Lohensteins Leben. In: Zu Epicharis S. 70 ff.

Ders.: Vorwort. In: Hubert Fichte, Lohensteins Agrippina. 1978. S. 9 ff.

Pierre Béhar: La ›Weltanschauung‹ de Lohenstein: une théosophie de la Renaissance. In: Daphnis 7. 1978. S. 569 ff.

Hugo Bekker: The dramatic world of Daniel Casper von Lohenstein. In: GLL 19. 1965/66. S. 161 ff.

M. Laetitia Brede: Das ›Große Gemüth‹ im Drama Lohensteins. In: LJGG 8. 1936. S. 79 ff.

Johann Jakob Breitinger: Critische Abhandlung von der Natur, den Absichten und dem Gebrauche der Gleichnisse. 1740. S. 220 ff. Faksimile-Nachdruck 1967.

Barton W. Browning: Artifice Visible: Literary Mannerism in the Dramas of Daniel Casper von Lohenstein. Diss. Berkeley 1970 [Masch.]

Jackson Franklin Ferguson: The ›Reyen‹ in the Tragedies of Daniel Casper von Lohenstein. Diss. Tulane Univ. 1971 [Masch.]

Knut Forssmann: Baltasar Gracian und die dt. Literatur zwischen Barock und Aufklärung. Diss. Frankfurt/Main 1977.

Rudolf Furrer: Vernunft und Leidenschaft in der Erstfassung des Trauerspiels ›Cleopatra‹ von Daniel Casper von Lohenstein. Diss. Zürich 1970.

Gernot Uwe und *Gisela R. Gabel:* Daniel Casper von Lohenstein: Sophonisbe. Trauerspiel. Ein Wortindex. 1972.

Gerald Ernest Paul Gillespie: Heroines and historical fate in the drama of Daniel Casper von Lohenstein. Diss. Ohio State Univ. 1961 [Masch.]

Ders.: Lohenstein's protagonists. In: Germanic Review 39. 1964. S. 101 ff.

Ders.: Daniel Casper von Lohenstein's historical tragedies. 1965.

Ders.: Freedom of conscience in Schiller and Lohenstein. In: Kentucky Foreign Language Quarterly 13. 1966. S. 237 ff.

Ders.: Cosmic vision in Lohenstein's poetry. In: Neophilologus 53. 1969. S. 413 ff.

Ders.: Lohenstein als Marinist. In: Europäische Kultur S. 213.

Hans Heckel: Geschichte der dt. Literatur in Schlesien. Bd. 1. 1929.

Anthony Jung: Daniel Casper von Lohensteins ›Cleopatra‹: Eine Untersuchung von Gehalt und Form. Diss. Illinois 1972.

Joerg C. Juretzka: Zur Dramatik Daniel Caspers von Lohenstein. ›Cleopatra‹ 1661 und 1680. 1976.

Klaus Günther Just: Vorwort. In: Daniel Casper von Lohenstein. Trauerspiele, hrsg. von --. 3 Bde. 1953–57 (LVSt. 292–294).

Ders.: Die Trauerspiele Lohensteins: Versuch einer Interpretation. 1961.

Ders.: Allegorik oder Symbolik? Zur Figuration der Trauerspiele Lohensteins. In: Antaios 10. 1968/69. S. 91 ff. Neudruck in: K. G. J., Marginalien. Probleme und Gestalten der Literatur. 1976. S. 46 ff.

Max-Otto Katz: Zur Weltanschauung Daniel Caspars von Lohenstein. Diss. Breslau 1933.

Wolfgang Kayser: Lohensteins Sophonisbe als geschichtliche Tragödie. In: GRM 29. 1941. S. 20 ff. Wiederabdruck in: Geschichtsdrama, hrsg. von Elfriede Neubuhr. 1980. S. 108 ff.

August Kerckhoffs: Daniel Casper von Lohensteins Trauerspiele mit besonderer Berücksichtigung der ›Cleopatra‹. 1877.

Johannes Klein: Die Gesellschaftskritik im Drama Lohensteins. In: Archiv für Sozialgeschichte 5. 1965. S. 227 ff.

Irma Westner Kosa; The role of the chorus in the plays of Daniel Casper von Lohenstein. Diss. Indiana Univ. 1979 [Masch.]

Arno Lubos: Das schlesische Barocktheater. Daniel Casper von Lohenstein. In: Jahrbuch der Schlesischen Friedrich-Wilhelms-Universität zu Breslau 5. 1960. S. 97 ff.

Ders.: Geschichte der Literatur Schlesiens. Bd. 1. 1960.

Philip Wadsley Lupton: Die Frauengestalten in den Trauerspielen Daniel Casper von Lohensteins. Diss. Wien 1954 [Masch.]

Walther Martin: Der Stil in den Dramen Lohensteins. Diss. Leipzig 1927.

Alberto Martino: Daniel Casper von Lohenstein. Storia della sua ricezione. Bd. 1 (1661–1800). 1975. Deutsch von Heribert Streicher u. d. T.: Daniel Casper von Lohenstein. Geschichte seiner Rezeption. 1978.

Gerhard Oestreich: Lohensteins Zeit und Umwelt. In: Zu Epicharis.

Wilhelm Arthur Passow: Daniel Casper von Lohenstein. Seine Trauerspiele und seine Sprache. 1852.

Gerhard Pasternack: Spiel und Bedeutung. Untersuchungen zu den Trauerspielen Daniel Caspers von Lohenstein. 1971 (Germanistische Studien Heft 241)

Arthur Maria Rabenalt: Voluptas ludens. Erotisches Geheimtheater im siebzehnten, achtzehnten und neunzehnten Jh. 1962. S. 39, 74, 327.

Glenda Gillard Richter: Daniel Casper von Lohenstein and the Turks. Diss. Berkeley 1958.

Fritz Schaufelberger: Das Tragische in Lohensteins Trauerspielen. Diss. Zürich 1945 (Wege zur Dichtung Bd. 45)

Doris Marianne Schultz: Daniel Casper von Lohensteins ›Sophonisbe‹: Eine Gesamtdeutung. Diss. Rutgers Univ. 1972 [Masch.]

Peter N. Skrine: Blood, bombast, and deaf gods: the tragedies of Lee and Lohenstein. In: GLL 24. 1970/71. S. 14 ff.

Gerhard Spellerberg: Verhängnis und Geschichte. Untersuchungen zu den Trauerspielen und dem ›Arminius‹-Roman Daniel Caspers von Lohenstein. 1970.

Ders.: Zur ›Sophonisbe‹ Daniel Casper von Lohensteins. In: Literaturwissenschaft und Geschichtsphilosophie. Festschrift für Wilhelm Emrich, hrsg. von H. Arntzen, B. Balzer u. a. 1975. S. 239 ff.

Ders.: Lohenstein als politischer Dichter. In: Europäische Kultur S. 266 ff.

Ders.: Szenare zu den Breslauer Aufführungen Lohensteinscher Trauerspiele. In: Daphnis 7. 1978. S. 629 ff.

Ders.: Lohensteins Trauerspiele: Geschichtsdenken und Politikerverständnis. In: Zu Epicharis S. 78 ff.

Elida Maria Szarota: Lohensteins ›Epicharis‹. In: E. M. S., Künstler, Grübler und Rebellen. 1967. S. 314 ff.

Dies.: Lohensteins ›Ibrahim Bassa‹, ebd. S. 306 ff.

Dies.: Lohensteins ›Ibrahim Sultan‹, ebd. S. 329 ff.

Dies.: Lohensteins Epicharis. In: Zu Epicharis S. 104 ff.

Rolf Tarot: Zu Lohensteins Sophonisbe. In: Euph. 59. 1965. S. 72 ff.

Ders.: Nachwort. In: Daniel Casper von Lohenstein. Sophonisbe. Trauerspiel, hrsg. von --. 1970 (UB 8394–8396). S. 233 ff.

Edward Verhofstadt: Stilistische Betrachtungen über einen Monolog in Lohensteins Sophonisbe. In: Revue des langues vivantes 25. 1959. S. 307 ff.

Ders.: Zur Datierung der Urfassung von Lohensteins Cleopatra. In: Neophilologus 44. 1960. S. 195 ff.

Ders.: Daniel Casper von Lohenstein: Untergehende Wertwelt und ästhetischer Illusionismus. 1964.

Wilhelm Voßkamp: Daniel Casper von Lohensteins ›Cleopatra‹. Historisches Verhängnis und politisches Spiel. In: Geschichte als Schauspiel. Dt. Geschichtsdramen. Interpretationen, hrsg. von Walter Hinck. 1981. S. 67 ff.

Friedrich-Wilhelm Wentzlaff-Eggebert: Die dt. Barocktragödie. Zur Funktion von ›Glaube‹ und ›Vernunft‹ im Drama des 17. Jh.s. In: Formkräfte der dt. Dichtung vom Barock bis zur Gegenwart, hrsg. von Hans Steffen. 1963. S. 5 ff. Wiederabdruck in: F.-W. W.-E., Belehrung und Verkündigung. 1975. S. 178 ff.

Aikin 1981 (wie S. 53), *Baier* (wie S. 130), *Flemming* 1936 (wie S. 16), *Fülleborn, Hildebrandt:* Staatsauffassung, *Juker* (wie S. 52), *Lunding:* Kunstdrama, *Meinhardt, C. Müller* (wie S. 17), *Mulagk* (wie S. 17), *O. Müller* (wie S. 132), *Nolle* (wie S. 129), *Nuglisch* (wie S. 129), *Rotermund* (wie S. 129), *Rusterholz* (wie S. 133), *Voßkamp* 1967 (wie S. 18), *Weier* (wie S. 129).

Hallmann

Eberhard Beheim-Schwarzbach: Dramenformen des Barocks: Die Funktion von Rollen, Reyen und Bühne bei Johann Christian Hallmann, 1640–1704. Diss. Jena 1931. Teildruck o. J.

Elsie G. Billmann: Johann Christian Hallmanns Dramen. 1942.

Gernot Uwe Gabel: Johann Christian Hallmann: Die Wandlung des schlesischen Kunstdramas am Ausgang des siebzehnten Jh.s. Diss. Rice Univ. 1971 [Masch.]

Ders.: Johann Christian Hallmann: Mariamne. Ein Wortindex. 1973.

Kurt Kolitz: Johann Christian Hallmanns Dramen: Ein Beitrag zur Geschichte des dt. Dramas in der Barockzeit. 1911.

Kristine Krämer: Johann Christian Hallmanns Trauer-, Freuden- und Schäferspiele. Die Bedeutung des Fortuna-Konzepts für die Vermischung der Dramenformen des Barock. Diss. Berlin (FU) 1980.

Gerhard Spellerberg: Nachwort. In: Johann Christian Hallmann. Mariamne. Trauerspiel, hrsg. von --. 1973 (UB 9437–9439) S. 189 ff.

Benjamin: Ursprung, *Lunding:* Kunstdrama, *Richter:* Liebeskampf, *Stachel:* Seneca, *Szyrocki* (wie S. 134).

Gernot Uwe Gabel: August Adolf von Haugwitz. Maria Stuarda. Ein Wortindex. 1973.

Robert R. Heitner: August Adolf von Haugwitz. Schuldige Unschuld oder Maria Stuarda. Faksimiledruck nach der Ausgabe 1683, hrsg. und eingeleitet von —. 1974 (NdL Bd. 1).

Otto Neumann: Studien zum Leben und Werk des Lausitzer Poeten August Adolph von Haugwitz. Diss. Greifswald 1937.

Alexander 1974 (wie S. 15), *Flemming:* Kunstdrama, *Kipka* (wie S. 128), *Lunding:* Kunstdrama, *Schings:* Handbuch, *Schöne:* Emblematik, *Stachel:* Seneca, *Szarota* 1976 (wie S. 18).

Rist, Mitternacht, Riemer, Losius und Christian Gryphius

Otto Heins: Johann Rist als Dramatiker: Ein Beitrag zur Geschichte des volkstümlichen Dramas im 17. Jh. Diss. Marburg 1929 [Teildruck]. Vollständig u. d. T.: Johann Rist und das niederdeutsche Drama des 17. Jh.s. 1930 (Beiträge zur dt. Literaturwissenschaft Bd. 38).

Eberhard Mannack: Johann Rists ›Perseus‹ und das Drama des Barock. In: Daphnis 1. 1972. S. 141 ff.

Georg Ellinger: Johann Sebastian Mitternacht. Ein Beitrag zur Geschichte der Schulkomödie im 17. Jh. In: ZfdPh. 25. 1893. S. 501 ff.

Robert R. Heitner: J. S. Mitternacht's ›Der unglückselige Soldat‹. Realism and bourgeois atmosphere in a baroque tragedy. In: Papers on language and literature 2. 1966. S. 327 ff.

Marianne Kaiser: Mitternacht – Zeidler – Weise. Das protestantische Schultheater nach 1648 im Kampf gegen höfische Kultur und absolutistisches Regiment. 1972 (Palaestra Bd. 259),

Norbert Sorg: Restauration und Rebellion – Die dt. Dramen Johann Sebastian Mitternachts. Ein Beitrag zur Geschichte des protestantischen Schuldramas im 17. Jh. Diss. Stuttgart 1980.

Helmut Krause: Feder contra Degen. Zur literarischen Vermittlung des bürgerlichen Weltbildes im Werk Johannes Riemers. 1979 (Deutsche Sprache und Literatur Bd. 2)

Kurt Günther: Johann Christoph Losius. Leben und Werk. Ein Beitrag zur Geschichte des dt. Schuldramas um 1700. Diss. Berlin (HU) 1966.

Dietrich Eggers: Die Bewertung dt. Sprache und Literatur in den dt. Schulactus von Christian Gryphius. 1965 (Dt. Studien Bd. 5).

Ders.: Das Breslauer Schultheater unter Christian Gryphius: Literaturgeschichte als Bildungsauftrag. In: Stadt – Schule [. . .] S. 210 ff.

Paul Moser: Christian Gryphius. Ein schlesischer Dichter des ausgehenden 17. Jh.s. Diss. München 1936.

Italo Michele Battafarano: Von Andreae zu Vico. Untersuchungen zur Beziehung zwischen dt. und italienischer Literatur im 17. Jh. 1979 (Stuttgarter Arbeiten zur Germanistik Bd. 66).

Heinz Otto Burger: Dasein heißt eine Rolle spielen: Barockes Menschentum im Spiegel von Bidermanns ›Philemon Martyr‹ und Weises ›Masaniello‹. In: GRM 42. 1961. S. 365 ff.

Benedetto Croce: Un dramma tedesco su Masaniello. In: B. C., Nuovi saggi di letteratura italiana del Seicento. 1931. S. 310 ff.

Walter Eggert: Christian Weise und seine Bühne. 1935.

Gotthard Frühsorge: ›Historie‹ und ›Schauplatz‹. Thesen zum Verständnis von ›Historie‹ als Zeitgeschichte in den politischen Dramen Christian Weises. In: Europäische Kultur S. 254 ff.

Ludwig Fulda: Einleitung. In: Die Gegner der zweiten Schlesischen Schule, hrsg. von —. 1883, n. 1974 (DN Bd. 39)

Gernot Uwe Gabel: Christian Weise. Masaniello. Ein Wortindex. 1975.

Karl S. Guthke: Christian Weises ›Masaniello‹ und die dramatische Tradition. In: Revue des langues vivantes 25. 1959. S. 402 ff.

Werner Hahn: Der gestürzte Marggraf von Ancre. Trauerspiel von Christian Weise. 1679. In: Archiv für das Studium der neueren Sprachen und Literaturen 29. 1861. S. 37 ff.

Heinrich Haxel: Studien zu den Lustspielen Christian Weises (1642–1708). Diss. Greifswald 1932.

Hans Arno Horn: Christian Weise als Erneuerer des dt. Gymnasiums im Zeitalter des Barock: Der ›Politicus‹ als Bildungsideal. 1966.

Otto Lachmann: Einleitung. In: Christian Weise's Schulkomödie von Tobias und der Schwalbe, hrsg. und eingeleitet von —. [1885] (UB 2019)

Gotthold Ephraim Lessing: Sämtliche Schriften. 3. Aufl. Bd. 20. 1905 [enthält den Brief von Karl Lessing]

John D. Lindberg: Höfisch oder gegenhöfisch? Die Dramen Christian Weises in neuer Sicht. In: Europäische Kultur S. 253 f.

Fritz Martini: Masaniello, Lehrstück und Trauerspiel der Geschichte. Als Nachwort in: Christian Weise. Masaniello. Trauerspiel, hrsg. von —. 1972 (UB 9327–9329) S. 187 ff.

Robert Petsch: Einleitung. In: Masaniello. Trauerspiel von Christian Weise (1683), hrsg. von —. 1907. S. iii–xxxvii.

Emmi Plett: Studien zur Lehrhaftigkeit in den Dramen Christian Weises. Diss. Univ. of British Columbia 1969 [Masch.]

Ludwig Richter: Das Zittauer Gymnasium als Mittler tschechisch – slowakisch – deutscher Wissenschafts- und Kulturbeziehungen in der Periode des Wirkens von Christian Weise und Christian Peschek (1678–1744). Diss. Berlin (HU) 1963.

Klaus Schaefer: Das Gesellschaftsbild in den dichterischen Werken Christian Weises. Diss. Berlin (HU) 1960.

Herbert Schönrock: Die Zittauer Schulbühne zur Zeit Christian Weises. Diss. Berlin 1920.

Werner Schubert: Materialien zum Verständnis des Textes. In: Christian Weise, Bäuerischer Machiavellus Lust-Spiel. Text und Materialien zur Interpretation besorgt von --. 1966 (Komedia Bd. 10) S. 107 ff.

Wolf von Unwerth: Christian Weises Dramen Regnerus und Ulvilda. Nebst einer Abhandlung zur dt. und schwedischen Literaturgeschichte, hrsg. von --. 1914, n. 1977 (Germanistische Abhandlungen H. 46).

Joachim Wich: Studien zu den Dramen Christian Weises. Diss. Erlangen 1962.

Hildegard Wichert-Fife: Weise's ›Masaniello‹ and the revolt plays. In: GLL NS 20. 1966/67. S. 289 ff.

M. Kaiser 1972 (wie S. 17), *Lubos:* Geschichte (wie S. 137), *Neuß* (wie S. 129), *Prang* (wie S. 17), *Richter:* Liebeskampf, *Rusterholz* (wie S. 133), *Szarota* (wie S. 18), *Wolff* (wie S. 19), *Zeller*

Das Lustspiel

Allgemeines

Manfred Brauneck: Nachwort. In: Heinrich Julius von Braunschweig, Von einem Weibe, Von Vincentio Ladislao, hrsg. von --. 1967 (UB 8776–8777) S. 115 ff.

Eckehard Catholy: Das dt. Lustspiel. Vom Mittelalter bis zum Ende der Barockzeit. 1969.

Ders.: Die dt. Komödie vor Lessing. In: Die dt. Komödie. Vom Mittelalter bis zur Gegenwart, hrsg. von Walter Hinck. 1977. S. 32 ff.

Richard Daunicht: Lustspiel. In: Reallexikon Bd. 2, S. 226 ff.

Eduard Eckhardt: Die lustige Person im älteren englischen Drama bis 1642. 1902 (Palaestra Bd. 17)

Hans Emmerling: Untersuchungen zur Handlungsstruktur der dt. Barockkomödie. Diss. Saarbrücken 1961.

Dorothea Glodny-Wiercincski: Nachwort. In: Ludwig Hollonius. Somnium vitae humanae, hrsg. von --. 1970 (Komedia Bd. 16).

Harmut von der Heyde: Die frühe dt. Komödie Mitte 17. bis Mitte 18. Jh. Zu Struktur und gesellschaftlicher Rezeption. Versuch eines hochschuldidaktischen Curriculums. 1982 (Europäische Hochschulschriften. Reihe 1: Bd. 475).

Perceval Hugh Powell: Johann Georg Schoch, Comoedia vom Studenten-Leben, hrsg. und eingeleitet von --. 1976 (NdL Bd. 16).

Werner Rieck: Das dt. Lustspiel von Weise bis zur Gottschedin (1688–1736). Diss. Potsdam (PH) 1963 [Masch.]

Alma Rogge: Das Problem der dramatischen Gestaltung im dt. Lustspiel. Diss. Hamburg 1926.

Richard E. Schade: Martin Böhme und Ludwig Hollonius: Lutheran Apologists for Drama. In: MLN 92. 1977. S. 583 ff.

Ders.: Zur Apologetik des Schuldramas. In: Europäische Kultur S. 252 f.

Ingeborg Schenk: Komik im dt. Barocktheater. Diss. Wien 1946.
Armin Schlienger: Das Komische in den Komödien des Andreas Gry-
phius: Ein Beitrag zu Ernst und Scherz im Barocktheater. 1970.
Erich Schmidt: Komödien vom Studentenleben aus dem 16. und 17. Jh.
1880.
Alewyn 1952 (wie S. 127), *Asper* 1980 (wie S. 40), *Bethke* (wie S. 75),
Bolte: Molière, *Borinski* (wie S. 51), *H. Burger* 1967 (wie S. 43), *Em-
rich* (wie S. VI), *Flemming* 1958 (wie S. 128), *Geisenhof* (wie S. 131),
Hartmann (wie S. 16), *Hinck* (wie S. VII), *Holl:* Geschichte 1923,
Rommel (wie S. 15), *Zeller* (wie S. 19).

Gryphius

Heinz Ludwig Arnold (Hrsg.): Andreas Gryphius. Die Lustspiele,
hrsg. und eingeleitet von – –. 1975 (dtv-bibliothek)
Paul Böckmann: Die satirische Entlarvung des Elegantiaideals im Lust-
spiel. In: P. B., Formgeschichte der dt. Dichtung. Bd. 1. ³1967.
S. 111–118.
Fritz Burg: Über die Entwicklung des Peter-Squentz-Stoffes bei
Gryphius. In: Zs. für dt. Altertum und dt. Literatur 25. 1880. S.
130 ff.
Herbert Cysarz: Vorwort. In: Andreas Gryphius. Absurda Comica
oder Herr Peter Squentz, hrsg. von – –. 1965 (UB 917). S. 3 ff.
Gerhard Dünnhaupt: Nachwort. In: Andreas Gryphius. Horribilicri-
brifax Teutsch. Scherzspiel, hrsg. von – –. 1976 (UB 688). S. 133 ff.
Roland Elsner: Zeichen und literarische Praxis. Theorie der Literatur
und der Praxis des Andreas Gryphius im ›Peter Squentz‹. 1977.
Ulrich Gaier: Problematisierte Rezeption: Gryphs ›Peter Squentz‹. In:
Europäische Kultur S. 225–227.
Johann Christoph Gottsched: Beyträge zur critischen Historie der dt.
Sprache, Poesie und Beredsamkeit. Bd. 8. 1741.
Walter Hinck: Gryphius und die italienische Komödie. Untersuchun-
gen zum ›Horribilicribrifax‹. In: GRM 44. 1963. S. 120 ff.
Gerhard Kaiser: Absurda Comica. Oder Herr Peter Squentz. In: Kai-
ser: Dramen S. 207 ff.
Ders.: Horribilicribrifax Teutsch. Wehlende Liebhaber. In: Kaiser:
Dramen S. 226 ff.
Ders.: Verlibtes Gespenste – Die gelibte Dornrose. In: Kaiser: Dramen
S. 256 ff.
Helmuth Kiesel: Höfische Gewalt im Lustspiel des Andreas Gryphius.
Bemerkungen zum ›Horribilicribrifax‹ im Vergleich zu dt. Lucretia
und Virginia-Dramen. In: TuK 7/8. 1980. S. 68 ff.
Ernest Theodore Kirby: Ur-Drama. The origins of the theatre. 1975.
Roeland Anthonie Kollewijn: Über die Quelle des Peter Squentz. In:
AfL 9. 1879. S. 446 ff.
Eberhard Mannack: Andreas Gryphius. Verliebtes Gespenst. Gesang-
spiel. – Die geliebte Dornrose. Scherzspiel. Text und Materialien zur
Interpretation besorgt von Eberhard Mannack. 1963 (Komedia Bd. 4)

Friedrich Meyer von Waldeck: Der Peter Squentz von Andreas Gryphius. Eine Verspottung des Hans Sachs. In: DVjs. 1. 1888 S. 195 ff.

Peter Michelsen: Zur Frage der Verfasserschaft des Peter Squentz. In: Euph. 63. 1969. S. 54 ff.

Yoshiki Nakada: Absurda Comica. Oder Herr Peter Squentz/ Schimpff-Spiel von Andreas Gryphius. In: Doitsu Bungaku 36. Tokyo 1966. S. 40 ff.

Hugh Powell: (Hrsg.): Andreas Gryphius. Herr Peter Squentz, hrsg. und eingeleitet von – –. 1957, ²1969.

Ders.: (Hrsg.): Horribilicribrifax. In: Andreas Gryphius. Gesamtausgabe der deutschsprachigen Werke. Bd. 7. 1969 (Ndr. NF 21)

Richard E. Schade: Absurda Comica. Zum astrologischen Moment in ›Herr Peter Squentz‹. In: TuK 7/8. 1980. S. 80 ff.

Ders.: Approaches to ›Herr Peter Squentz‹. Persona, play, parable. In: CG 13. 1980. S. 289 ff.

Aaron Schaffer: The Hebrew words in Gryphius' Horribilicribrifax. In: JEGP 18. 1919. S. 92 ff.

Ingrid Schiewek: Ein altes Scherzspiel im Kontext des 17. Jh.s. Überlegungen zum ›Horribilicribrifax‹ des Andreas Gryphius. In: Weimarer Beiträge 26. 1980. S. 77 ff.

Manfred Schmeling: Das Spiel im Spiel. Ein Beitrag zur vergleichenden Literaturkritik. 1977.

J. Hermann Tisch-Wackernagel: Theme and structure of ›Horribilicribrifax‹ by Andreas Gryphius. In: AULLA. 8th Congress 1962. 1963. S. 72 f.

Ders.: Braggarts, wooers, foreign tongues and vanitas. Theme and structure of Andreas Gryphius' ›Horribilicribrifax‹. In: AUMLA 21. 1964. S. 65 ff.

H. Burger 1967 (wie S. 143), *Emmerling* (wie S. 16), *Hinck* 1965 (wie S. VII), *Lunding* 1962 (wie S. 37), *Mannack* 1964 (wie S. 37), *Scheid* 1930 (wie S. 18), *Schlienger* (wie S. 142), *Szyrocki* (wie S. 134).

Rudolstädter Festspiele

Flemming: Festspiele (wie S. VI), *Goedeke* (wie S. VI), *Hinck* 1965 (wie S. VII), *Höfer* (wie S. 43).

Masen

Thomas W. Best: On psychology and allegory in Jakob Masen's ›Rusticus imperans‹. In: Mittellateinisches Jahrbuch 13. 1978. S. 247 ff.

Harald Burger: Jakob Masens ›Rusticus imperans‹: Zur lateinischen Barockkomödie in Dtld. In: LJGG NF 8. 1967. S. 31 ff.

Michael Carlos Halbig: The Dramatist Jakob Masen: A Translation and Critical Introduction. 2 Bde. Diss. Yale Univ. 1975 [Masch.]

Nikolaus Scheid: Der Jesuit Jakob Masen, ein Schulmann und Schriftsteller des 17. Jh.s. 1898.

Georg C. Schoolfield: Jakob Masen's ›Ollaria‹. Comments, suggestions, and a resumé. In: Studies in the German drama. A festschrift in honor of Walter Silz, hrsg. von Donald H. Crosby und ––. 1974. S. 31 ff.
J. B. Trenkle: Über süddeutsche geistliche Schulkomödien. In: Freiburger Diözesan-Archiv: Organ des kirchlich-historischen Wesens 2. 1866. S. 160 ff., 187 f.
Scheid 1930 (wie S. 18)

Weise

Fritz Brüggemann: Einführung. In: F. B. (Hrsg.): Aus der Frühzeit der dt. Aufklärung. Christian Thomasius und Christian Weise. ²1938 (DLE RA 1) S. 7 ff.
Harald Burger: Nachwort. In: Christian Weise, Ein wunderliches Schau-Spiel vom Niederländischen Bauer, hrsg. von ––. 1969 (UB 8317–8318) S. 111 ff.
Heinrich Haxel: Studien zu den Lustspielen Christian Weises. Diss. Greifswald 1932.
Lilly Pietsch-Ebert: Die Gestalt des Schauspielers auf der dt. Bühne des 17. und 18. Jh.s. 1942, n. 1977. (Theatergeschichtliche Forschungen H. 46)
Horst Steinmetz: Die Komödie der Aufklärung. ²1971 (SM 47)
Konradin Zeller: Pädagogik und Drama. Untersuchungen zur Schulcomödie Christian Weises. 1980 (Studien zur dt. Literatur Bd. 61)
Borinski (wie S. 51), *Emmerling* (wie S. 16), *Fulda* (wie S. 140), *Hartmann* (wie S. 16), *Hinck* 1965 (wie S. VII), *Horn* (wie S. 140), *M. Kaiser* (wie S. 17), *Neuß* (wie S. 129), *Petsch* (wie S. 140), *Rieck* (wie S. 141), *Schaefer* (wie S. 140), *Schubert* (wie S. 141), *Wich* (wie S. 141), *Zeller* 1977 (wie S. 19).

Reuter

Acta Nicolaitana. Aufzeichnungen des Rektors der Nikolai- und Thomasschule Jakob Thomasius (1622–1684), hrsg. von Richard Sachse. 1912. S. 595 f.
R. J. Alexander: Zu Christian Reuters Leben und dem Spottnamen ›Schlampampe‹. In: WBN 6. 1979. S. 384 ff.
Eberhard Dehmel: Sprache und Stil bei Christian Reuter. Diss. Jena 1929.
Wolfgang Hecht: Zu Christian Reuters ›Graf Ehrenfried‹. In: Forschungen und Fortschritte 35. 1961. S. 105 ff.
Ders.: Christian Reuter. 1966 (M 46)
Günter Jäckel: Einleitung. In: Christian Reuters Werke in einem Band, ausgewählt und eingeleitet von ––. 1969 (BdK) S. 5 ff.
Werner Rieck: Christian Reuters Dramen und ihre Wirkung. In: Forschungen und Fortschritte 39. 1965. S. 105 ff.
Franz Josef Schneider: Christian Reuter. 1936 (Hallische Universitätsreden Nr. 69).

Ders.: Christian Reuters Komödien und die Bühne. In: ZfdPh. 62. 1937. S. 56 ff.

Siegfried Streller: Friedrich Zarnckes Wiederentdeckung und Würdigung Christian Reuters. In: Karl-Marx-Universität Leipzig 1409–1959. 1959. Bd. 1. S. 115 ff.

Rolf Tarot: Nachwort. In: Christian Reuter. Schlampampe. Komödien, hrsg. von ––. 1966 (UB 8712–8714) S. 177 ff.

Catholy 1969 (wie S. VI), *Zarncke* 1884–1888 (wie S. 19), *Ziegler* (wie S. 15)

5. Das Schäferdrama in Deutschland

Obgleich die Nürnberger Harsdörffer und Birken im Pastoraldrama den »Ursprung der dramatischen Dichtkunst überhaupt« (Tittmann S. 152 f.) zu entdecken glaubten, ist es keine Eigenschöpfung der Antike, sondern ein Produkt der italienischen Renaissance. Das von Tasso und Guarini ins Leben gerufene Schäferspiel, das aus den Dialogeklogen von Theokrit und Vergil, aus dem mythologischen Drama und aus dem spätgriech. Liebesroman entstanden war, wurde von den Italienern, Franzosen und Holländern übernommen. An sie schlossen sich seit etwa 1630 die dt. Übersetzungen und Bearbeitungen (s. S. 45 ff.) sowie die wenigen originellen Schäferdramen von H. Elmenhorst, C. Stieler, W. Cronpusch und J. Ch. Hallmann an, die dem Schäferroman und der Prosaekloge auch Motive und Personen entnehmen. Der Grund für die Interessenlosigkeit an dieser Gattung liegt wohl nicht darin, daß es den damaligen Verfassern »an dichterischer Erfindungskraft und Darstellungsgabe« fehlte (so Ninger S. 82), sondern eher darin, daß die künstlichen, oft erotischen »weither gesuchte(n) Liebesschwänke« (Harsdörffer) dem dt. Geschmack nicht entsprachen (Carnap S. 78). Dagegen stieß das allegorische Schäferspiel von G. Ph. Harsdörffer, Herzog Anton Ulrich, S. Dach, J. Hallmann, S. von Birken und Heinrich Tolle auf ein größeres Interesse. In den letzten Jahrzehnten des Barock verschwand die pastorale Kostümierung fast völlig.

Neben den Trauer- und Lustspielen galt das Schäferdrama als dritte selbständige Gattung sowohl in der Theorie als auch in der Praxis der Nürnberger und in den Eingaben der englischen Komödianten (Herz S. 59).

Allgemeine Charakteristik

Die Schäferwelt stellt eine literarische Utopie dar, für die ein idealer Naturort als »Chiffre glücklichen vollkommenen Daseins« (Garber 1971 S. 237) unter dem Namen ›Arkadien‹ (Petriconi S. 193) oder ›Elysien‹ (eine versteckte Anspielung auf Schlesien – Kolitz S. 45) bekannt ist. Diese Utopie ist in christlicher Umdeutung mit dem ›Paradies‹ gleichzusetzen. In dieser ›Goldenen Tugendzeit‹ findet man nach Harsdörffer die »Lieblichkeit des Feldlebens, ohne desselben Beschwerdniß, die Ruhe des Gemüts, verantwortliche Liebeshändel« (zitiert nach Popp S. 40).

Die »verantwortlichen Liebeshändel« liefern also das Hauptthema für das Schäferspiel, dessen Handlungsmodell so aussieht: »Eine Schäferin (seltener ein Schäfer) verachtet das Gebot Amors und stößt damit den liebenden Partner in die größte Qual, solange bis verschiedene Umstände die stolze und spröde Person zur Gegenliebe bewegen und die Vereinigung am Schluß herbeiführen« (Garber 1974 S. 52). Wie bei Guarini werden zwei Liebesarten von allen Seiten beleuchtet, bis endlich die keusche, sittliche Liebe alle Hindernisse überwindet und den Sieg davonträgt. Die herbeigeführte Versöhnung am Ende, die in den zahlreichen Hochzeiten zum Ausdruck kommt, kann man als eine Bestätigung des sozialen Status quo deuten.

Fast alle Schäferspiele übernehmen von Guarini ebenfalls die hohe Anzahl an Liebespaaren (vier bis sieben) und, damit zusammenhängend, die vielen Handlungen mit den unentbehrlich gewordenen Intrigen (Garber 1974 S. 59) und Verwicklungen. Unter den pastoral gekleideten Personen mit Namen wie Amyntas, Dafne, Galatea, Silvio, Myrtillus, Amaryllis u. a. m. findet man das keusche Liebespaar, das ungleiche Liebespaar, Freunde als Berater und ›Schutzengel‹, Zauberer wie Philoxomenos, Kupplerinnen, Intriganten und mythologische Göttergestalten wie Diana, Venus und Cupido. Selbstverständlich sind schäferliche Figuren (Hirten, Nymphen, lüsterne Satyren) und eine stilisierte Hirtenlandschaft mit Grotten und Tempeln vorhanden.

Auch wenn sich der Stoff, der Ausgang, die Personen (z. B. der dialektsprechende Bauer), die Motivik (Verwechslungen und Mißverständnisse) und die Nebenhandlungen (Scaramutza) vor allem der komischen Gattung annähern, hat das Schäferspiel doch viel Gemeinsames mit dem Trauerspiel. Schon Harsdörffer wies darauf hin, daß es sich beim Pastoralspiel um die »Liebeshändel« hoher Personen handelte, die auch Gryphius in der Tragödie *Cardenio und Celinde* thematisierte. In Bezug auf Sir Philip Sidneys *Arcadia* (1590) spricht Ninger von der »Transponierung der heroischen Welt in schäferliche Umgebung« (S. 7).

Für ihn sind sowohl Schäfer als auch höfischer Held derselbe »Idealtypus des Mannes« (Ninger S. 16).

Die Gattung, die Carnap mit der Entstehung des Absolutismus nach dem Dreißigjährigen Krieg in Verbindung bringt (S. 71), wird richtig als das »Schrifttum einer Oberschicht« (Carnap S. 68) betrachtet. Dabei hat Garber Benjamins These von der Gegensätzlichkeit der höfischen und der schäferlichen Welt implizit zurückgewiesen (Benjamin: Ursprung S. 89, 93). Im Schäferdrama sieht Garber – paradoxerweise – eine Fortsetzung der sozialen Strukturen des Absolutismus, und das trotz der »Kritik, ja Negation der bestehenden sozialen Wirklichkeit« (1971 S. 238). Ein paar Jahre später kann er unter Hinweis auf das Thema der bewährten Beständigkeit zeigen, wie das Schäferspiel seit Guarini »Teil an der Glorifizierung christlich-stoischen Heldentums« (1974 S. 58) hatte. Auch für Wiedemann sind Trauerspiel und Schäferdrama »nicht antagonistisch, sondern auf eine komplizierte Weise komplementär« (1977 S. 107). Das Trauerspiel behandelt das öffentliche Leben der Aristokratie, das Pastoraldrama dagegen ihr privates Leben: »Herrschaft und Öffentlichkeit sowie Schäfermaske und Privatheit bedingen sich also« (Wiedemann 1977 S. 109). Die höfische Gesellschaft übernimmt nach Wiedemann die Schäferrolle, »um die ordnungsgefährdenden Unbotmäßigkeiten der Seele im Rollenspiel zu bewältigen« (1975 S. 40). Durch die Entstehung einer politischen ›Utopie‹ wurde der Absolutismus legitimiert (Wiedemann 1977 S. 109). Krämer hat Wiedemanns Thesen auf den ethischen Bereich angewandt, in dem der Fürst als Schäfer ein Vorbild tugendhafter Menschlichkeit abgibt. Potentiell tragische Affekte wie Liebesleidenschaft, Verzweiflung und sogar Selbstmordversuche werden durch christlich-stoische Tugenden wie Selbstbeherrschung und gottgegebene Vernunft neutralisiert, wobei die betroffene Person, die ihre Freiheit jetzt als »Freiheit zur Form, zur Rolle« versteht (Wiedemann 1977 S. 112), wieder in die gesellschaftliche Ordnung integriert wird. Das Schäferspiel – wie die anderen Dramengattungen – liefert also »Bilder menschlichen Verhaltens, von Verderbtheit einerseits und Sittlichkeit andererseits« (Krämer S. 88).

Gemeinsam mit den anderen Gattungen hat das Schäferspiel auch einen allegorischen Grundzug, der schon in den Eklogen von Theokrit und Vergil vorhanden war, in denen der Schäfer mit dem Dichter gleichgesetzt und in denen die Ekloge als »Vehikel für die Reflexion über alle Aspekte des Lebens« (Fürstenwald S. 34) galt. Diese allegorische Dimension, die im Barockdrama, insbesondere im Jesuitendrama, eine große Rolle spielt und auf die im Schäferdrama schon Harsdörffer hinwies (Kolitz S. 158), hat eine moralische, eine geistliche und eine politisch-historische Bedeutung. Wie Harsdörffer bemerkt hat, behandelt die moralische Allegorie »viele tiefsinnige Streitfragen aus der Sittenlehre« (Kolitz S. 158). Noch beliebter war aber die religiöse Allegorie, die in erster Linie auf der Leidensgeschichte Christi fußte. Dargestellt wurde die Liebe der menschlichen Seele zu Christus, die nach der Überwindung aller Hindernisse eine Hochzeit im Himmel mit dem Sohn Gottes feiert (z. B. Harsdörffers *Seelewig*, Anton Ulrichs *Amelinde*, Stielers *Basilene* und Hofmannswaldaus Pastor-Fido-Übertragung). Zu den Schäferdramen, die sich mit Politik befassen, gehören Dachs *Cleomedes* (1635; Konflikt zwischen Polen/Schweden und Rußland) Birkens *Margenis* (1651; Dreißigjähriger Krieg) und Hallmanns *Lionato* (1704; Spanischer Erbfolgekrieg).

Die Tendenz des Schäferdramas zum Gesamtkunstwerk äußert sich in den epischen Liebesklagemonologen (vor allem bei Elmenhorst – Garber 1974 S. 59) und in den auf die Oper hinweisenden Liedern, Arien, Balletts und Maskeraden, die alle öfters eine sehr dürftige Handlung ersetzen (Ninger S. 63).

Die Vertreter des Schäferdramas

Als Verfasser originaler Schäferspiele gelten: Simon Dach (1605–1659), Georg Philipp Harsdörffer (1607–1658), Sigmund von Birken (1626–1681), Heinrich Elmenhorst (1632–1704), Herzog Anton Ulrich (1633–1713), Wilhelm Cronpusch (1644–1685), Johann Christian Hallmann (um 1640 – um 1716) und Heinrich Tolle (1629–1679). Vollständige Titel der unten verzeichneten Schäferspiele finden sich bei Garber (1974 S. 315 ff.):

Von Simon Dach sind zwei Titel überliefert:

Cleomedes (1635)
Sorbiusa (1644)

Georg Philipp Harsdörffer:

Seelewig, in Frauenzimmer-Gesprächspiele. Bd. 4 (1644)

Heinrich Elmenhorst:

Rosetta (1653)

Herzog Anton Ulrich:

Amelinde (1657)

Wilhelm Cronpusch:

Jauchzender Cupido (1669)

Johann Christian Hallmanns drei Schäferdramen tragen die
Titel:

Urania (1666)
Adonis und Rosibella (1673)
Lionato (1704) (Nur als Perioche vorhanden, abgedruckt bei Richter
  S. 388 ff.)

Heinrich Tolle verfaßte drei Pastoraldramen:

Kundegis (1670)
Wahrgilt (1672)
Willbald (1673)

An die italienische Tradition von Tasso und vor allem Guarini
anknüpfend, entstanden die dramatischen Schöpfungen von Elmenhorst, Cronpusch und Hallmann. Der letztgenannte galt bei
Gottsched als typischer Vertreter der Gattung (Krämer S. 73).
Seine zum Gesamtwerk neigenden Schäferspiele, die alle damals
bekannten dramatischen Strömungen zu einem neuen Dramen-
typ verschmelzten (Garber 1974 S. 56), sind durch eine starke
Hervorhebung der moralischen Komponente gekennzeichnet
(Kolitz S. 46 f., neuerdings auch Krämer S. 83), die manchmal
die Handlung unterbricht. Die zerstörerische Liebesleidenschaft, deren tragische Potentialität Krämer untersucht hat
(S. 83 ff.), gehört zur Fortuna-Welt und ist durch stoische Beständigkeit zu überwinden. In dem Festspiel *Adonis und Rosibella*, das im Rahmengeschehen die dritte Hochzeit des Kaisers
Leopold I. feiert, wird der Schäferfürst als Idealmonarch glorifiziert. Diese Verherrlichung der »sittliche(n), menschlich-
herrscherliche(n) Qualität« (Krämer S. 89) gilt auch den nachfolgenden Herrschern der Habsburg-Dynastie: »dynastic mar-
riage is the basis of earthly harmony and political wisdom«
(Aikin: Drama S. 118).

Neben dem ›italienischen‹ Schäferspiel steht das allegorische
Pastoraldrama, das hauptsächlich geistlich (Harsdörffer, Stieler) oder moralisch (Tolle) ausgerichtet ist. Es unterscheidet sich
von der reinen Allegorie lediglich durch die pastorale Umgebung und Kostümierung. In den drei Schuldramen von Tolle
handelt es sich um die Darstellung je eines moralischen Lehrsat-
zes: um den Sieg der Philosophie über die Sinnenwelt *(Kundegis)*, um den erhofften Triumph der neuen Wissenschaften über
das scholastische System des Mittelalters *(Wahrgilt)* und um die

Wahl zwischen Tugend und Wollust im Schul- und Knaben-spiegel *(Willbald)*. Zur Entschlüsselung der Bedeutung dieser Schäferschuldramen dienen die altdeutschen Namen, die Tolle entweder Harsdörffer entnahm oder nach dessen Prinzipien ge-staltete (eine Aufzählung findet sich bei Koellner S. 41 ff.). Ohne die pastorale Einkleidung wären diese Dramen und auch Stielers *Basilene* reine Allegorien, d. h. freie Erdichtungen, die die Heilsgeschichte parallelisieren, wenn auch mit ver-schlüsselten Namen und einer starken Betonung des Moralisch-Didaktischen. In den Poetiken von Harsdörffer, Stieler und Neumayr und in der Studie von Aikin (1982) werden sie als eine selbständige Gattung behandelt.

Zu diesen Stücken, die bisher das Augenmerk der Forschung kaum auf sich gelenkt haben, gehören Jakob Masens *Androfilo* (1654, dt. von Bir-ken 1656) und *Telesbius* (1654), Sigmund von Birkens »elaborate allego-rization of Heilsgeschichte« (Aikin: Drama S. 120) betitelt *Psyche* (1652, dt. 1679), Johann Geuders *Macaria* (1668), Caspar Stielers mora-lische Prosaallegorie *Willmuth* (1680), das dramatisierte Unterrichtsma-terial von Isaac Gilhausen *(Grammatica* 1597) und Johann Rhenanus' *Speculum aestheticum* (1612) sowie die historisch-politischen Stücke von Johann Micraelius *(Pomeris* 1631, *Parthenia* 1631 und *Agathander* 1633), Sigmund von Birken *(Margenis* 1651) und von anderen weitge-hend vergessenen Dramatikern.

Literatur:

Maria Fürstenwald: Letztes Ehrengedächtnis und Himmel-klingendes Schäferspiel. In: Daphnis 2. 1973. S. 32 ff. (Es handelt sich hier um die Prosaekloge, nicht um das Schäferdrama)
Peter Keller: Die Oper Seelewig von Sigmund von Staden und Georg Philipp Harsdörffer. 1977.
Hellmuth Petriconi: Das neue Arkadien. In: Europäische Bukolik und Georgik, hrsg. von Klaus Garber. 1976. Wiederabdruck aus: Antike und Abendland. 3. 1948. S. 187 ff.).
Friedrich Rühle: Das dt. Schäferspiel des 18. Jh.s. Halle 1885. S. 1 ff.
Blake Lee Spahr: The pastoral works of Sigmund von Birken. Diss. Yale 1952 [Masch.]
Conrad Wiedemann: Heroisch – Schäferlich – Geistlich. Zu einem mög-lichen Systemzusammenhang barocker Rollenhaltung. In: DIAfdtB 3. 1977. S. 96 ff.
Carnap (wie S. 47), *Garber* 1971 (wie S. 47), *Garber* 1974 (wie S. 48), *Kolitz* (wie S. 26), *Krämer* (wie S. 138), *Lederer* (wie S. 48), *W. Rich-ter:* Liebeskampf, *Scheid* 1930 (wie S. 18).

6. Hoftheater/Festspiel; Oratorium; Singspiel/Oper

Hoftheater/Festspiel

Neben den offiziellen Dramengattungen existieren viele, öfters nur halbdramatische, Mischformen, die zu festlichen Anlässen am Hofe (Geburten, Hochzeiten, Einzügen) auf einer Liebhaberbühne entweder privat oder öffentlich aufgeführt wurden. Es sind in erster Linie die lokalen Theatergeschichten und die Festbeschreibungen (Baur-Heinold, Fähler), die über die Darstellungen von Turnierspielen, Wirtschaften, Feuerwerken und Mummenschanz und von mehr oder weniger auf Texten beruhenden Gattungen wie dem Trionfo oder Triumphzug (Moser S. 60, Berns 1981 S. 668, 703 ff.), dem Ballett, der Oper, dem Singspiel, dem Oratorium und dem Festspiel informieren.

Weder im Barockzeitalter noch in der modernen Forschung liegt eine klare Definition des Begriffs ›Festspiel‹ im engeren Sinne vor. Flemming, um ein Beispiel zu geben, rechnet die Rudolstädter Festspiele zu dieser ›Gattung‹, während Aikin nur *Die Wittekinden* (1666) gelten läßt (Drama S. 128 ff.), ohne aber eine einleuchtende Definition zu liefern.

Außerdem teilt Aikin aufgrund fragwürdiger Inhaltskriterien das Festspiel in zwei Typen ein: in mythologische Maskeraden und in genealogische Dramen. Im ersteren werden durch das analogische Denken die Beziehungen zum Christentum unverkennbar (Aikin denkt hier hauptsächlich an die Friedensschauspiele Rists und Gryphius' und hat Schottelius nicht berücksichtigt); im letzteren kommt es zu einer »allegorischen Identifikation eines gegenwärtigen Herrschers mit dem Gründungsheros einer Herrschaftslinie oder Dynastie« (Berns 1981 S. 672). Diese (mythologisch-)allegorischen, stark didaktischen Stükke, die nach Alewyn vor dem horror vacui schützen sollen (1948 S. 13), haben vorwiegend repräsentative Funktion (Moser S. 3, Roloff: Drama S. 735). Es geht nicht nur um die Unterhaltung des (höfischen) Publikums und die stilisierte Fürstenpanegyrik, sondern auch um eine theologisch fundierte Legitimation der absolutistischen Hofgesellschaft und eine Idealisierung des gegenwärtigen Machtinhabers, was auch zum Kernstück des pädagogischen Unterrichts am Hofe wurde (Moser S. 81 ff.). Da diese Dramen meist aus zahlreichen heterogenen Elementen bestehen (Alewyn 1948 S. 16) und da in mancherlei Hinsicht der Schwerpunkt auf einen Sinnenrausch durch die Verwendung möglichst vieler Theatereffekte (darunter Musik und Tanz) gelegt wird, kann man wie Aikin von »the first veritable

Gesamtkunstwerke« (Drama S. 122) reden. Erwartungsgemäß ist die Form viel lockerer als bei den eingebetteten Gattungen. Beiden gemeinsam aber ist die Einsetzung von komischen und mythologischen Zwischenspielen als Gegengewicht zur allegorischen Haupthandlung (Flemming: Festspiel S. 119).

Rist

Der Wedeler Pastor Johann Rist (1607–1667), der als moralischer Idealist und Patriot einen hohen Ruf unter seinen Zeitgenossen genoß, verfaßte drei Friedensschauspiele (Dünnhaupt S. 1555 ff., Pyritz S. 562 ff.):

Irenaromachia (auf dem Titelblatt steht als Verfasser der Name von Rists Schwager Ernst Stapel, seit Gaedertz aber Rist zugeschrieben) (1630)
Das Friedewünschende Teutschland (1647)
Das Friedejauchzende Teutschland (1653)

Diesen Schauspielen, in denen entweder die Hoffnung auf das Ende des Dreißigjährigen Krieges durch diplomatische Mittel oder die Freude über den Westfälischen Frieden zum Ausdruck kommt, liegt folgendes Handlungsmodell zugrunde: »Das personifizierte Deutschland läßt sich im Übermute zum Krieg verleiten, die Friedensgöttin [Irene] entfernt sich und mit ihr die anderen Tugenden, Mars hält samt den Lastern seinen Einzug, bis endlich jene zurückkehrt und der Kriegsgott weichen muß« (Bolte 1885 S. 161).

Die vor Gottes Gericht gehaltene Disputation zwischen Krieg (Mars) und Frieden (Irene) ist freilich nur Teil des größeren Konflikts zwischen Tugend und Laster oder Gott und Teufel. Das schwankende Deutschland nimmt zuerst einen mittleren Raum ein, dann bekennt es sich am Dramenschluß zu einem frommen Leben. Rist, den Schletterer als »Wächter und Hort der guten Sitten« nennt (1864 S. xli) und der im letzten Friedensstück hinter dem moralischen Wegweiser Wahremund steckt, will die Deutschen »moralisch und politisch [...] zu innerer Erneuerung sowie zur Überwindung des unheilvollen Partikularismus [aufrütteln]« (Floerke S. 1). Seine beißende Satire richtet sich nicht gegen Personen (Zesen bildet eine Ausnahme – Seedorf S. 126 ff., Heins S. 123 ff.) noch gegen die bestehende Gesellschaftsordnung, sondern gegen die moralische Unzulänglichkeit seiner Zeitgenossen, denen es an Patriotismus fehlte. Aufs Korn nimmt er nicht nur die ungelehrten Pastoren, sondern auch alle, die den Krieg bewußt oder unbewußt unterstüt-

zen. Seine Kritik gilt den machiavellistisch gesinnten Landesfürsten und Hofbeamten, den almodisch sprachvermengenden
Adeligen, den bramarbasierenden Studenten-Soldaten wie Sausewind und vor allem den gottlosen Bauern und Soldaten, deren
gegenseitiger Haß und Spaß am Kriegsleben in den Zwischenspielen thematisiert werden. Da eine christlich orthodoxe Theologie hinter dem mythologischen Rahmengeschehen steht
(Flemming: Festspiel S. 118), wird der Krieg als göttliche Ver-
geltung für menschliche Sünden interpretiert. Erst durch eine
innere Umkehr und durch Gottes Gnade ist der Friede zu erreichen.

Dieses stark moralisch-didaktische Anliegen Rists, das vorzüglich im allegorischen Formprinzip hervortritt und das mit
seinen langatmigen Diskussionen zu einer Verdrängung der
dramatischen Handlung führt, ist vom modernen Standpunkt
aus zu Recht zu verurteilen (Schletterer 1864 S. lxi, Bolte 1885
S. 161, Heins S. 79, 119, 136). In dieser Hinsicht aber unterscheiden sich Rists bekanntlich bühnenwirksame Stücke kaum
von den Dramen Gryphius'.

Ähnliches trifft für die Form zu, die man seit Flemming als
einheitlich und organisch aufgebaut anerkannt hat. Die Szenen,
nach dem Kontrastprinzip gestaltet, beziehen sich auf ein zen-
trales Thema. Als Kontrastpunkt zu diesem Grundthema dienen Zwischenspiele, in denen mundartsprechende Bauern Tragik und Komik glücklich vereinigen (Flemming: Festspiel
S. 124). Im letzten Friedensdrama wird die episodische Struktur
durch die Eingliederung von 17 Liedern noch mehr aufgelok-
kert.

Neben der Musik fällt auch die Prosaverwendung auf, die auf
den Einfluß der englischen Komödianten zurückzuführen ist.
Da Prosa eigentlich zum Bereich der Rhetorik gehört, ist sie
poetologisch zu rechtfertigen. Das tut Rist, indem er sich auf
das Gesetz der Wahrscheinlichkeit beruft (Wer spricht in Versen?) und auch einige praktische Gründe anbringt: Für die stu-
dentischen Wandertruppen war es viel leichter, Prosa auswen-
digzulernen und richtig auszusprechen; außerdem konnte man
Gedächtnisfehler bei Aufführungen durch Improvisation besser
überbrücken.

Schottelius

Der Hofpräzeptor Justus Georg Schottelius (1612–1676), der
am Wolfenbütteler Hof den jungen Anton Ulrich zwischen

1638 und 1646 erzog, schrieb mindestens sechs Schauspiele für seine adligen Zöglinge (Dünnhaupt S. 1676 ff., Pyritz S. 611 ff.), darunter das Stück

Friedens Sieg (1648).

Dieses Drama ist anläßlich des Goslarer Friedens im Jahre 1642 entstanden und aufgeführt worden. Ohne von Rist abhängig zu sein (Flemming: Festspiel S. 133, Heins S. 98 ff.) hat Schottelius in diesem Friedensschauspiel viel Gemeinsames mit Rists thematisch ähnlichen Stücken. Diese Ähnlichkeiten sind bei Bolte (1885 S. 161) verzeichnet. Man findet hier wieder dasselbe Handlungsmodell mit dem mythologisch-allegorischen Rahmengeschehen, die ›Bekehrung‹ des Nationaltypus zu einem christlich-moralischen Lebenswandel, das von Frischlin übernommene Redivivus-Motiv, die patriotische Satire gegen Sprachmengerei und Alamodewesen und den dialektsprechenden Bauernstand. Außerdem verwendet Schottelius Prosa, langweilige Prosamonologe und gereimte Lieder. Im Gegensatz zu Rist aber betont Schottelius noch mehr das musikalische Element. Da er allen möglichen theatralischen Gattungen Personen und Motive entnommen hat, kann man laut Berns, der die Bedeutung der Trionfo-Struktur für dieses Drama untersucht hat, von einer Montagetechnik reden (Berns 1981 S. 682).

Gryphius und das Rudolstädter Festspiel Die Wittekinden

Von Gryphius stammen zwei Festspiele, die in der Sekundärliteratur kaum Erwähnung finden (Dünnhaupt S. 716 ff., Pyritz S. 271, 286 ff.):

Majuma (1653)
Piastus (entstanden um 1660, gedruckt 1698)

Anläßlich der Krönung von Ferdinand IV. zum römischen König bedient sich Gryphius eines mythologischen Gewandes, um den Übergang vom Dreißigjährigen Krieg zum Frieden allegorisch darzustellen, wobei dem Monat Mai eine symbolische Bedeutung zukommt (Jöns S. 288 f.). Sowohl der Handlungsverlauf als auch gemeinsame Motive sprechen dafür, daß in diesem Fall Rist Pate gestanden hat (Mannack 1964 S. 16 ff., 28). Gehuldigt wird dem König und durch ihn der Habsburg-Dynastie, die für Frieden und Ruhe im Innern bürgt. Auf die türkische Gefahr und die Pläne zur Wiedereroberung Konstantinopels wird die Aufmerksamkeit ebenfalls gerichtet (Aikin: Drama S. 125).

Aufgrund der Liebeshandlung, des glücklichen Ausgangs und der vielfältigen Versmaße deutet man auf Ähnlichkeiten mit dem Singspiel (Jöns) bzw. der Oper (Mannack) hin, ohne aber zu einem endgültigen Ergebnis zu gelangen. Trotz dieser Gemeinsamkeiten herrscht immer noch der gesprochene Text über die verschollene Partitur, es gibt außerdem keine Arien und nur wenige Lieder (Jöns S. 296).

Im sechsaktigen genealogischen Drama *Piastus* dagegen, das in eine christliche Parabel umfunktioniert wurde (Aikin: Drama S. 128), ist die opernhafte Komponente viel stärker vertreten. Neben Liedern, Duetten, Solostimmen und Chören kommen auch Tänze (darunter ein Schlußballett), Feuerwerke und die üblichen Lustspielelemente vor (Jöns S. 296 ff.).

Diese Huldigung an die schlesischen Piastenherzöge galt wahrscheinlich der bevorstehenden Geburt eines Kindes von Christian von Wohlau, das die Linie vor dem Aussterben retten sollte. Jöns vermutet, daß das Kind den heidnischen Namen des Gründungsheros erhalten sollte, was aber die Kirche ablehnte. Dieses erklärt, warum das Stück erst als Teil des Nachlasses gedruckt wurde.

Wie Avancini und Sophie Elisabeth (Roloff 1981 S. 744 ff.) behandelt Gryphius zwei Formen des Absolutismus im christo-theozentrischen Rahmen. Verherrlicht wird der fromme Regent lutherischer Prägung, d. h. die Piastendynastie, während das Gegenbild Popiel wegen seiner machiavellistischen Intrigen zu einem schrecklichen Tod verdammt wird.

Einen ähnlichen Zweck verfolgt das Festspiel *Die Wittekinden* (1666), das anläßlich des 25. Geburtstages von Herzog Albrecht Anton die ganze Schwarzburg-Dynastie durch eine Rückblende glorifiziert. Die die Bekehrungen der heidnischen Sachsen vorangehenden Wunder deuten auf die göttliche Sanktionierung und die dynastische Kontinuität als die Grundlage für politische Stabilität (Aikin: Drama S. 131) hin. Noch mehr als bei Gryphius herrschen hier Elemente der ›italienischen‹ Liebeskomödie vor: die Liebesverwicklung als Resultat von Burckhardts Intrigen, die komische Nebenhandlung mit Scaramutza und das ›happy ending‹ (Flemming: Festspiel S. 134, Aikin: Drama S. 131).

Oratorium

Das im 16. Jh. im katholischen Italien entstandene Oratorium, dem die Jesuiten im Dienst der Kirche zu einer weiten

Verbreitung verhalfen, behandelt geistliche Stoffe, die der Bibel oder Heiligengeschichte entnommen wurden. Diese weitgehend epischen Erzählungen, die vokal vorgetragen wurden, waren im Zeitraum 1649–1740 am Wiener Hofe sehr beliebt (Flemming: Oratorium S. 7 ff.).

Das sich fast nur mit der Lebensgeschichte Christi befassende protestantische Oratorium begann mit Heinrich Schütz' Vertonung der *Auferstehung Christi* gegen 1630 und weist in der Szenen- und Dialogführung schon dramatische Elemente auf. Die neue Form ließ aber auf sich warten, bis um 1700 die Dichter, die durch die Kirchenkantate mit ihrem Wechsel von Rezitativ und Arien angeregt wurden, sich für eine freie Textgestaltung der Passion Christi interessierten (Flemming: Oratorium S. 19). Das Ergebnis war eine ganze Reihe von Oratorien von Postel (1704), Hunold (1706), Reuter (1708), Brockes (1712), Mattheson (1715) und Henrici (1734).

Die begabtesten dieser Textdichter waren wohl Christian Heinrich Postel (1658–1705), Christian Reuter (1665 – nach 1712) und Barthold Hinrich Brockes (1680–1747). In Postels *Johannes-Passion*, die der junge Händel vertonte, wechselt die im Rezitativ gesungene Erzählung des Evangelisten mit meditativen-lyrischen Choralarien, in denen es ab und zu zu Gefühlsausbrüchen kommt (Olsen 1973 S. 194). Die dichterische Qualität von Postels Texten fand öfters das Lob der Forschung (G. Müller 1925 S. 107, Wolff S. 42 f., Faber du Faur Bd. 1 S. 347).

Wie Postel bediente sich Reuter in seinen versifizierten *Passions-Gedanken* eines barocken Stiles, aber bei ihm fehlt ein echt dramatischer Dialog (Aikin: Drama S. 137). Diese Unzulänglichkeit hat Brockes in seinem von Reinhold Keiser vertonten Passionsoratorium mit dem Titel *Der für die Sünde der Welt / Gemarterte und Sterbende Jesus* (1712) wettgemacht. Auch die Soliloquien/Arien, die den Seelenzustand von Petrus und Judas darstellen, sind »leidenschaftlich dramatisch« (Flemming: Oratorium S. 23 f.), und die Kreuzigung Christi dient als Modell für den Märtyrertod in der Barockoper. Wegen der Musik und des versifizierten Textes hat dieses Oratorium einen riesigen Erfolg erzielt.

Johann Klaj (1616–1656) schuf eine Oratorienform, die ohne Nachwirkung blieb. Von seiner Feder stammen sechs Redeoratorien (Dünnhaupt S. 1017 ff., Pyritz S. 381 ff.):

Aufferstehung Jesu Christi (1644)
Höllen- und Himmelfahrt Jesu Christi (1644)
Der leidende Christus (1645)
Engel- und Drachenstreit (1645)
Herodes der Kindermörder (1645)
Freudengedichte Der seligmachenden Geburt Jesu Christi (1650)

Dramatisch an diesen Redeoratorien ist vor allem die äußere Form (Einleitung nach Akten und Chören) sowie die »Mittel der wechselnden Rede und der wechselnden Szenen« (Wiedemann 1966 S. 112). Das Vorhandensein dieser dramatischen Komponente hat einige Kritiker dazu verleitet, Klajs Werke als »mißlungene Dramen« abzulehnen oder – in völliger Umkehrung – ihn als den »Erneuerer, ja fast neue(n) Schöpfer des Dramas« (Gervinus S. 413) zu apostrophieren. Die epische und lyrische Komponente dieser Originalleistungen haben Gottsched, Bouterwek, Tittmann und Franz nicht übersehen. Franz z. B. erkennt die Oratorien als Gesamtkunstwerke, die er aber als »ein buntes, unorganisches Gemisch aller Dichtungsarten« (S. 43) wertet.

Der erste Forscher, der der einzigartigen Struktur dieser Werke gerecht wurde, war Flemming. Da die Texte ohne Musik von Klaj selbst vorgetragen wurden, definierte Flemming die Form treffend als »ein oratorienhaft ausgebauter Redeakt« oder als »deklamatorisches Oratorium« (Oratorium S. 14 f.). Zu den nichtdramatischen Elementen zählte er die prosaischen Zwischenpassagen, die seiner Meinung nach in ihrer beschreibenden und erklärenden Funktion die Handlungskontinuität zerstören, und auch das fehlende dramatische Gegenspiel, die langen Monologe und den epischen Handlungsverlauf. Diese episch-lyrische Komponente führte Flemming zum Schluß, daß die Oratorien »keineswegs dramatisch, sondern rhetorisch« (Oratorien S. 12) waren. Nach Wiedemann, der Flemmings Strukturanalyse weiter ausbaut, streben Klajs Werke »eher von der dramatischen Form fort« (1966 S. 96). Sie beruhen nach seiner Ansicht auf dem Strukturmodell der epideiktischen Rede (1966 S. 112) oder dem sogenannten Redeporträt, das aus einer »Reihe von Facettenbildern« besteht, die »zu einem Gesamteindruck zusammenwirken sollen« (1966 S. 107). Aus der Vereinigung der äußeren dramatischen Form mit rhetorischen Strukturen und der emblematischen Form ergibt sich das Originelle bei Klaj. Cysarz' Definition von Klajs Oratorien als »ein barockes Gesamtkunstwerk aus ganz und gar sprachlichem Stoff« (S. 362) spiegelt sich in Wiedemanns Begriff eines »barocken Worttheaters« wider (Wiedemann 1966 S. 171).

Vor allem widmet sich die Forschung den prosaischen Bearbeitungen, die »eine Sonderstellung unter den Redeoratorien« (Wiedemann 1966 S. 93) einnehmen, sowie auf die *Geburt Christi* als »Endpunkt und Höhepunkt« (Wiedemann 1966 S. 174; dem Sinne nach auch Flemming: Oratorium S. 11) des Typus. *Herodes der Kindermörder,* der Daniel Heinsius' *Herodes Infanticida* (1632) zur Vorlage hat, soll »nach Art eines Trauerspiels« verfaßt worden sein. Trotz des »Wechsel(s) der Ethosund Pathossituationen« (Wiedemann 1966 S. 108) und der tyrannischen Titelgestalt, die dem Barocktrauerspiel entstammen könnte (Aikin: Drama S. 139), ist dieses Oratorium noch wesentlich undramatischer als die Quelle (Wiedemann 1966 S. 95, 136, 172). Der Bezug zur Gegenwart wird durch den Hinweis auf den Dreißigjährigen Krieg deutlich.

Noch weniger dramatisch als *Herodes* ist das Stück *Der leidende Christus,* den Wiedemann als »den blasseste(n) der Klajschen Redeoratorien« (1966 S. 130) bezeichnete. Wegen der Einteilung der Akte hat Wiedemann diese Bearbeitung von Hugo Grotius' *Christus patiens* als ein mißlungenes Zwischending zwischen Schauspiel und Redeporträt getadelt (1966 S. 131).

Dagegen wird das letzte Oratorium, das »die Verbindung des Himmlischen mit dem Irdischen« (Wiedemann 1966 S. 174) darstellt, besonders gelobt. Hier kommt das barocke Prinzip des Synkretismus zur Geltung. Hinsichtlich der Bilder, der Stilarten und der Quellen redet Wiedemann sogar von einem »synkretistische(n) Universalismus« (1966 S. 162). Noch wichtiger als die Musik ist das musikalische Wort, das einen Sinnesrausch erzielen sollte. Das Ergebnis ist »ein rein sprachliches Kunstwerk« (Wiedemann 1966 S. 171), dessen politische Bedeutung Aikin (Drama S. 140) beleuchtet hat.

Singspiel/Oper

Obwohl vereinzelte Wissenschaftler auf das (höfisch orientierte) Singspiel- bzw. Opernlibretto als literarische Gattung hingewiesen haben, das im Zeitraum 1678 bis 1738 in Hamburg, Hannover, Braunschweig, München und Wien die Bühne beherrschte, ist dieser Dramenbereich bisher vernachlässigt worden.

Über den Begriff ›Singspiel‹ selbst herrscht kein Konsens. Darunter verstanden die englischen Komödianten und Jakob Ayrer ein lustiges Possenspiel mit konventionellen komischen Typen, mit Strophenform und Tanz und mit einer dem Publikum schon bekannten Melodie. Später wurden sie fast zu »Prosadramen mit eingestreuten Arien« (Bolte 1893 S. 6). Gegen Ende des Barock wurde ›Singspiel‹ ganz einfach dem Opernlibretto in dt. Sprache (z. B. Bressands *Porus* 1694) gleichgesetzt. Sowohl in der Musik- als auch in der Literaturforschung werden ›Singspiel‹ und ›Oper‹ als synonyme Ausdrücke benutzt. Aufgrund der gemeinsamen Stoffe, des ähnlichen Milieus und des guten Ausgangs neigen einige Forscher dazu, das Singspiel als Frühform der komischen Oper (Schletterer 1863 S. vi) oder als musikalisches Lustspiel (Koch S. 28) anzusehen. Nach Schletterer ist das Singspiel wegen des kleineren Umfangs mit der Operette identisch (1863 S. 1). Für die Mehrheit der Wissenschaftler aber ist das Singspiel nichts anderes als »ein mit musikalischen Einlagen versehenes Drama« (Béhar S. 780), in dem der gesprochene Text über den musikalischen dominiert (Schletterer 1863 S. 1, Lehmeyer 1971 S. 3, Koch S. 24). Die Tendenz zur Oper (z. B. Lieder, Arien, Ensembles, Chöre, Instrumental-Sätze) ist aber unverleugbar. Seitdem Béhar festgestellt hat, daß bei Anton Ulrich der Text nicht gesprochen, sondern im Rezitativ gesungen wurde, gelten die Werke des Herzogs nicht mehr als Singspiele (so Lehmeyer 1971 S. 3), sondern als Operntexte (Béhar S. 783 ff.).

Den Begriff ›Singspiel‹ kann man im weitesten Sinne auf das antike Trauerspiel, das mittelalterliche Drama, das Fastnachtspiel und das humanistische Schuldrama anwenden. Einbegriffen im Barock wären neben den Schäferspielen (Guarini, Hallmann) und höfischen Festspielen (Gryphius' *Majuma* und *Piastus; Die Wittekinden)* auch Haugwitz' *Flora* (1684, eine Bearbeitung des französischen *Ballet de Flore)* und Hallmanns *Catharina*, ein Stück, das als »vollständige Veroperung des schlesischen Schauspiels« (Béhar S. 792) gilt.

Dagegen haben die Texte von Opitz (*Dafne, Judith*), Harsdörffer (*Seelewig*), Anton Ulrich, Bressand, Postel und Feind, die gesungen wurden, als Opern zu gelten. Der Versuch in Italien, das antike Trauerspiel neuzubeleben, führte zur Bildung einer neuen ›dramatischen‹ Gattung, die als Gesamtkunstwerk von vielen als die höchste literarische Form angesehen wurde.

Die schäferlichen und heroischen Figuren der antiken Mythologie, die eigentlich der damaligen höfischen Gesellschaft entstammten, lieferten neben dem Alten Testament und erfundenen allegorischen Handlungen (*Seelewig, Amelinde, Selimena*) die Hauptstoffe für die Oper, die mit Bezug auf die Gegenwart den fürstlichen Zuschauern durch Gleichsetzung mit den antiken Vorbildern huldigten und die Dynastien legitimierten – vor allem in der Schlußszene.

Wie bei anderen dramatischen Gattungen ist der Inhalt keineswegs rein unterhaltend, sondern auch moralisch-belehrend. Vom Schäferspiel übernahm die Oper die Liebesintrigen, wobei zwei Arten der Liebe dargestellt wurden: die alles umfassende, selbstaufopfernde Liebe Christi und die leidenschaftliche Wollust, aus der sich meistens eine ›Bekehrung‹ (Bressands *Porus*) oder aber ein schreckenerregendes Schicksal ergibt (Bajazeth und Holofernes). Diese moralische Komponente findet man in allen Barockopern von Opitz bis Postel (Borcherdt S. 239 f., Olsen 1973 S. 24). Sie kommt auch im Herrscherbild zum Ausdruck, da fast alle Librettisten »die absolutistische Staatsräson eines aufgeklärten und stoisch-christlichen Landesvaters« (Olsen 1973 S. 268 f.) unterstützen, aber eine machiavellistische Realpolitik strengstens ablehnen (Olsen 1973 S. 39, Lehmeyer 1971 S. 201).

Strukturell sind die Opern wegen der Einbeziehung so vieler heterogener Elemente viel lockerer als die anderen dramatischen Gattungen. Den allegorisch-mythologischen Prolog behält man bei, aber nicht den alten Epilog, der durch eine Huldigungsszene oder ein Schlußballett ersetzt wird. Auf die klassischen Einheiten achtet man gar nicht. Zu der zumeist dreiaktigen Haupthandlung kommen die zahlreichen Liebeshandlungen mit den entsprechenden Intrigen und Verwicklungen, die erst in der letzten Szene glücklich gelöst werden und daher an die Struktur des höfischen Romans erinnern. Dabei wird das tragische Element abgeschwächt oder völlig vernachlässigt. Wegen dieser episodischen Struktur besteht die Oper oft aus »lediglich eine(r) Anzahl äußerer Ereignisse, die den Personen Anlaß geben, sich gesanglich zu präsentieren« (Flemming: Oper S. 39).

In den frühen Opern gab es keine Trennung zwischen Rezitativ und Arie. Diese Trennung setzte sich erst mit dem Siegeszug der venetianischen Oper durch, als man 1668 in Wien Francesco Sbarras Libretto *Il Pomo d'oro* mit der Musik von Cesti (handschriftliche Übersetzung von Caspar Stieler – Aikin: Drama S. 134) aufführte. Als Hauptfunktion des »generalbaßakkom-

pagnierten Rezitativs« (Koch S. 1) gilt die rasche Handlungsab-
wicklung, während in den (Da-capo-)Arien, die nach Barthold
Feind den Geist und die Seele des Schauspiels bildete (nach
Schletterer 1863 S. 86), die Affekte auf dramatisch-leidenschaft-
liche Art zum Ausdruck kommen. Im allgemeinen richtet sich
die Kritik der Opernlibrettisten gegen die Verwendung des
Alexandriners und gegen ein Übergewicht des Rezitativs.

Obligatorisch sind hingegen die schnellen Szenenwechsel, die
das Vanitas-Erlebnis des Barock widerspiegeln, und die Betonung eines Sinnenrausches, der durch die Einsetzung aller mög-
lichen Theatereffekte, darunter Choral-, Vokal- und Instru-
mentalmusik als »eine letztmögliche Steigerung« (Just 1975
S. 205) erzielt wird.

Opitz

Die italienischen Operntexte von O. Rinuccini (*Dafne* 1600)
und A. Salvadori (*Giuditta*, gedruckt 1669) dienten als Vorlagen
für Opitz' Bearbeitungen, die den Anfang des dt. Librettos darstellen (Dünnhaupt S. 1347, 1370; Pyritz S. 519 f.):

Dafne (1627; die Partitur von Heinrich Schütz ist verschollen)
Judith (1635)

Obwohl die *Dafne*-Bearbeitung als der erste dt. Operntext
gilt, hat sich die Forschung bisher nicht mit dessen Inhalt befaßt, sondern mit der Gattungsbezeichnung und dem Quellenstudium (Mayer 1911 S. 758 ff., Flemming: Oper S. 66). Ein
größeres Interesse wurde der heroischen, in Alexandrinern verfaßten Oper *Judith* gewidmet, die nach Borcherdt (S. 238) und
Flemming (Die Oper S. 66) reifer und lebendiger wirkt als *Dafne*. Der von Luther empfohlene Stoff, den Andreas Tscherning
später in ein fünfaktiges Drama umfunktionierte (1646), betont
noch mehr als die Quelle das Thema des Patriotismus und
streicht die Figur des wollüstigen Tyrannen Holofernes und die
keusche, Gott und Vaterland liebende Judith ebenfalls mehr
heraus (Mayer 1913 S. 40, Flemming: Die Oper S. 66). Die
Struktur, die Opitz selbst als mangelhaft bezeichnete, haben
Max (S. 48, 63) und Ulmer (S. 121) als allzu episch verworfen,
was aber dem Werk nicht ganz gerecht wird.

Harsdörffer

Als Nachbildung der römischen Oper von Cavalieri und
Agazzari (Keller S. 70 f.) schrieb der vielseitig interessierte

Übersetzer und Kompilator Georg Philipp Harsdörffer (1607–1658) eine Schäferoper (Dünnhaupt S. 776 ff., Pyritz S. 323):

Seelewig, in: Frauenzimmer-Gesprächspiele Bd. 4 (1644)

Das Libretto, dessen Partitur (von Sigmund Theophil Staden) noch erhalten ist, zeigt auf allegorische Art »wie der böse Feind [Trügewalt] den frommen Seelen [Seel-ewig] / auf vielerley Wege nachtrachtet / und wie selbe hinwiderumb von dem Gewissen [Gwissulda] und dem Verstande [Herzigilda] / durch Gottes Wort / vom ewigen Unheil abgehalten werden« (Frauenzimmer-Gesprächspiele Bd. 4 S. 33, Reprint S. 77). Der Konflikt zwischen Gut und Böse ist keineswegs rein äußerlich, sondern kommt auch im Kampf zwischen Körper und Seele [Sinnigunda-Seelewig] zum Ausdruck (Keller S. 67). Eine Kritik des weltlichen Schäferdramas (Aikin: Drama S. 119) ist darin zu sehen, daß die Schäfergestalten sich als Diener des Teufels enthüllen.

Strukturell erinnert diese Oper auch an die römische Oper. Das gilt nicht nur für die Mischung von Ernst und Komik und die Verwendung von Echoszenen, sondern auch für »breit angelegte Prologe, Ersatz des Rezitativs durch kleine Arien und Arietten, aufwendige Szenerie, verbunden mit der Einführung von Einlagen verschiedener Art, und den Ausbau der Chorarien« (Keller S. 78). Trotz des starken italienischen Einflusses ist die Szenerie und symbolische Namengebung echt deutsch.

Anton Ulrich

Der hauptsächlich als Romanschriftsteller bekannte Herzog Anton Ulrich von Braunschweig-Wolfenbüttel (1633–1714) verfaßte anläßlich der Geburtstage seines Vaters Herzog August des Jüngeren mindestens 14 Operntexte, die von Johann Jakob Löwe vertont wurden (Bender S. 181 ff., Dünnhaupt S. 215 ff., Pyritz S. 25 ff.). Zu ihnen gehören:

Amelinde (1656)
Regier-Kunst-Schatten (1658)
Andromeda (1659)
Orpheus (1659)
Iphigenia (1661)
Salomon (1662)
Des Trojanischen Paridis Urtheil Von dem Goldenen Apffel der Eridis (um 1662)
Daniel (1663)
Selimena (1663)
Die Verstörte Irmenseul (o. J., um 1674 – Acta Nicolaitana S. 72)
David und Jonathans Treue Liebe (1685)

Außer den mythologischen Opern und den Bearbeitungen von Pierre Corneilles *Andromède* (Lehmeyer 1973 S. 259 ff.), Claudio Monteverdis *Orfeo* und Euripides *Iphigenia* (Lehmeyer 1971 S. 119 ff.) schrieb der Herzog in Nachahmung von Harsdörffers *Seelewig* und Birkens *Androfilo*-Übersetzung die moralisch-allegorischen Schäferopern *Amelinde* und *Selimena* sowie die beiden ›politischen‹ Opern *Regier-Kunst-Schatten* und *Daniel*, die einen theologisch fundierten Absolutismus lutherischer Prägung glorifizieren. Von Interesse ist auch die episodische Struktur der Oper *Regier-Kunst-Schatten*, in der jeder Akt eine besondere fürstliche Tugend darstellt. Das Endergebnis ist das Idealbild eines Herrschers (Sonnenburg S. 21), was Wiedemanns Begriff des Redeporträts entspricht.

Postel

Auch wenn Christian Heinrich Postel (1658–1705) im 18. Jh. vielfach wegen seines ›lohensteinischen‹ Stiles gerügt wurde, gilt er als einer der wichtigsten Librettisten aus der Frühgeschichte der dt. Oper (Chrysander 1858 S. 88 ff., G. Müller 1925 S. 107, Wolff S. 42 f., Olsen 1973 S. 74). Die Forschung befaßt sich trotzdem mit nur zwei seiner 28 Operntexte (vgl. Olsens Bibliographie 1974, Dünnhaupt S. 1380 ff., Pyritz S. 533 f.):

Gensericus (1693)
Iphigenia (1699)

Vor einem staatspolitischen Hintergrund spielen sich am Hofe die üblichen Liebesintrigen ab. In *Gensericus*, wo der Herrscher als idealisierter Landesvater apostrophiert wird, ist das Hauptthema erwartungsgemäß »die alles besiegende Gewalt der Liebe« (Olsen 1973 S. 120). Als Postels Meisterwerk gilt aber die unabhängig von Anton Ulrich entstandene Oper *Iphigenia*, die Flemming als Musterbeispiel für die Adaption eines antiken Textes erwähnt, wobei er in erster Linie an die Integrierung der erfundenen Achill-Deidamia-Liebeshandlung in das Hauptgeschehen denkt. Es sei auch hier angemerkt, daß Postel sich bewußt mit dem damaligen Frauenbild in der Literatur auseinandersetzte und heroische, mit allen christlich-stoischen Tugenden versehene Frauengestalten darstellte.

Die alexandrinischen Verse, die Friedrich Christian Bressand (1670–1699) trotz aller Kritik weiter benutzte, ersetzte Postel durch kürzere, flexiblere Verszeilen. Mit Bressand, der in seinem kurzen Leben eine große Anzahl von Operntexten schrieb

(Verzeichnis bei Dünnhaupt S. 454 ff.; Pyritz S. 93) und der in der Sekundärliteratur eigentlich nur von Degen gewürdigt wurde, teilte Postel eine Vorliebe für das Komische, besonders für die lustige Person, die bis B. Feind in fast allen Opern vertreten ist.

Literatur:

Hoftheater/Festspiel

Text:

Esaias von Hulsen und *Matthäus Merian:* Stuttgarter Hoffeste. Repraesentatio der fvrstlich Avfzvg und Ritterspil, hrsg. von Ludwig Krapf und Christian Wagenknecht. 1979 (Ndr. NF 27)

Allgemeines

Richard Alewyn: Feste des Barock. In: Absolutismus, hrsg. von Walter Hubatsch. 1973 (Wege der Forschung Bd. 314). Wiederabdruck aus: Neue Zürcher Zeitung vom 25./26. 7. 1948.

Barockes Fest – Barockes Spiel. Eine Ausstellung der Stadt Schwäbisch Hall [. . .] bearbeitet von Karl Manfred Fischer. 1973.

Margarete Baur-Heinold: Theater des Barock. Festliches Bühnenspiel im 17. und 18. Jh. 1966.

Jörg Jochen Berns: Trionfo-Theater am Hof von Braunschweig-Wolfenbüttel. In: Daphnis 10. 1981. S. 662 ff.

Ders.: (Hrsg.): Höfische Festkultur in Braunschweig-Wolfenbüttel 1590–1666. Vorträge eines Arbeitsgespräches der Herzog August Bibliothek Wolfenbüttel. 1982 (Daphnis 10. 1981)

Flora Biach-Schiffmann: Theater und Feste am Wiener Hofe. 1931.

Eberhard Fähler: Feuerwerke des Barock: Studien zum öffentlichen Fest und seiner literarischen Deutung vom 16. bis zum 18. Jh. 1973.

Klaus Lazarowicz: Konzelebration oder Kollusion? Über die Feste der Wittelsbacher. In: Europäische Hofkultur S. 301 ff.

Fritz Moser: Die Anfänge des Hof- und Gesellschaftstheaters in Dtld. 1940.

Hannes Razum: Theater und Feste im Leben Elisabeth Christines von Braunschweig, der Mutter Maria Theresias. In: MuK 27. 1981. S. 281 ff.

Hans-Gert Roloff: Absolutismus und Hoftheater. Das ›Freudenspiel‹ der Herzogin Sophie Elisabeth zu Braunschweig und Lüneburg. In: Daphnis 10. 1981. S. 735 ff.

Rist

Johannes Bolte: Zu Johannes Rist's Dramen. In: Korrespondenzblatt des Vereins für niederdeutsche Sprachforschung 8. 1883. S. 13.

Ders.: Rists ›Irenaromachia‹ und Pfeiffers ›Pseudostratiotae‹. In: Jahrbuch des Vereins für niederdeutsche Sprachforschung 11. 1885. S. 157 ff.

Anna Marie Floerke: Johann Rist als Dramatiker. Diss. Rostock 1918 [Masch.]. Hier: Auszug aus der Dissertation.

Karl Theodor Gaedertz: Johann Rist als niederdeutscher Dramatiker. In: Jahrbuch des Vereins für niederdeutsche Sprachforschung 7. 1881. S. 101 ff.

Dieter Lang: Johann Rist und sein Bild der Gesellschaft. Diss. Potsdam (PH) 1971 [Masch.]

Hans M. Schletterer: Einleitung. In: Johann Rist, Das Friedewünschende Teutschland und Das Friedejauchzende Teutschland, hrsg. von −−. 1864. S. vii–xxxv.

Heinrich Seedorf: Zu den Zwischenspielen der Dramen Johann Rists. In: Festschrift Hansischer Geschichtsverein und Verein für niederdeutsche Sprachforschung. 1900. S. 122 ff.

Irmgard Clara Mechlenburg Taylor: Untersuchungen zum Stil der Dramen Johann Rists. Diss. Syracuse Univ. 1971 [Masch.]

Brigitte Walter: Friedenssehnsucht und Kriegsabschluß in der dt. Dichtung um 1650. Diss. Breslau 1940 [Masch.]

C. Walther: Die Irenaromachia von Rist und Stapel. In: Korrespondenzblatt des Vereins für niederdeutsche Sprachforschung 8. 1883. S. 66 f.

Irmgard Weithase: Die Darstellung von Krieg und Frieden in der dt. Barockdichtung. 1953.

Heins (wie S. 69)

Schottelius

Justus Georg Schottelius: 1612–1676. Ein Teutscher Gelehrter am Wolfenbütteler Hof. Ausstellung der Herzog August Bibliothek Wolfenbüttel 1976/77, hrsg. von Jörg Jochen Berns unter Mitarbeit von Wolfgang Borm. 1976.

Jörg Jochen Berns: ›Theatralische neue Vorstellung von der Maria Magdalena‹. Ein Zeugnis für die Zusammenarbeit von Justus Georg Schottelius und Heinrich Schütz. In: Schütz-Jahrbuch 2. 1980. S. 120 ff.

Friedrich Ernst Koldewey: Justus Georg Schottelius. Ein Beitrag zur Geschichte der Germanistik. 1899 (Sonderabdruck aus: Zs. für den dt. Unterricht 13. 1899. S. 81 ff.)

Heins (wie S. 69)

Gryphius/Die Wittekinden

Gernot Uwe Gabel: Andreas Gryphius. Piastus, Majuma. Ein Wortindex. 1972.

Dietrich Walter Jöns: Majuma, Piastus. In: Kaiser: Dramen S. 285 ff.

Aikin: Drama, *Flemming:* Festspiel, *Höfer* (wie S. 43)

Oratorum/Klaj

Albin Franz: Johann Klaj: Ein Beitrag zur dt. Literaturgeschichte des 17. Jh.s. Diss. Marburg 1908.
Arnold Schering: Geschichte des Oratoriums. 1911.
Günther Müller: Geschichte des dt. Liedes vom Zeitalter des Barock bis zur Gegenwart. 1925.
Hellmuth Christian Wolff: Georg Philipp Telemann und die Hamburger Oper. In: Beiträge zu einem neuen Telemannbild. Konferenzbericht der 1. Magdeburger Telemann-Festtage vom 3. bis 5. November 1962. 1963. S. 38 ff.
Faber du Faur (wie S. 13), *Olsen:* Postel 1973, *Olsen:* Postel-Bibliographie 1974.
Elisabeth Görlich: Die geistlichen Spiele des Johann Klaj. Diss. Wien 1967 [Masch.]
Conrad Wiedemann: Johann Klaj und seine Redeoratorien. 1966.

Singspiel/Oper

Texte:

Wer in Liebesfrüchten wehlet [. . .] 101 komische Arien der Hamburger Barockoper (1678-1738), hrsg. und erläutert von Eberhard Haufe. 1973.
Flemming: Oper

Katalog:

E. Thiel und *G. Rohr* (Hrsg.): Libretti. Verzeichnis der bis 1800 erschienenen Textbücher. 1970 (Kataloge der Herzog August Bibliothek Wolfenbüttel. Die neue Reihe. Bd. 14)

Allgemeines:

Anton Bauer: Opern und Operetten in Wien: Verzeichnis ihrer Erstaufführungen in der Zeit von 1629 bis zur Gegenwart. 1955.
Pierre Béhar: Anton Ulrichs Ballette und Singspiele. Zum Problem ihrer Form und ihrer Bedeutung in der Geschichte der dt. Barockdramatik. In: Daphnis 10. 1981. S. 775 ff.
Johannes Bolte: Die Singspiele der englischen Komödianten und ihrer Nachfolger in Dtld., Holland und Skandinavien. 1893, n. 1977 (Theatergeschichtliche Forschungen Bd. 7)
Hans Heinrich Borcherdt: Beiträge zur Geschichte der Oper und des Schauspiels in Schlesien bis zum Jahre 1740. In: Zs. des Vereins für Geschichte Schlesiens 43. 1909. S. 217 ff.
Friedrich Chrysander: Geschichte der Braunschweig-Wolfenbütteler Kapelle und Oper vom 16. bis zum 18. Jh. In: Jahrbücher für musikalische Wissenschaft 1. 1863. S. 147 ff.
Margret Dietrich: Goldene Vlies-Opern der Barockzeit. Ihre politische Bedeutung und ihr Publikum. 1975. Wiederabdruck aus: Anzeiger

der Österreichischen Akademie der Wissenschaften, Philologisch-historische Klasse. 111. 1974. S. 469 ff,

Gloria Flaherty: Opera in the development of German critical thought. 1978.

Eberhard Haufe: Die Behandlung der antiken Mythologie in den Textbüchern der Hamburger Oper 1678–1738. Diss. Jena 1964 [Masch.]

Wolfgang Huber: Das Textbuch der frühdeutschen Oper: Untersuchungen über literarische Voraussetzungen und stoffliche Grundlagen und Quellen. Diss. München 1957.

Klaus Günther Just: Das dt. Opernlibretto. In: Poetica 7. 1975. S. 203 ff.

Hans-Albrecht Koch: Das dt. Singspiel. 1974 (SM 133)

Michael Kraussold: Geist und Stoff der Operndichtung. Eine Dramaturgie in Umrissen. 1931.

Frederick Robert Lehmeyer: The ›Singspiele‹ of Anton Ulrich von Braunschweig. Diss. Berkeley 1971 [Masch.]

Silke Leopold: Das geistliche Libretto im 17. Jh. Zur Gattungsgeschichte der frühen Oper. In: Die Musikforschung 31. 1978. S. 245 ff.

Dian Igor [= John D.] Lindberg: Literary Aspects of German Baroque Opera: History, Theory, and Practice (Christian H. Postel and Barthold Feind). Diss. University of California at Los Angeles (UCLA) 1964 [Masch.]

Klaus-Dieter Link: Literarische Perspektiven des Opernlibrettos. 1974.

Arthur Scherle: Das dt. Opernlibretto von Opitz bis Hofmannsthal. Diss. München 1954.

Hans M. Schletterer: Das dt. Singspiel von seinen ersten Anfängen bis auf die neueste Zeit. 1863, n. 1975.

Ders.: Die Entstehung der Oper. 1873.

Walter Schulze: Die Quellen der Hamburger Oper (1678–1738). Bibliographisch-statistische Studie zur Geschichte der ersten stehenden dt. Oper. 1938.

Michael Stickler: Opernhafte Bestände im Barockdrama der dt. Jesuiten. Diss. Wien 1937 [Masch.]

Hellmuth Christian Wolff: Die Barockoper in Hamburg 1678 bis 1738. 2 Bde. 1957.

Brockpähler: Handbuch, *Olsen:* Postel

Opitz

Otto Baltzer: Judith in der dt. Literatur. 1929.

Hugo Max: Martin Opitz als geistlicher Dichter. 1931.

Anton Mayer: Zu Opitz' Dafne. In: Euph. 18. 1911. S. 754 ff.

Ders.: Quelle und Entstehung von Opitzens Judith. In: Euph. 20. 1913. S. 39 ff.

Bernhard Ulmer: Martin Opitz. 1971 (TWAS 140)

Ders.: Opitz' Judith Reviewed. In: Traditions and Transitions. Studies in honor of Harold Jantz, hrsg. von Lieselotte E. Kurth, William H. McClain und Holger Homann. 1972. S. 55 ff.

Borcherdt (wie S. 166).

Harsdörffer/Staden

Hans Druener: Sigismund Theophil Staden (1607–1655): Ein Beitrag zur Erforschung von Leben und Werk. Diss. Bonn 1946 [Masch.]

Joseph Leighton: Die Wolfenbütteler Aufführung von Harsdörffers und Stadens ›Seelewig‹ im Jahre 1654. In: Wolfenbütteler Beiträge 3. 1978. S. 115 ff.

Peter Keller: Die Oper Seelewig von Sigmund Theophil Staden und Georg Philipp Harsdörffer. 1977.

Anton Ulrich

Wolfgang Bender: Herzog Anton Ulrich von Braunschweig. Biographie und Bibliographie zu seinem 250. Todestag. In: Philobiblon 8. 1964. S. 166 ff.

Frederick Robert Lehmeyer: Anton Ulrichs ›Andromeda‹ und ihre Quellen. In: Europäische Tradition S. 259 ff.

Étienne Mazingue: Anton Ulrich, duc de Braunschweig-Wolfenbüttel. 1633–1714. Un prince romancier au XVIIe siècle. Bd. 1. 1974. S. 262 ff.

Ferdinand Sonnenburg: Herzog Anton Ulrich von Braunschweig als Dichter. 1896.

Acta Nicolaitana (wie S. 144), *Lehmeyer* 1971 (wie S. 167)

Postel/Bressand/Feind

Friedrich Chrysander: G. F. Händel. Bd. 1. 1858. S. 88 ff.

S. Edgar Schmidt: German librettos and librettists from Postels ›Psyche‹ (1701) to Schikaneder's ›Zauberflöte‹ (1794). Diss. Berkeley 1950 [Masch.]

Lindberg 1964 (wie S. 167), *G. Müller* 1925 (wie S. 166), *Olsen:* Postel (wie S. 45), *Olsen:* Postel-Bibliographie *Wolff* (wie S. 167)

Heinz Degen: Friedrich Christian Bressand: Ein Beitrag zur Braunschweig-Wolfenbütteler Theatergeschichte. In: Jahrbuch des Braunschweigischen Geschichts-Vereins NF 7. 1936. S. 73 ff.

7. Dramenproduktion; Autor, Verleger, Publikum

Dramenproduktion

Eine umfassende Bibliographie der barocken Literatur etwa im Sinne eines Pollard/Redgrave- oder Wing-Katalogs fehlt für das deutschsprachige Gebiet. Um den Umfang der damaligen Buch- bzw. Dramenproduktion festzustellen, muß man sich mit den im 16. Jh. entstandenen Frankfurter und Leipziger Meßkatalogen zufriedengeben. Die daraus von Schwetschke gewonnene Statistik, die sich vor kurzem aufgrund Düsterdiecks

Nachforschungen als fehlerhaft und unvollständig erwies (Düsterdieck S. 183), liegt dem Standardwerk von Kapp/Goldfriedrich (einschließlich Zarnckes Tabellen im Anhang zu Kapp Bd. 1 S. 786 ff.) zugrunde. Außerdem zeigen die Meßkataloge, die in der zweiten Jahrhunderthälfte den Rückgang der Buchproduktion – als Folge des Dreißigjährigen Krieges – eindeutig registrieren, keineswegs die gesamte Buchproduktion. Darüber hinaus ist nur die Hälfte der in den Meßkatalogen angekündigten Titel heute noch erhalten, wobei auch unbekannt ist, wieviele Titel (z. B. Samuel Hunds Schäferspiel *Le Cil* [Cid?] 1645) tatsächlich erschienen.

Die Anordnung nach Universitätsfächern in den Meßkatalogen und das Vorherrschen der latein. Sprache fast bis zum Ende des 17. Jh.s weisen darauf hin, daß die auf den Messen verkauften Bücher von Gelehrten für Gelehrte geschrieben worden waren (Beier S. 5, Goldfriedrich Bd. 2 S. 14, Trunz S. 153). Der Anteil der schönen Literatur, die nach Goldfriedrich »nur in Anfängen vorhanden« (Bd. 2 S. 28 ff.) war, machte 1625 lediglich 5,4% der verzeichneten Titel aus und war 1700 auf 2,8% herabgesunken (Goldfriedrich Bd. 2 S. 17). An Arbeiten, die »das Verhältnis zwischen Literatur und Buchwesen aus *literaturgeschichtlichem* Interesse ins Auge fassen« (Wagenknecht S. 463), fehlt es sehr. In dieser Hinsicht schneidet der Roman wesentlich besser ab als das Drama, über dessen Produktion im 17. Jh. fast keine Statistiken vorliegen.

Um den Umfang dieser Produktion für einen bestimmten Zeitraum festzustellen, darf man sich auf die Meßkataloge nicht ganz verlassen, da die Namen berühmterer Dichter wie Gryphius oft fehlen. Hinzuzuziehen wären die älteren Allgemeinbibliographien von Georgi (*Allgemeines europäisches Lexikon*), Brunet (*Manuel du libraire*), Graesse (Trésor de livres rares et précieux), Ebert (*Allgemeines bibliographisches Lexikon*) sowie Wilpert/Gührings *Erstausgaben dt. Dichtung* (1967) und die gedruckten Bibliothekskataloge. Ähnlich interessant wäre eine statistische Untersuchung der deutsch- und lateinsprachigen Dramen sowie der Kriterien, die zur Drucklegung eines Dramas führten, besonders angesichts der Tatsache, daß Tausende von Schuldramen nie gedruckt wurden (Hess S. 47).

Über die Auflagenhöhen der verschiedenen Dramen sind wir, wenn überhaupt, nur schlecht informiert. Im Durchschnitt scheint eine Auflage 600 bis 1200 Exemplare betragen zu haben (vgl. Breuer 1979 S. 107, Rieck 1965 S. 218). Die latein. Terenz-Ausgabe (1619) von N. Pompejus hatte eine Auflage von 1040

Exemplaren zu fünf Groschen das Stück (Dünnhaupt Sp. 907 f.).
In den nächsten zwei Jahren wurde fast die Hälfte der Exemplare verkauft. Eine Plautus-Ausgabe desselben Jahres (1050
Exemplare zu 18 Groschen pro Stück) konnte es aber nicht so
weit bringen. Bis 1621 fanden nur 145 Exemplare ihren Weg aus
der Köthener Druckerei (Dünnhaupt Sp. 910). Das erste
Schlampampe-Drama von Reuter erschien in einer Auflage von
600 Exemplaren beim Verleger Heybey in Leipzig und war
schnell ausverkauft bzw. vom Fiskal Bittdorf beschlagnahmt
(Seuffert S. 55 f.). Ein zweites Schlampampe-Drama, dessen
Auflage 1200 Exemplare betrug, setzte sich auch sehr schnell ab
(Zarncke 1884 S. 530).

Die meisten Dramen hatten eine einzige Auflage; in einigen
Fällen, in denen die Nachfrage wahrscheinlich nicht besonders
hoch war, erschien eine zweite Ausgabe mit neuem Titelblatt
(z. B. Kormarts *Poyeuctus*-Bearbeitung von 1673). Nur wenige
Stücke wurden öfters als dreimal nachgedruckt: es handelt sich
hier um die Dramen von Gryphius und Lohenstein, die Opern
von Postel und einige wenige Titel von Rist (*Das Friedewünschende Teutschland*), Bressand (*Orpheus und Eurydice*), Hallmann (*Adonis und Rosibella*) und Weise (*Der bäuerische Machiavellus, Masaniello*).

Autor

Da schon beim Versuch, die Entstehungszeit der meisten
Dramen von Gryphius und Lohenstein festzustellen, die Meinungen der Forscher auseinandergehen (Mannack: Gryphius
S. 40 ff., Aikin: Drama S. 21 ff.), sollte es nicht überraschen,
daß über die Entstehungsgeschichte der einzelnen Dramen äußerst wenig vorliegt. Aufgrund vereinzelter Autorenaussagen
wissen wir, daß Rist sein Stück *Das Friedewünschende Teutschland* in acht Tagen niederschrieb. Lohenstein dagegen brauchte
drei Monate zur Abfassung seines Trauerspiels *Cleopatra*. Doch
ist den Vorreden zu diesen Dramen ab und zu mit gesunder
Skepsis zu begegnen, wie uns die *Praemonitio* zur Bidermann-Ausgabe (1666) lehrt (Valentin 1970 S. 210, Hess S. 37).

Die erhaltenen Dramenmanuskripte, darunter die vom 11. 3.
1650 datierte Marburger Handschrift des *Carolus Stuardus*, die
möglicherweise vom Verfasser selbst korrigiert wurde und die
im wesentlichen dem gedruckten Text von 1657 entspricht
(Mannack: Gryphius S. 48), sind fast immer Abschriften des
Originals und gewähren höchst interessante Einblicke in den

damaligen Schaffensprozeß. Man denke hier an die Schüler, die im Rahmen des Rhetorikbetriebs entweder selbst als Dramenverfasser hervortraten (Lohenstein, Günther) oder dem Lehrer-Dichter-Regisseur als Mitschreibende beistanden (Alexander S. 54). Oder man denke an die Rolle der (geistlichen) Zensurbehörde und deren Einfluß auf den religiös-politischen Gehalt (Breuer 1976 S. 476 ff., 1979 S. 22 ff.) der Dramen. Daß Gryphius' *Piastus* erst als Teil des Nachlasses gedruckt wurde, könnte auf eine kirchliche Ablehnung zurückgehen (Jöns S. 296 ff.).

Viel konkreter lassen sich die Intentionen eines Autors erkennen, wenn die umgearbeitete Fassung eines Dramas neben dem Original vorliegt (z. B. Gryphius' *Carolus Stuardus* von 1657 und 1663). Hier geht es um den Versuch, die (heils)geschichtliche Faktizität (Powell S. 118) noch schärfer zu profilieren (Schöne: Emblematik S. 143 ff., Habersetzer S. 303, Alexander 1974 S. 204).

Verleger

Sowohl das Verlagswesen als auch das Verhältnis zwischen Dramatiker und Verleger (Buchhändler, Buchdrucker) im 17. Jh. sind bis heute nur unzulänglich erforscht worden. Um diese Situation wesentlich zu verbessern, müßte man nicht nur die vorhandenen Tagebücher und Briefsammlungen barocker Literaten durchsuchen, sondern auch die wohl sehr ergiebigen Rats-, Gerichts- und Bücherkommission-Protokolle.

Auch wenn man noch nicht imstande ist, die jeweilige Verlagspolitik zu durchschauen (eine Ausnahme bildet Oldenbourgs Buch über den Endter-Verlag in Nürnberg), scheint eine Entscheidung des Verlegers, ein Manuskript zu veröffentlichen, überwiegend von rein geschäftlichen Erwägungen abzuhängen. Nach Goldfriedrich (Bd. 2 S. 402) war der Büchermarkt mehr an die Händler gerichtet als an den Leser. Damit hatte der Verleger »in seiner Eigenschaft als Sortimenter einen im 20. Jh. kaum noch bekannten regulativen Einfluß auf das literarische Leben der Zeit« (Wagenknecht S. 467).

Gefragt wurden in erster Linie die altbewährten Bücher oder die schon bewährten Autoren (Goldfriedrich Bd. 2 S. 33). Abgewiesen wurden noch unbekannte Schriftsteller (z. B. Theodor Rhode – vgl. Grün-Riesel Diss. 1929 S. 227), die sich immer wieder über die Sprödigkeit und Gewinnsucht der Verleger verbittert äußerten (Fritsch S. 38 f.). Sie mußten öfters ihre Dramen(bearbeitungen) auf eigene Kosten im Selbstverlag drucken (z. B. Meichels *Cenodoxus*-Übersetzung, Hallmanns *Liberata*) und auf den Messen verteilen lassen (z. B. Isaac Clauß' *Teutsche Schaubühne* 1655).

Das Druckverfahren selbst scheint ein sehr langwieriges Unterfangen gewesen zu sein. Nach der Abfassung und Aufführung des Textes konnte es jahrelang dauern, bis das Drama in gedruckter Fassung vorlag. Es passierte auch oft, daß der Verleger die Drucklegung unterbrach, um ertragsreichere Literaturformen erscheinen zu lassen. Ein bekanntes Beispiel liefern die Dramen Gryphius', die erst sechs oder sieben Jahre nach der Entstehung veröffentlicht wurden. Eine Untersuchung des Lischke-Verlags, der 1656 nur ein Werk druckte (Benzing S. 1203), könnte viel Licht auf das Verhältnis zwischen Dramatiker und Verleger werfen, besonders weil Lischke zwei Jahre später mit Veit Treschler zusammenarbeitete, um die 1657 Gesamtausgabe von Gryphius' Werken unter neuem Titel herauszugeben.

Ein zweiter Grund für die Verzögerung wäre wohl auch die noch nicht genügend erforschte Rolle der Zensurbehörde (Magistrat, Konsistorium, Bücherkommission, Universität), die, bevor sie die Druckerlaubnis (oder Imprimatur) gab, die Handschrift durchlas und ›korrigierte‹.

Daß Dramen anonym oder pseudonym mit fiktivem (oder gar keinem) Druckort und Verlag erschienen, erklärt sich einerseits aus dem Versuch, der betreffenden Behörde aus dem Wege zu gehen (ein Beispiel liefert die Ch. Kormart zugeschriebene Lustspielbearbeitung *Timocrates* [1683], die im Leipziger Meßkatalog für Herbst 1682 angekündigt ist und die durch derbe Erotik und die Thematisierung eines aktuellen Konflikts zwischen Adel und Bürgertum in Dresden gekennzeichnet ist). Andererseits publizierte Gryphius sein Possenspiel *Peter Squentz*, das das Zunftwesen persifliert, anonym, wohl aus Respekt vor der politisch-ökonomischen Macht dieser sozialen Schicht in Glogau (Elsner S. 221).

Außerdem ist sehr interessant, daß die große Mehrheit der Barockdramen nicht mit einem kaiserlichen oder kurfürstlichen Privileg versehen ist, das den Verleger und den Autor gewissermaßen gegen den seit dem Dreißigjährigen Krieg gedeihenden Nachdruck-Betrieb hätte beschützen können. Eingedenk der Tatsache, daß Gryphius' *Leo Armenius* schon zweimal vor der ersten rechtmäßigen Auflage gedruckt wurde, ist das für den modernen Leser besonders erstaunlich.

Das Honorarsystem im Barock war auch etwas anders als heute. Der Verfasser erhielt ein (sehr) bescheidenes einmaliges Bogenhonorar und 15 bis 25 Freiexemplare oder nur Freiexemplare (rund 100 oder 10% einer typischen Auflage), die er wiederum verkaufen oder (an Schauspielprinzipale) verschenken durfte (Krieg S. 82 f.), aber oft mit der Voraussetzung, daß er diese ungebundenen Bücher nicht unter dem vom Verleger gesetzten Marktpreis absetzte. Es sei außerdem an dieser Stelle angemerkt, daß auch die in den Widmungen gewürdigten Honoratioren den Autor häufig mit Bargeld beschenkten. Im Mai 1700 erhielt Hallmann für die Dedikation seines Stückes *Liberata* die Summe von 60 Gulden von den schlesischen Landständen und die Mahnung »daß derselbe [Hallmann] ins Künfftige mit dergleichen Dedicationen die Fürsten und Stände verschonen solle« (zitiert nach Richter: Liebeskampf S. 176).

Publikum

Das Verhältnis zwischen Autor/Verleger und Publikum hat Steinhagen treffend formuliert: »Die literarischen Interessen des Publikums sind ebenso abhängig von der Produktion, sofern diese die Interessen prägt, wie umgekehrt die Produktion von den Interessen des Publikums, sofern diese die Produktion beeinflussen« (S. 154). Da der Verfasser seinem Publikum gefallen will (Bruford S. 15), muß er beim Schreiben dessen Erwartungshorizont (Religion, Ethik, Politik, Ästhetik) mit einbeziehen. Über die Bedeutung des Publikums, sofern es den Entstehungspozeß betrifft, ist man seit Mukařovský (Martino: Rezeption S. 9), Bruford und den dt. Wissenschaftlern Simmel, Viëtor und Kindermann einig. Eine ausschlaggebende Rolle könnte die Publikumsforschung in kontroversen Fällen spielen, z. B. in der Frage, ob Lohensteins Dramen die theologische Weltanschauung des Barock widerspiegeln oder nicht.

Da die gedruckten Quellen (Dramenvorreden, Stadtchroniken, Theatergeschichten) sowie die Archivalien (Briefe, Tagebücher, Jahresberichte des Jesuitenordens) noch nicht systematisch ausgewertet sind, bleibt eine Analyse des barocken Publikums vorläufig unmöglich. Über einzelne Autoren hat man zwar geschrieben, aber die Rekonstruierung eines historischen Publikums bleibt, wie Zeller in seiner Weise-Studie zugeben mußte, »eine schlechterdings unlösbare Aufgabe« (S. 164). Neben den spärlichen Kommentaren bei Roethe, Flemming und Trunz steht der informative Aufsatz von Martino (1976), dessen Resultate im Lohenstein-Buch (1978) wiedergegeben wurden.

Im Grunde genommen unterscheidet man zwischen dem großen Publikum, das überwiegend leseunkundig war (Engelsing 1973 S. 49) und sich fast ausschließlich für reine Unterhaltung interessierte, und dem kleinen, literarisch interessierten (Lese-) Publikum, das aus gebildeten Adeligen und Patriziern bestand, d. h. aus den lateinkundigen ›Gelehrten‹, die eine Gymnasial- bzw. Universitätsausbildung abgeschlossen hatten. Von diesen Gelehrten, deren Zahl im Durchschnitt 60 000 betrug (Martino 1976 S. 111), lasen nur wenige tausend belletristische Werke. Sie waren zugleich Produzenten und Konsumenten (Goldfriedrich Bd. 2 S. 14) und bildeten die nobilitas oder respublica literaria, die sich durch »soziale Exklusivität, Distanzierung vom ›Pöbel‹, Eindringen in den Adelsbereich, Bindung an einen Kreis gelehrter Kenner, enzyklopädisch-polyhistorischer Zielsetzung« (Barner: Barockrhetorik S. 238) auszeichneten.

Die in den Dramenwidmungen genannten Gönner, überwiegend Adelige, hatten vor allem nur ein dilettantisches Interesse an der Literatur (vgl. Habermas S. 49). Diese Patronen, Leser und Zuschauer bildeten aber das ideale Publikum für Lohenstein (Martino: Rezeption S. 156) und viele andere Dramatiker. Sie und die wohlhabenden Bürger waren die einzigen mit der nötigen Bildung und Geld, um sich die hohen Bücherpreise leisten zu können. Vorwiegend in den Bibliotheken der Adeligen (Herzog August der Jüngere von Braunschweig-Wolfenbüttel, Herzog Heinrich von Römhild, Herzog Georg Wilhelm von Liegnitz, Baron Christoph Wenzel von Nostitz), aber auch in vereinzelten bürgerlichen Nachlässen (z. B. von Holtzschuher, Hermann von Post) finden sich neben den latein. Dramen von Terenz, Plautus, Bidermann und Avancini die Trauer- und Lustspiele von Rist, Gryphius, Lohenstein und gelegentlich Weise (Engelsing 1961 Sp. 244 ff., 1974 S. 30, 78; Martino 1976 S. 118).

Besonders stolz waren die Dramatiker auf die adeligen Zuschauer, die aufgrund des damaligen ständischen Denkens (Trunz S. 50) dem Range nach erwähnt werden. Für den Herzog von Brieg gab es 1661 eine Schul-Aufführung von Gryphius' *Cardenio und Celinde* und Lohensteins *Cleopatra* (Hippe S. 185 ff.). Ebenfalls von Schülern inszeniert wurde Opitz' *Judith* in der Stadtwohnung des Herzogs von Oels (Spellerberg S. 64). Das Breslauer Publikum, über das wir nicht näher informiert sind, bestand nach Arletius (S. v) aus »Fürsten, Freiher-

ren, Edelleute(n) und andere(n) wackere(n) Bürger(n)«, unter
ihnen Mütter und Schwestern der Schüler-Schauspieler. Nur
selten findet man in Schlesien einen königlichen Gast wie
Johann Kasimir von Polen, der 1655 in Oberglogau einer Pas-
sionsdarstellung beiwohnte (Alexander S. 55). Auch auf der
Wanderbühne wurden schlesische Kunstdramen aufgeführt. In
den 1660er Jahren sahen der Senator Georg Schröder in Danzig
und Sigmund von Birken in Nürnberg eine Inszenierung von
Lohensteins *Ibrahim Bassa* durch die Paulsen-Truppe (Rudin
S. 55).

Die Dramatiker selbst, meistens juristisch bzw. theologisch
ausgebildet, gehören der Beamtenschicht an (Flemming 1937
S. 38, Dachs S. 64) und entstammen größtenteils dem Adel (Anton Ulrich, Haugwitz, Avancini; Opitz, Gryphius, Birken, Lohenstein) oder dem Patriziat (Rist, Harsdörffer, Prasch, Lange). Sie sind »notwendig herrschaftsorientiert« (Wiedemann:
Barocksprache S. 40), d. h. christlich absolutistisch gesinnt
(Wiedemann: Barocksprache S. 32) und verherrlichen die Werte
einer idealisierten Hofgesellschaft (Kindermann S. 21, Martino
1976 S. 131).

Das Publikum der Wanderbühne und des Schuldramas war
viel größer als das des schlesischen Kunstdramas und stellt einen
Querschnitt der sozialen Schichten dar. Rist z. B. berichtet, daß
einige tausend Zuschauer, unter ihnen gemeine Menschen und
»Hertzoge, Pfalzgraffen, Fürsten, Graffen, Freiherren, Edel-
leute und andere mehr treffliche Leute« (zitiert nach Hansen
S. 93), bei einer Aufführung des Festspiels *Das Friedewünschende Teutschland* 1647 in Hamburg anwesend gewesen waren. Dasselbe Publikum findet man bei öffentlichen Darstellungen des protestantischen und des jesuitischen Schuldramas.

Hess, der die ›Bekehrungen‹ der Zuschauer in der *Cenodoxus*-Vorrede von 1666 als unhistorisch betrachtet, d. h. als eine
Art rhetorischer Strategie zur Einprägung einer idealen Haltung, unterscheidet wie Barner und Zeller zwischen den Schau-
spieler-Schülern, die sich in der Latinität, Rhetorik und den
»exemplarische(n) Rollen und moralische(n) Haltungen« (Hess
S. 54) einüben mußten, und dem Theaterpublikum, das aus
»fürstliche(n) Männer(n) und Frauen, Gelehrte(n) ersten Ran-
ges, d(er) größere(n) Herde der Halbgebildeten [. . .] und
schließlich der Masse« (S. 45) bestand. Auch die Sitzordnung im
Theater spiegelt die ständischen Verhältnisse wider (Hess S. 43).
Das stimmt auch für die nichtaristotelische Mischung von Tragik und Komik, die durch Tränen eine ›Bekehrung‹ der Adeli-

gen und durch Gelächter die Unterhaltung des gemeinen Volkes erzielen sollte (Hess S. 37 ff.).

Ähnliches gilt für das protestantische Schuldrama von Weise, der wie die Schlesier die dt. Sprache verwendete und eine »generelle Öffnung des Schultheaters auf ein breites Publikum hin« intendierte (Zeller S. 187). Wie beim Jesuitendrama war das »strapazierbare Publikum aus überwiegend Eltern und Verwandten« (Rudin S. 53) wahrscheinlich ein treues soziales Spiegelbild der Zittauer Schülerschaft. Eine Untersuchung der Schulklassenlisten wäre für die Publikumsforschung wohl sehr ergiebig.

Texte:

Ahasverus Fritsch: Abhandlungen von denen Buchdruckern/Buchhändlern/Papiermachern und Buchbindern. 1750.
Adrian Beier: Kurtzer Bericht von Der Nützlichen und Fürtrefflichen Buch-Handlung und Dersoselben Privilegien. 1690.

Literatur:

R. J. Alexander: Das Jesuitentheater in Schlesien: Eine Übersicht. In: Funde und Befunde zur schlesischen Theatergeschichte. Bd. 1. Hrsg. von Bärbel Rudin. S. 33 ff.
J. C. Arletius: Historischer Entwurf von den Verdiensten der evangelischen Gymnasien um die dt. Schaubühne. 1762.
Josef Benzing: Die Buchdrucker des 16. und 17. Jh.s. im dt. Sprachgebiet. 1963.
Ders.: Die dt. Verleger des 16. und 17. Jh.s. In: AGB. 18. 1977. Sp. 1077 ff.
Elger Blühm: Zeitung und literarisches Leben im 17. Jh. In: Stadt – Schule [. . .] S. 492 ff.
Dieter Breuer: Zensur und Literaturpolitik in den dt. Territorialstaaten des 17. Jh.s am Beispiel Bayerns. In: Stadt – Schule [. . .] S. 470 ff.
Ders.: Oberdeutsche Literatur 1565–1650. Dt. Literaturgeschichte und Territorialgeschichte in frühabsolutistischer Zeit. 1979.
Walter Horace Bruford: Über Wesen und Notwendigkeit der Publikumsforschung. In: MuK. 1. 1955. S. 148 ff.
Gerhard Dünnhaupt: Die Fürstliche Druckerei zu Köthen. Ein Beitrag zum 400. Geburtstage des Fürsten Ludwig von Anhalt-Köthen (1597–1650). In: AGB. 20. 1979. Sp. 895 ff.
Peter Düsterdieck: Buchproduktion im 17. Jh. Eine Analyse der Meßkataloge für die Jahre 1637 und 1658. In: AGB. 14. 1973/74. Sp. 163 ff.
Gabriele Eckhard: Das dt. Buch im Zeitalter des Barock. 1930.
Rolf Engelsing: Der Bürger als Leser. Die Bildung der protestantischen Bevölkerung im 17. und 18. am Beispiel Bremens. In: AGB. 3. 1961. Sp. 205 ff.

Ders.: Die Perioden der Lesergeschichte in der Neuzeit. In: AGB. 10. 1970. Sp. 945 ff.

Ders.: Analphabetentum und Lektüre. Zur Sozialgeschichte des Lesens in Dtld. zwischen feudaler und industrieller Gesellschaft. 1973.

Ders.: Der Bürger als Leser. Lesergeschichte in Dtld. 1500–1800. 1974.

Willi Flemming: Dt. Kultur im Zeitalter des Barock. 1937.

Klaus Garber: Der Autor im 17. Jh. In: Lili, Zs. für Literaturwissenschaft und Linguistik 11. 1981. S. 19 ff.

Johann Goldfriedrich: Geschichte des Deutschen Buchhandels vom Westfälischen Frieden bis zum Beginn der klassischen Literaturperiode (1648–1740). 1908 (siehe Kapp für Bd. 1)

Jürgen Habermas: Strukturwandel der Öffentlichkeit. ³1968.

Theodor Hansen: Johann Rist und seine Zeit. Halle 1872, n. 1973.

Günter Hess: Spectator – Lector – Actor. Zum Publikum von Jakob Bidermanns ›Cenodoxus‹. In: Internationales Archiv für Sozialgeschichte der dt. Literatur 1. 1976. S. 30 ff.

Max Hippe: Aus dem Tagebuch eines Breslauer Schulmannes im siebzehnten Jh. In: Zs. des Vereins für Geschichte und Altertum Schlesiens 36. 1901. S. 159 ff.

Friedrich Kapp: Geschichte des Deutschen Buchhandels. 4 Bde. 1886–1913 (siehe Goldfriedrich für die Bde. 2–4)

Heinz Kindermann: Aufgaben und Grenzen der Theaterwissenschaft. In: Wissenschaft und Weltbild 6. 1955. S. 325 ff.

Ders.: Die Funktion des Publikums im Theater. In: Sitzungsberichte der Österreichischen Akademie der Wissenschaften, Philologisch-historische Klasse 273, 3. 1971. S. 3 ff.

Walter Krieg: Materialien zu einer Entwicklungsgeschichte der Bücher-Preise und des Autoren-Honorars vom 15. bis zum 20. Jh. 1953.

Alberto Martino: Barockpoesie, Publikum und Verbürgerlichung der literarischen Intelligenz. In: Internationales Archiv für Sozialgeschichte der dt. Literatur 1. 1976. S. 107 ff.

Friedrich Oldenbourg: Die Endter, eine Nürnberger Buchhändlerfamilie (1590–1740). 1911.

Perceval Hugh Powell: The two versions of Andreas Gryphius' ›Carolus Stuardus‹. In: GLL NS 5. 1951/52. S. 110 ff.

Bärbel Rudin: Dt. Theater nach dem Westfälischen Frieden – Zwanzig Jahre des Aufbaus. In: Zu Epicharis S. 50 ff.

Gustav Schwetschke: Codex nundinarius Germaniae literatae bisecularis, Meß-Jahrbücher des dt. Buchhandels von dem Erscheinen des ersten Meß-Katalogs im Jahre 1564 bis zu der Gründung des ersten Buchhändler-Vereins im Jahre 1765. 1850.

Bernhard Seuffert: Besprechung zu Zarnckes Reuter-Monographie. In: Anzeiger für dt. Alterthum und dt. Litteratur 12. 1886. S. 55.

Gerhard Spellerberg: Das schlesische Barockdrama und das Breslauer Schultheater. In: Zu Epicharis S. 58 ff.

Erich Trunz: Der dt. Späthumanismus um 1600 als Standeskultur. In: Dt. Barockforschung, hrsg. von Richard Alewyn. 1970. S. 147 ff.

Peter Ukena: Buchanzeigen in den dt. Zeitungen des 17. Jh.s. In: Stadt-Schule [. . .] S. 506 ff.

Jean-Marie Valentin: A propos d'une réédition récente du théâtre de Bidermann. Données nouvelles sur les manuscrits de l'auteur: Cenodoxus, Belisarius, Macarius Romanus. In: EG. 25. 1970. S. 208 ff.

Karl Viëtor: Probleme der dt. Barockliteratur. 1928.

Christian Wagenknecht: Einführendes Referat zum Rahmenthema: Buchwesen und Literatur im 17. Jh. In: Stadt – Schule [. . .] S. 461 ff.

Alexander 1983 (wie S. 176), *Asmuth:* Lohenstein, *Boberski* (wie S. 89), *Dachs* (wie S. 75), *Elsner* (wie S. 142), *Flemming:* Ordensdrama, *Habersetzer* (wie S. 131), *Hansen* (wie S. 176), *Jöns* (wie S. 165), *Lazarowicz* (wie S. 164), *H. Neumeister* (wie S. 69), *W. Richter:* Liebeskampf, *Schöne* 1968 *(Kaiser:* Dramen), *Skopnik* (wie S. 76), *Steinhagen* (wie S. 129), *Zeller* (wie S. 19).

Außer den Studien zur Rezeption der Barockliteratur in der
Wissenschaft, die sich entweder mit einem bestimmten Zeitraum (H.-H. Müller, Jaumann) oder Verfasser (Garber, Martino) beschäftigen, bleibt man über die Nachwirkungen des
Barockdramas im allgemeinen immer noch im Dunkeln. Ansätze zu einer Wirkungsgeschichte vereinzelter Dramatiker
liefern die Sammlung Metzler-Bände zu Gryphius (Mannack
S. 73 ff.), Lohenstein (Asmuth S. 69 ff.) und Reuter (Hecht
S. 59 f.).

Als die beiden großen (stilistischen) Vorbilder für das dt.
Drama des 17. Jh.s galten Gryphius und der jüngere, von ihm
beeinflußte Lohenstein (Mannack: Gryphius S. 74 ff.). Von den
Zeitgenossen wurden sie bis ungefähr 1730 überschwenglich als
der dt. Euripides, Sophokles oder Seneca gefeiert (Mannack:
Gryphius S. 79, Asmuth: Lohenstein S. 69, Martino: Rezeption
S. 179). Ihre Trauerspiele bildeten für Hallmann (Kolitz S. 48,
Spellerberg S. 191 ff.), Haugwitz (Neumann S. 164 ff.), Kormart (Kölmel S. 42), Riemer (Kipka S. 144 ff.) und die Verfasser
der heute meist vergessenen Märtyrer- und Tyrannendramen
aus der ersten Hälfte des 18. Jh.s ein wahres Reservoir an Szenen, Personen, Motiven, Sentenzen und Wörtern.

Bis zum Erscheinen von Klopstocks *Messias* im Jahre 1748
(Martino: Rezeption S. 363) wurden Lohensteins Trauerspiele
öfters neu aufgelegt (Kettler S. 127, Martin S. 90) und auf der
Wanderbühne gespielt – ebenso wie Gryphius' Dramen, die
man entweder im Original oder als Prosabearbeitungen aufführte (Maraka S. 11 ff., Wright). Auf der Jesuitenbühne erschien 1733 eine *Papinianus*-Bearbeitung von Franz Neumayr,
die den »Wechsel vom barocken zum frühaufklärerischen Theater« (Habersetzer S. 265) repräsentiert. Viel geringer war die
Nachwirkung auf das Drama von Hallmann, dessen Heraclius-
Übersetzung von Heinrich Anselm von Zigler und Kliphausen
bearbeitet und dem Roman *Asiatische Banise* (1689) angehängt
wurde (Pfeiffer-Belli S. 482 f.). Zwischen 1710 und 1747 wurde
dieser Roman mehrmals dramatisiert oder veropert (Kettler
S. 115, Hoffmeister S. 181).

Schon gegen Ende des Jh.s aber setzte eine Reaktion gegen
den metapherreichen, gelehrten Stil der Schlesier ein. Weises
Kritik gilt nicht Gryphius, dessen Lustspiele ihm (und auch
dem Benediktiner Otto Aicher, der im Stück *Rosimunda*, 1676,
die Figur des Daradarumtarides übernahm – vgl. Boberski

S. 134) als Vorlagen für die Komödien *Tobias* und *Der politische Quacksalber* dienten (Eggert S. 345). Sie richtet sich vielmehr gegen Lohenstein, dessen hochtrabende Verse Weise durch einen nüchternen, klar verständlichen Prosastil ersetzte. In Städten wie Görlitz, Chemnitz und Annaberg wurden Weises Stücke neben Gryphius' *Peter Squentz*, dem Rudolstädter Festspiel *Der vermeinte Printz* und dem anonym erschienenen Possenspiel *Harlekins Hochzeit* wenigstens bis zur Mitte des 18. Jh.s immer wieder aufgeführt (eine Darstellung des *Bäuerischen Machiavellus* fand sogar 1782 in Annaberg statt – vgl. Eggert S. 334 ff.). Weder Weise noch Reuter, dessen Komödie *Graf Ehrenfried* 1700 in Leipzig über die Bretter ging (Zarncke S. 582) und dessen Schlampampe-Dramen 1750 neu aufgelegt wurden, scheinen die nachfolgende Literatur stark beeinflußt zu haben (Hecht S. 59). Auch einen gegenseitigen Einfluß der beiden Dramatiker dürfte man ausschließen. Die vier zwischen 1696 und 1711 anonym veröffentlichten Lustspiele greifen jedoch sicherlich auf Reuter (Ellinger S. 314 ff., Rieck S. 215 ff., Hecht S. 59) oder Weise (Zarncke S. 582, Rieck S. 218) zurück.

Noch zu erwähnen bleibt der sehr beliebte Dramatiker Rist, dessen Zwischenspiele in bäuerlicher Mundart – vor allem in *Irenaromachia* und *Perseus* (Floerke S. 2) – eine ganze Reihe von Stücken beeinflußten (Heins S. 32 ff., 64 ff.). Seine prosaisch-liedhaften Friedensschauspiele wurden von Gläser, Hadewig, Funcke, Bredow und anderen nachgeahmt (Bolte S. 159 ff., Flemming: Festspiel S. 126 f.).

Auch die so beliebte Figur des Pickelhering findet Mitte der sechziger Jahre ihren Weg in die literarisch anspruchsvolleren Dramen, die aber immer noch auf der Schul- oder Wanderbühne aufgeführt wurden (z. B. die Wanderbühnenfassung von *Papinianus*, die zwischen 1660 und 1677 entstanden war; die Geraer Bearbeitung von Kormarts *Polyeuctus*, 1669; Kormarts *Timocrates* 1683; die Rudolstädter Festspiele 1665/67 – hier als Scaramutz; die Lustspiele von Weise und die Operntexte von Bressand, Postel und dem jungen Feind).

Diese Gestalt verbannte aber Gottsched 1737 von der dt. Bühne, denn er wollte – als Nachfolger von Opitz, den er wie auch die Schweizer Bodmer und Breitinger als »Vater der dt. Dichtkunst« verehrte (zitiert nach Braunbehrens S. 13) – die dt. Dichtung im Lichte des französischen Klassizismus neubeleben und dabei eine einheitliche Kunstsprache schaffen (Braunbehrens S. 8).

In vielerlei Hinsicht setzte aber Gottsched die Barocktradition fort. Auf die Gemeinsamkeiten seiner literarischen Theorie mit den Barockpoetiken hat Kettler, der allzu einseitig diesen Aspekt betont, hingewiesen (S. 25 ff.). In seinem Trauerspiel *Der sterbende Cato* (1732) verdankt Gottsched dem schlesischen Kunstdrama Titelgebung, Versform, Stil und Tragödienauffassung (Arntzen S. 574 f.). Gottsched lobte auch Gryphius' *Leo Armenius* (Kettler S. 84), insbesondere die Lustspiele (Mannack: Gryphius S. 81), tadelte aber zugleich die Verwendung von Geistern (Mannack: Gryphius S. 80) und das emblematische Formprinzip (Schmidt S. 148 ff.). Er wäre sicherlich mit der Kritik seines Anhängers Mylius am metapherreichen, allegorisch-sententiösen Stil des Glogauer Syndikus einverstanden gewesen (Gottsched Bd. 8 S. 404 f.). Die fast exklusiv höfische Orientierung der schlesischen Trauerspiele wurde auch zugunsten eines ›gemischten‹ Protagonisten aus dem Bürgerstand – etwa Cato – getadelt (Braunbehrens S. 8, Martino: Rezeption S. 305, 316). Aus der Darstellung zweier sich gegenüberstehender Tendenzen innerhalb der Mittelklasse (Arntzen S. 573), die letzten Endes eine Versöhnung des Absolutismus mit dem Bürgertum beabsichtigt (Braunbehrens S. 15), ergibt sich im *Cato*-Drama »ein Trauerspiel des Bürgertums« (Arntzen S. 578), das die geänderte historische Situation widerspiegelt (Emrich S. 211). Noch weiter als Gottsched gehen Bodmer und Breitinger, die Gryphius einen Mangel an Maß und Höhe und die Unfähigkeit zur Affektdarstellung verwerfen (Schmidt S. 21 ff., Mannack: Gryphius S. 80 f.).

Lohenstein wurde ähnlich oder sogar noch schlechter behandelt, so daß er in der ersten Hälfte des 18. Jh.s, in der er immer noch als großes Vorbild für poetischen Stil und Geschmack galt (Burger S. 124, Martino: Rezeption S. 363), zugleich zum »Prellbock der Literaturkritik« (Asmuth: Lohenstein S. 73) wurde (z. B. in Bodmer und Breitingers Wochenschrift *Die Discourse der Mahlern* 1721–23). Anstoß nahmen Gottsched und die Schweizer am höchst gezierten, ›schwulstigen‹ Stil (Gottsched Bd. 8 S. 182, 401) sowie an der Nichtbeachtung klassischer Dramenregeln (Windfuhr, Schmidt). Man kritisierte die »inkonsequente« Charakterisierung der Sophonisbe (Arntzen S. 576) und die »Schulgelehrsamkeit« der lohensteinischen Helden (Martino: Rezeption S. 338). Es darf daher nicht wundernehmen, wenn Lohensteins Anhänger (z. B. Postel) einem ähnlichen Schicksal erliegen und nach 1730 von der Bühne allmählich verschwinden (Olsen 1973 S. 252 ff.).

Auch Weises Dramen hielt Gottsched für eine Verfallserscheinung (Braunbehrens S. 13). Sie waren seiner Meinung nach »lauter unrichtige Stücke« (zitiert nach Zeller S. 120), die sich an die klassischen Normen nicht halten und wegen der Prosaverwendung eher der Rhetorik als der Poesie zuzurechnen sind (Kettler S. 70, Zeller S. 118 ff.). Dagegen verdiente Clauß' *Cid*-Übersetzung (1655) Gottscheds Lob (Alexander S. 222) – auch wenn sie in Prosa verfaßt ist und bald danach durch G. Langes Versübertragung ersetzt wurde –, weil sie die Form der Vorlage beibehielt.

Bis zum Ende des 18. Jh.s zeigte man aber nur wenig Verständnis für das Barockdrama. In seinem Aufsatz über Shakespeare und Gryphius (1741) drückte sich Schlegel positiv über die gelungene Charakterisierung bei *Leo Armenius* aus, während Herder, der eine Balde- und Andreae-Ausgabe (vgl. Edighoffer S. 509) besorgte und sich außerdem für eine Literaturgeschichte der Jesuitendichtung interessierte (Prohasel S. 30), den Dichtern Opitz, Gryphius und Lohenstein nur eine sehr allgemeine Anerkennung spendet (Braunbehrens S. 54, Mannack: Gryphius S. 82). Weit besser bekannt und öfters zitiert ist Lessings günstige Beurteilung von Weises *Masaniello* in einem Brief vom 14. Juli 1773 an seinen Bruder Karl: auch wenn er sich »des pedantischen Frostes« im Drama bewußt sei, halte er »den freien Shakespeareschen Gang« für lobenswert und finde »hin und wieder Funken von Shakespeareschem Genie« (LA Bd. 20 S. 278).

Die anonym herausgegebene Posse *Des Harlekins Hochzeitsschmaus* (o. J., nach 1695), die 1746 auf dem Spielplan von C. F. Reibehands Wandertruppe vorkommt (Asper S. 116 f.), regte Goethe zu einem eigenständigen Versuch an mit dem Titel *Hanswursts Hochzeit oder der Lauf der Welt* (1775 – Köhler S. 119 ff.). Auch die Freude an der Kunst und die Wirkungsästhetik der Jesuiten beeindruckten ihn beim Besuch einer Schulaufführung am 4. 9. 1786 in Regensburg (Barner: Barockrhetorik S. 352), und im achten Kapitel des Romans *Wilhelm Meisters Lehrjahre* liest Friedrich die Schriften des Andreas Gryphius (HA Bd. 7 S. 558).

Noch viel mehr an Barockstoffen und -geschichte interessiert war aber Schiller, der als erster auf das antithetische Wesen des barocken Alexandriners hinwies (Vormweg S. 176). Ein Verhältnis zu Gryphius ist trotz der Motivübereinstimmung zwischen *Catharina von Georgien* und *Maria Stuart* (Werner S. 60 ff.) bisher nicht bewiesen worden (Mannack: Gryphius S. 83).

Abgesehen von dem Versuch einer Ehrenrettung Lohensteins durch Zschokke gegen Ende des 18. Jh.s (Asmuth: Lohenstein S. 73) wurden dessen Schauspiele bis zu Justs Neudruck (1953–57) immer wieder mit schlechtem Stil und Geschmacklosigkeit gleichgesetzt (Martino: Rezeption S. 392). Mit Gryphius hingegen gingen die Romantiker etwas sanfter um. Trotz Eichendorffs Kritik an Gryphius' Bruch mit der volkstümlichen Tradition *(Geschichte der poetischen Literatur Dtld.s.* In: *Werke und Schriften* Bd. 4. 1958. S. 118) lobte man seine Lustspiele (Mannack: Gryphius S. 84, Braunbehrens S. 89, 110), insbesondere die Komödie *Geliebte Dornrose,* deren schlesische Mundart Hauptmann angeregt haben soll (Herrmann S. 307) und die durch das erste Drittel des 20. Jh.s hindurch als bevorzugte Barockkomödie vieler Literaturforscher galt. Jedoch wurde sie von Tieck, der in seine Sammlung *Deutsches Theater* (1817) *Peter Squentz, Horribilicribrifax* und *Cardenio und Celinde* aufnahm, nicht nachgedruckt.

Arnim hatte vor, *Cardenio und Celinde* (später von Immermann, Lehmann und Dülberg bearbeitet) neu herauszugeben. Auch wenn es nicht dazu kam, benutzte Arnim es in seinem eigenständigen Drama *Halle und Jerusalem* (1811), indem er von Gryphius »nur das [. . .], was in sein restauratives Programm hineinpaßte« (Paulin S. 174), übernahm. In einem ähnlichen Bemühen, Patriotismus zu entfachen und die moralisch-religiöse Stabilität des Landes zu stärken, veröffentlichte 1806 ein Holsteiner Pastor Rists *Das Friedewünschende Teutschland.* Dieses Stück mit seinem Appell an die dt. Einheit wird vorzüglich zu Zeiten der politischen Verwirrung herausgegeben (Schletterer 1864) oder neu bearbeitet (Stümcke 1915 und Grussendorf 1923).

Das Ende des 19. Jh.s bezeugt ein wachsendes Interesse an der Barockdichtung. Gryphius'*Horribilicribrifax* liefert Anregungen für Hauptmanns *Florian Geyer* (1896) (Herrmann S. 307 ff.), und Werfels *Troerinnen* (1915) markiert nach Benjamin (Ursprung S. 41) den Auftakt zum expressionistischen Drama. Neudrucke bzw. -fassungen barocker Theaterstücke waren inzwischen auf den Markt gekommen, und barocke Stilelemente ließen sich in zahlreichen modernen Schauspielen finden (Wünzer S. 184). Rehabilitiert werden nicht nur vereinzelte Dramatiker wie Lohenstein und Postel, sondern auch das Schuldrama der Jesuiten und der Protestanten, wobei die marxistisch orientierte Literaturkritik sich besonders für Weises *Masaniello* begeistert (Boeckh S. 401 ff.)

Man verdeutschte Andreaes *Turbo* (von Wilhelm Süß 1907), Masens *Rusticus imperans* (von J. Grosser 1947 und O. Leisner 1948) und Bidermanns *Philemon Martyr* (von M. Wehrli 1960), das auch 1958 Bernt von Heiseler und 1973 Luise Rinser für die Bühne adaptiert hatten (Wünzer S. 116, *Inszenierung* [. . .] S. [90].

Noch beliebter aber war das Trauerspiel *Cenodoxus,* dessen dt. Neufassungen von H. Rommel (1932), H. Bachmann (1932), J. Gregor (o. J. [1932]), S. Schaller (1953), D. Fortes (1972) und J. A. Müller (1975) von Tarot (S. 117 ff.) und Hess (S. 70) besprochen worden sind. Als unabhängige Behandlungen des Stoffes dagegen haben Artur Müllers *François Cenodoxus* (1955) und Hofmannsthals Aufzeichnungen zu einem *Xenodoxus*-Drama (Hederer 1954 S. 424 ff.) zu gelten, das zur Neubelebung des barocken Welttheaters in Salzburg beitragen sollte (Hess S. 70), wobei Hofmannsthal an die barocke Tradition in Österreich knüpft, die über Stranitzky, Grillparzer, Nestroy und Raimund bis in die Gegenwart hineinreicht.

Seit Ende der zwanziger Jahre hat man trotz Adornos Warnung, daß »die Analogien [. . .] eine Tendenz« hätten, »sich zu verflüchtigen, sobald man ihnen nachgeht« (S. 136), Gemeinsamkeiten des Jesuitendramas mit Brechts Epischem Theater feststellen wollen (Brauneck S. 88 ff.). Zweifellos teilen Brecht und das gleichfalls nichtaristotelische Barockdrama gewisse Techniken und Ziele miteinander, darunter die Gestalt des untragischen Helden (Benjamin 1967 S. 12, 24 f.), das exemplarische Wesen der Zweckdichtung (Hinck S. 140) und vor allem, worauf selbst Brecht hinweist (S. 64), die episodisch-lehrhaften Strukturen (Bab S. 11). Das gilt übrigens auch für die emblematische Sichtweise (Grimm 1969 S. 357). Da aber die christlich-metaphysische Ideologie sich keineswegs auf einen Nenner mit marxistischem Materialismus bringen läßt (Valentin: Théâtre S. 952), ist bei Brecht eher eine grundsätzlich »antibarocke Tendenz« (Wünzer S. 181 ff., Jendreieck S. 156) festzustellen. Diese ideologisch manipulative Funktion hat jüngst Szarota dazu veranlaßt, das Ordenstheater mit den Massenmedien des 20. Jh.s zu vergleichen (S. 129 ff.).

Die Nachwirkungen des Barockdramas reichen bis in die Gegenwart hinein. Zwar schreibt Marieluise Fleißer ihr Drama *Karl Stuart* (1946) »ohne Kenntnis des Carolus Stuardus von Gryphius« (Rühle S. 460), doch greift der DDR-Dramatiker Heiner Müller in seinen Stücken, z. B. in *Die Bauern* (1961), immer wieder auf barocke Motivik (vanitas mundi), Personen

(Kapitalisten als Tyrannen), Strukturen (allegorisch-emblematisch) und Stilelemente zurück (Schulz S. 45 f., 103).

Sowohl auf der Liebhaber- wie auch auf der Berufsbühne hat das Barockdrama ein reges Nachleben gefunden (vgl. *Inszenierung* [. . .] S. [87 ff.]). Inszeniert worden sind Bidermanns *Cenodoxus* (1932–1975) und *Philemon Martyr* (1958, 1973), Harsdörffers Oper *Seelewig* (1975), Gryphius' *Leo Armenius* (1968 und 1974 in einer Hörspielfassung) und *Papinianus* (1967), Lohensteins *Epicharis* in der Bearbeitung von Hansgünther Heyme (1978) und *Agrippina* in der Neufassung von Hubert Fichte (1978) sowie Weises *Masaniello* (1976). Von einer begeisterten Aufnahme dieser ›Experimente‹ von seiten des Publikums und der Kritik kann allerdings nicht die Rede sein.

Literatur:

Theodor W. Adorno: Der mißbrauchte Barock. In: T. A., Ohne Leitbild. Parva aesthetica. 1967. S. 133 ff.

Helmut Arntzen: Von Trauerspielen: Gottsched, Gryphius, Büchner. In: Rezeption und Produktion zwischen 1570 und 1730: Festschrift für Günther Weydt. 1972. S. 571 ff.

Wolfgang Baumgart: Die Gegenwart des Barocktheaters. In: Archiv für das Studium der neueren Sprachen und Literaturen 198. 1962. S. 65 ff.

Walter Benjamin: Versuche über Brecht, hrsg. mit einem Nachwort von R. Tiedemann. 1966, ²1967.

Volkmar Braunbehrens: Nationalbildung und Nationalliteratur. Zur Rezeption der Literatur des 17. Jh.s von Gottsched bis Gervinus. 1974.

Manfred Brauneck: Das frühbarocke Jesuitentheater und das politische Agitationstheater von Bertolt Brecht und Erwin Piscator. In: Deutschunterricht 21. 1969. S. 88 ff.

Bertolt Brecht: Vergnügungstheater oder Lehrtheater? In: Schriften zum Theater. Bd. 3. 1964.

Georg Ellinger: Christian Reuter und seine Komödien. In: ZfdPh. 20. 1888. S. 290 ff.

Klaus Garber: Martin Opitz – ›der Vater der dt. Dichtung‹. Eine kritische Studie zur Wissenschaftsgeschichte der Germanistik. 1976.

Johann Christoph Gottsched: Beyträge zur Critischen Historie der dt. Sprache, Poesie und Beredsamkeit. Bd. 7, Stück 28. 1741. S. 577 ff.; Bd. 8, Stück 31. 1741. S. 394 ff.

Reinhold Grimm: Marxistische Emblematik. Zu Brechts ›Kriegsfibel‹. In: Wissenschaft als Dialog. Studien zur Literatur und Kunst seit der Jahrhundertwende, hrsg. von R. von Heydebrand und Klaus Günther Just. 1969. S. 351 ff.

Ders.: Bertolt Brecht. Die Struktur seines Werkes. ³1968.

Karl-Heinz Habersetzer: Andreas Gryphius' und Franz Neumayrs' S. J. ›Papinianus‹ (1659/1733). Versuch einer rezeptionsgeschichtlichen Analyse. In: Europäische Kultur S. 261 ff.

Willi Händler: Christian Weises ›Masaniello‹ – ein Theaterstück? Skizze der Kasseler Regie-Konzeption. In: Inszenierung [. . .] S. 76 ff.

Gertrud Hausner: Achim von Arnim und die Literatur des 17. Jh.s. Diss. Wien 1934 [Masch.]

Edgar Hederer: Über die Aufzeichnungen Hofmannsthals zu ›Xenodoxus‹. In: Die neue Rundschau 65. 1954. S. 424 ff.

Ders.: Die Wiederkehr des Barock im modernen Drama. In: Theater-Rundschau 4. 1958. Nr. 5, 1.

Ders.: Hugo von Hofmannsthal. 1960. S. 310 ff.

Urs Helmensdorfer: Die Kunst, Gryphius zu sprechen. Gedanken zu einer Hörspielproduktion des ›Leo Armenius‹. In: Inszenierung [. . .] S. 11 ff.

Helene Herrmann: Andreas Gryphius als Quelle für Gerhart Hauptmann. In: Preußische Jahrbücher 188. 1922. S. 307 ff.

Nelly Heuser: Barock und Romantik. Versuch einer vergleichenden Darstellung. 1942.

Walter Hinck: Die Dramaturgie des späten Brecht. [4]1966.

Gerhart Hoffmeister: Transformationen von Ziglers Asiatischer Banise. Zur Trivialisierung des Höfisch-Historischen Romans. In: GQ 49. 1976. S. 181.

Ferdinand van Ingen: Bericht über die ›Seelewig‹-Aufführung in Utrecht. In: Inszenierung [. . .] S. 69 ff.

Ders.: Andreas Gryphius' ›Leo Armenius‹ in een Nederlandse bewerking van 1659. In: De nieuwe taalgids 61. 1968. S. 232 ff.

Herbert Jaumann: Die dt. Barockliteratur. Wertung – Umwertung. Eine wertungsgeschichtliche Studie in systematischer Absicht. 1975.

Hendrik Jendreieck: Bertolt Brecht. Drama der Veränderung. 1969.

Hans K. Kettler: Baroque tradition in the literature of the German Enlightenment (1700–1750). 1943.

Peter Kleinschmidt: Einiges zum Vorhaben. In: Epicharis S. 5 f.

Reinhold Köhler: Harlekins Hochzeit und Goethes Hanswursts Hochzeit. In: Zs. für dt. Altertum und dt. Literatur 20. 1876. S. 119 ff.

Kôzô Komiya: Über die Barockform des epischen Theaters, besonders in Bezug auf ›Mutter Courage‹ /Japanisch/. In: Doitsu Bungaku 36. 1965. S. 103 ff.

Samuel Lublinski: Wiener Barockkultur. In: Der Ausgang der Moderne. Ein Buch der Opposition. 1909.

Franz Mansfeld: Das literarische Barock im kunsttheoretischen Urteil Gottscheds und der Schweizer. Diss. Halle-Wittenberg 1928 [Masch.]

Angeliki Maraka: Tragoedia genandt Der großmütige Rechtsgelehrte Aemilius Paulus Papinianus oder der kluge Phantast und warhaffte Calender-Macher. Diss. Berlin (FU) 1971.

Hans-Harald Müller: Barockforschung: Ideologie und Methode. Ein Kapitel dt. Wissenschaftsgeschichte 1870–1930. 1973.

Walter Naumann: Hofmannsthal und das siebzehnte Jh. In: Herkommen und Erneuerung. Essays für Oskar Seidlin, hrsg. von Gerald Gillespie und Edgar Lohnes. 1976. S. 306 ff.

Masami Ogawa: Hofmannsthal und Barock /Japanisch/. In: Doitsu Bungaku 36. 1966. S. 92 ff.

Roger Paulin: Gryphius' ›Cardenio und Celinde‹ und Arnims ›Halle und Jerusalem‹. Eine vergleichende Untersuchung. 1968.

Wolfgang Pfeiffer-Belli: Nachwort. In: Heinrich Anselm von Zigler und Kliphausen, Asiatische Banise, hrsg. von —. 1965.

Herbert Rademann: Versuch eines Gesamtbildes über das Verhältnis von Martin Opitz zur Antike. 1926.

Helmut Rehder: Reflections on Goethe and the Baroque. In: MLN. 77. 1962. S. 368 ff.

Werner Rieck: Christian Reuters Dramen und ihre Wirkung. In: Fortschritte und Forschungen 39. 1965. S. 214 ff.

Frederick Ritter: Hugo von Hofmannsthal und Österreich. 1967.

Doreen B. Rolph: Andreas Gryphius' ›Aemilius Paulus Papinianus‹ on the German itinerant stage of the late 17th and early 18th century. Diss. Leicester 1967.

Günther Rühle (Hrsg.): Marieluise Fleißer: Karl Stuart. In: Gesammelte Werke, hrsg. von —. 1972.

Peter Rusterholz: Bericht über die ›Masaniello‹-Aufführung in Kassel. In: Inszenierung [. . .] S. 81 ff.

Erich Schmidt: Aus dem Nachleben des Peter Squentz und des Doktor Faust. In: Zs. für dt. Altertum und dt. Literatur 26. 1882. S. 244 ff.

Karl Schmidt: Die Kritik am barocken Trauerspiel in der ersten Hälfte des 18. Jh.s. Diss. Köln 1967.

Frank Schnur: Der Henker im dt. Drama von Gryphius bis Dürrenmatt. Diss. State Univ. of New York, Stony Brook 1972 [Masch.]

Ders.: The executioner: a Baroque figure on the modern German stage. In: Germanic Review 48. 1973. S. 260 ff.

Genia Schulz: Heiner Müller. 1980 (SM 197)

Egon Schwarz: Hofmannsthal und Calderón. 1962.

Elida Maria Szarota: Das Jesuitendrama als Vorläufer der modernen Massenmedien. In: Daphnis 4. 1975. S. 129 ff.

Rolf Tarot: Zur Typologie in der untragischen Dramatik in Dtld. In: Typologia Litterarum. Festschrift für Max Wehrli. 1969. S 351 ff.

Karl Trautmann: Der Papinianus des Andreas Gryphius als Schulkomödie in Speyer (1738). In: AfL. 15. 1887. S. 222 f.

Jean-Marie Valentin: Une représentation inconnue de l'Epicharis de Lohenstein. (1710). In: EG 24. 1969. S. 242 ff.

Heinrich Vormweg: Die Wiederkehr des Barock. In: Merkur 19. 1965. S. 176 ff.

Luise Wagener: Hofmannsthal und das Barock. 1931.

Richard Maria Werner: Schiller und Gryphius. In: Studien zur vergleichenden Literaturgeschichte 5. 1905, Ergänzungsheft S. 60 ff.

Manfred Windfuhr: Die barocke Bildlichkeit und ihre Kritiker. Stilhaltungen in der dt. Literatur des 17. und 18. Jh.s. 1966.

Barbara Drygulski Wright: Kunstdrama und Wanderbühne. Eine Gegenüberstellung von Gryphius' ›Papinian‹ mit der populären Bearbeitung. In: GRM. Beiheft 1. 1979. S. 139 ff.

Marianne Wünzer: Die Erneuerung des Barock, mit besonderer Berücksichtigung des barocken Theaters auf der Bühne des 20 Jh.s. Diss. München 1964.

Gotthart Wunberg: Hofmannsthal im Urteil seiner Kritik. 1972.

Alexander 1983 (wie S. 176), *Asmuth:* Lohenstein, *Asper* (wie S. 40), *Benjamin* (wie S. VI), *Boberski* (wie S. 89), *Bolte* (wie S. 36), *H. O. Burger* (wie S. 87), *Edighoffer* (wie S. 40), *Eggert* (wie S. 140), *Ellinger* (wie S. 11), *Emrich* (wie S. VI), *Flemming* (wie S. VI), *Hecht:* Reuter, *Heins, Hess* (wie S. 177), Just (wie S. 9), *Kölmel:* Riemer, *Kolitz* (wie S. 26), Martin (wie S. 137), *Neumann* (wie S. 139), *Olsen* (wie S. 45), *Schlegel* (wie S. 133), *Schletterer* (wie S. 11), *Spellerberg* (wie S. 18), *Tarot* (wie S. 52), *Zarncke (wie S. 19)*, *Zeller* (wie S. 19).

Ackermann, St. 46, 48
Acta Nicolaitana 144, 162, 168
Adel, K. 6, 77, 86
Adolph, J. B. 1, 6, 77, 86
Adorno, Th. W. 184, 185
Agazzari, A. 161
Aicher, O. 179
Aikin, J. P. VI, 15, 53, 61, 62, 63, 64, 65, 66, 72, 78, 79, 81, 84, 86, 94, 95, 100, 101, 102, 103, 104, 105, 113, 117, 120, 121, 130, 135, 138, 149, 150, 151, 154, 155, 156, 158, 160, 162, 165, 170
Aischylos 23, 62, 72
Albertinus, A. 67
Aler, P. 3, 77
Alewyn, R. 15, 18, 21, 23, 53, 62, 91, 93, 114, 127, 128, 142, 151, 164, 177
Alexander, R. J. 15, 28, 33, 49, 53, 68, 69, 70, 94, 106, 127, 130, 139, 144, 171, 175, 176, 178, 182, 188
Anderegg, J. 5
Andreae, J. V. 6, 13, 37, 41, 43, 72, 73, 74, 76, 140, 182, 184
Andreini, F. 41
Anton Ulrich von Braunschweig-Lüneburg 6, 13, 14, 25, 32, 33, 34, 145, 148, 153, 159, 162, 163, 166, 167, 168, 175
Aristophanes 35, 37
Aristoteles 49, 50, 53, 54, 55, 58, 60, 61, 63, 64, 72, 84, 88
Arletius, J. C. 174, 176
Arnim, A. v. 183, 186, 187
Arnobius 67
Arnold, H. L. 130, 142
Arnold, R. F. 19
Arnoldt, G. 68
Arntzen, H. 137, 181, 185
Asmuth, B. VI, 23, 32, 33, 34, 99, 100, 101, 102, 103, 135, 178, 179, 181, 183, 188

Asper, H. G. 13, 40, 114, 115, 142, 182, 188
Aßmann von Abschatz, H. 46, 48
Augspurger, A. 46
August der Jüngere von Braunschweig 162, 174
Hl. Augustin 67, 68
Avancini, N. v. 1, 4, 6, 23, 25, 34, 59, 77, 78, 84, 85, 86, 89, 104, 155, 174, 175
Ayrer, J. 1, 2, 6, 19, 27, 29, 39, 40, 73, 159

Baacke, D. 130
Bab, J. 184
Bachmann, H. 184
Backer, A. de 85
Bacon, F. 98
Baechtold, J. 21
Baesecke, A. 3, 16, 28, 40
Bahlmann, P. 2, 16, 85
Baier, L. 130, 138
Balbinus, B. 26
Balde, J. 1, 6, 13, 23, 24, 25, 55, 65, 77, 83, 86, 87, 182
Baltzer, O. 167
Balzer, B. 137
Barner, W. VI, VII, 4, 9, 16, 19, 22, 23, 24, 50, 53, 77, 78, 90, 107, 110, 125, 127, 135, 174, 175, 182
Barry, R., Sieur du Peschier 36
Barth, I.-M. 9, 132
Battafarono, I. M. 111, 140
Bauer, A. 166
Baumgart, W. 185
Baur-Heinold, M. 151, 164
Bebel, A. 75
Bebermeyer, G. 7, 35, 37, 38, 74, 75
Becher, H. 3, 16, 49, 53, 57, 62, 78, 79, 85
Beckherrn, R. 54
Beetz, M. 95, 97, 128, 135
Béhar, P. 135, 159, 166

Beheim-Schwarzbach, E. 138
Beier, A. 169, 176
Bekker, H. 128, 136
Beller, M. 128
Bender, W. 14, 162, 168
Benjamin, W. VI, 3, 16, 21, 24, 26, 60, 71, 72, 91, 92, 94, 96, 97, 99, 104, 128, 138, 147, 183, 184, 185, 188
Benserade, I. de 32
Benzing, J. 172, 176
Beregans, N. 34
Bernd, C. A. 130
Berns, J. J. 151, 154, 164, 165
Bertesius, J. 73
Best, Th. 81, 87, 122, 143
Bethke, W. 75, 112, 142
Biach-Schiffmann, F. 164
Bidermann, J. 1, 6, 13, 37, 38, 52, 77, 80, 81, 82, 87, 88, 130, 170, 174, 177, 178, 184, 185
Bielmann, J. 50, 52, 55, 59, 60, 61, 79, 87
Biermann, H. 13, 21
Billmann, E. G. 138
Bircher, M. VI, VII, 12
Birken, S. v. 37, 51, 54, 56, 57, 60, 62, 63, 64, 65, 66, 67, 84, 145, 148, 150, 163, 175
Bischof, B. 87
Bittdorf 170
Bleyer, G. 41
Blühm, E. 176
Boberski, H. 89, 90, 178, 179 f., 188
Bobertag, F. 2, 8, 16, 128
Boccalini, T. 124
Bodmer, J. J. 180, 181
Boeckh, J. 4, 73, 75, 184, 188
Böckmann, P. 96, 119, 130, 142
Böhme, J. 88
Böhme, M. 13, 141
Bölhoff, R. 14
Boetius, H. 51
Böttcher, I. 8
Bohse, A. 46
Boileau, N. 49
Bolte, J. 1, 7, 10, 12, 36, 44, 75,

87, 142, 152, 153, 154, 159, 164, 166, 180, 188
Bonfatto, E. 130
Borcherdt, H. H. 160, 161, 166, 167
Borinski, K. 49, 50, 51, 54, 55, 62, 64, 124, 142, 144
Borm, W. 165
Bornemann, U. 31
Boxberger, R. 130
Boysse, E. 25, 26
Brachmann, F. 9
Bradner, L. 5, 16
Brandes, H. 42
Brates, G. 50, 52, 54, 55, 56, 58
Braunbehrens, V. 180, 181, 182, 183, 185
Brauneck, M. 5, 9, 15, 26, 36, 81, 87, 141, 184, 185
Brecht, B. 131, 184, 185, 186
Brecht, L. 1, 3, 6, 77, 85, 86
Brécourt, Sieur de 36
Brede, L. 136
Bredow 180
Breitinger, J. J. (1624) 66, 68
Breitinger, J. J. (1741) 136, 180, 181
Breslauer Anleitung 55, 56, 58, 64
Bressand, F. Chn. 13, 33, 34, 159, 160, 163, 168, 170, 180
Breuer, D. 169, 171, 176
Brinkmann, R. 86
Brockes, B. H. 156
Brockpähler, R. VI, 16, 37, 45, 47, 48, 167
Browning, B. W. 136
Bruckner, J. 13
Brüggemann, F. 123, 144
Brülow, C. 20, 72, 74, 75, 76, 90
Bruford, W. H. 173, 176
Brunet, J. C. 169
Brunner, T. 3
Buchner, A. 49, 55, 63
Buck, A. VI, 130
Büchner, G. 185
Bulling, K. 13
Burg, F. 142
Burger, H. 6, 10, 52, 79, 82, 87,

92, 113, 117, 121, 122, 123, 130
142, 143, 144
Burger, H. O. 87, 140, 181, 188
Burmeister, J. 35
Burnacini, G. 85

Calaminus, G. 1, 20, 75
Calderón, 35, 45, 113, 187
Callenbach, F. 13
Calprenède, siehe La Calprenède
Carnap, E. 47, 65, 145, 147, 150
Casper, D.
   siehe Lohenstein, D. C. v.
Cassian 80
Castelvetro, L. 49, 58, 60
Catholy, E. VI, 15, 21, 37, 38, 39,
   40, 41, 43, 112, 115, 120, 126,
   127,141, 145
Cats, J. 47
Caussin, N. 24, 25, 90
Cavalieri, E. de' 61
Cellot, L. 24
Cesti, M. A. 160
Chaize d'Aix, F. de la 44
Christian von Wohlau 155
Christoph Wenzel von Nostitz
   174
Chrysander, F. 163, 166, 168
Chrysostomus 67
Cicero 56, 63
Cicognini, G. A. 42
Cinthio, G. 65
Claus, A. 3, 77
Clauß, I. 32, 33, 69, 172, 182
Cocron, F. 7
Cohn, A. 27, 28, 39, 40, 41, 43
Comenius, A. 124
Corneille, P. 31, 32, 33, 34, 87,
   130, 163
Corneille, Th. 35, 36, 46
Cornova, I. 79, 85
Cramail, Adrien de Montluc,
   Comte de 36
Cramer, D. 73
Creizenach, W. 5, 15, 21, 28
Croce, B. 140
Cronpusch, W. 145, 148, 149
Crosby, D. H. 38, 144

Crusius, B. 49, 53
Crusius, J. P. 76
Curtius, E. R. 105
Cyprian 67
Cysarz, H. 117, 142, 158, 166

Dach, S. 7, 145, 148
Dachs, K. 72, 74, 75, 175, 178
Dähnhardt, O. 7, 12
Dahms, S. 89
Dannhauer, J. 67, 68
Daunicht, R. 141
Dedekind, C. Chn. 30
Dedekind, F. 107
Degen, H. 34, 164, 168
Dehmel, E. 144
Del Rio, A. 22, 49, 56, 58, 61, 62
Descartes, R. 98
Desmarets de Saint-Sorlin, J. 32
Dessoff, A. 43, 45
Devrient, O. 11
Diebel, M. 66, 67, 68, 69
Dietrich, M. 51, 60, 63, 166
Dietrich-Bader, F. 52, 55 f., 56
Dilthey, W. 3
Dittrich, P. 38
Dockhorn, K. 50, 52
Dörrer, A. 5
Dolfin, P. 34
Donati, A. 49, 56, 57, 58, 59, 60,
   61, 63, 64
Donatus, Aelius 63
Dramsfeld, J. v. 35
Drexel, J. 13, 83
Druener, H. 168
Dülberg, F. 183
Dünnhaupt, G. VI, 1, 13, 22, 23,
   41, 43, 72, 73, 74, 80, 83, 95,
   99, 103, 106, 108, 116, 121,
   122, 126, 142, 152, 154, 157,
   161, 162, 163, 164, 170, 176
Dürr, J. K. 68
Dürrenmatt, F. 129, 187
Dürrwächter, A. 2, 7, 16, 79, 87
Düsterdieck, P. 169, 176
Duhr, B. 2, 33, 34, 80, 83, 85
Duruman, S. 97
Du Toit, M. L. 130

Dyck, J. 50, 51, 52, 53, 54, 63
Dyer, D. 6, 80, 81, 82, 83, 87

Ebert, F. A. 169
Eckhard, G. 176
Eckhardt, E. 115, 141
Edighoffer, R. 40, 76, 182, 188
Eggers, D. 107, 139
Eggers, W. 97, 130
Eggert, W. 110, 140, 180, 188
Eichendorff, J. 183
Eitner, R. 8
Elbracht-Hülseweh, L. 87
Elenson, A. 43
Elisabeth Christine von Braun-
  schweig 164
Ellinger, G. 11, 139, 180, 185, 188
Elmenhorst, H. 33, 47, 68, 145,
  148, 149
Elschenbroich, A. 35, 36, 38, 73,
  77
Elsner, R. 117, 142, 172, 178
Emmerling, H. 16, 114, 115, 119,
  120, 123, 125, 141, 143, 144
Emmrich, Chn. 28
Emrich, W. VI. 53, 57, 113, 114,
  119, 126, 127, 137, 142, 181,
  188
Endter-Verlag 171, 177
Engelsing, R. 174, 176, 177
Englische Comedien und
  Tragedien 26, 28, 36
Englische Komödianten 1, 2, 5,
  26, 27, 28, 29, 38, 67, 112 f.,
  153
Epiktet 62
Erasmus von Rotterdam 74
Euripides 84, 90, 163, 179

Faber du Faur, C. v. 13, 156, 166
Fabricius, W. 12
Fähler, E. 151, 164
Faust (-Stoff) 40, 43, 73, 75, 187
Fechter, P. 15
Feind, B. 7, 47, 56, 59, 66, 159,
  161, 167, 168, 180
Feise, E. 130

Ferdinand II. von Tirol 1, 7
Ferguson, J. F. 136
Feyock, H. 83, 87, 130
Fichte, H. 135, 185
Fink, K. F. R. 72
Fischer, J. R. 7
Fischer, K. M. 164
Fischer, L. 50, 52, 53, 54, 59, 60,
  63, 65
Fischer, L. H. 7
Fischer-Neumann, K. 50, 52, 63,
  64
Fischetti, R. 5
Flaherty, G. 167
Flaxman, S. L. 31
Flayder, F. H. 1, 7, 35, 37, 72, 74,
  75, 76
Fleischer, T. 32
Fleißer, M. 184, 187
Flemming, W. VI, 2, 3, 5, 6, 8, 9,
  10, 11, 16, 26, 27, 28, 29, 31,
  35, 36, 37, 38, 43, 44, 50, 51,
  52, 54, 56, 57, 60, 63, 64, 68,
  70, 78, 82, 85, 86, 89, 94, 100,
  103, 104, 105, 112, 114, 115,
  116, 117, 119, 120, 121, 123,
  124, 125, 126, 127, 128, 130,
  138, 139, 142, 143, 144, 151,
  152, 153, 154, 155, 156, 157,
  158, 160, 161, 163, 165, 166,
  173, 175, 177, 178, 180, 188
Floerke, A. M. 152, 180, 188
Forssmann, K. 136
Fortes, D. 184
Francke, A. H. 66, 68
Francke, O. 35, 36, 37, 38
Frankl, O. 124
Franz, A. 157
Franzbach, M. 45
Fredén, G. 3, 16, 26, 27, 29, 39,
  40
Frenzel, H. 15
Freudenstein, R. 28
Freybe, A. 10, 12
Fricke, G. 97, 99, 130
Friederich, W. P. 31, 34, 131
Friedländer, G. 10
Frisch, J. L. 7

Frischlin, J. 73
Frischlin, P. N. 1, 7, 35, 36, 37, 38, 72, 73, 74, 75, 76, 77, 154
Fritsch, A. 171, 176
Fri(t)z, A. 3, 77
Fröning, R. 8
Fröreisen, I. 1, 7, 20, 35
Frühsorge, G. 140
Fuchs, A. 37
Fülleborn, U. 91, 100, 102, 128, 138
Fürer von Haimendorf, Ch. 33
Fürstenwald, M. 147, 150
Fuhrmann, M. 53
Fulda, L. 109, 110, 123, 125, 140, 144
Funcke, Chn. 7, 180
Furrer, R. 136

Gabel, G. U. 14, 25, 26, 104, 131, 136, 138, 139, 140, 165
Gabel, U. R. 136
Gaede, F. 50, 52, 53, 54, 62
Gaedertz, K. Th. 11, 120, 152, 165
Gaier, U. 142
Galluzzi, T. 49, 56, 58, 62, 63
Garber, K. 45, 46, 47, 48, 72, 146, 147, 148, 149, 150, 177, 179, 185
Geffcken, J. 68, 69
Geiger, J. 7
Geisenhof, E. 50, 52, 61, 62, 97, 115, 131, 142
Geller, E. 46
Georg Wilhelm von Liegnitz 174
George, D. E. 51, 60
Georgi, Th. 169
Gervinus, G. 2, 22, 37, 157, 166, 185
Geuder, J. 150
Gherardi, L. 42
Gidion, H. 10
Gilbert, M. E. 94, 96, 97, 131
Gilhausen, I. 150
Gillespie, G. 100, 101, 102, 131, 136, 187
Gillet, J. E. 16, 128

Gläser, E. 180
Glaser, A. 73
Glaubitz, F. E. Freiherr v. 33
Glodny-Wiercinski, D. 9, 112, 141
Goedeke, K. VI, 1, 5, 121, 143
Görlich, E. 166
Goethe, J. W. v. 182, 186, 187
Goldfriedrich, J. 169,171, 174, 177
Gottsched, J. Ch. 20, 33, 35, 103, 115, 117, 128, 138, 142, 149, 157, 180, 181, 182, 185, 186
Gracián, B. 23
Graesse, Th. 169
Greflinger, G. 13, 32, 45
Gregor, J. 184
Gregorii, J. G. 7
Greiffenberg, C. R. v. 134
Gretser, J. 1, 7, 37, 77, 79, 85, 86, 87
Griffin, N. 85
Grillparzer, F. 184
Grimm, H. 41
Grimm, R. VII, 184, 185
Grosser, J. 10, 184
Großklaus, G. 131
Grotius, H. 158
Grün-Riesel, E. 5, 16, 75, 76, 171
Grunwald, S. 44
Grussendorf, F. 183
Gruys, J. A. 23
Gryphius, A. VII, 1, 2, 3, 4, 8, 13, 14, 15, 16, 17, 21 f., 22, 23, 24, 25, 26, 29, 30, 31, 32, 34, 34 f., 35, 36, 37, 38, 39, 41, 43, 44, 45, 46, 50, 51, 52, 58, 68, 82, 87, 88, 89, 90, 91, 93, 94, 95, 96, 97, 98, 99, 100, 101, 102, 103, 104, 105, 107, 112, 113, 114, 116, 117, 119, 127, 128, 129, 130, 131, 132, 133, 134, 135, 142, 143, 146, 153, 154, 159, 165, 169, 170, 171, 172, 174, 175, 177, 179, 180, 181, 182, 183, 185, 186, 187, 188
Gryphius, Chn. 30, 107, 139
Gstach, R. 12

Guarini, G. 45, 48, 65, 145, 146, 147, 149, 159
Günther, H. 71, 72, 128
Günther, J. Chn. 1, 8, 13, 14, 24, 171
Günther, K. 139
Günther, O. 35, 36, 38
Güring, A. 169
Guirguis, F. D. 16
Gundolf, F. 27, 28, 131
Guthke, K. S. 52, 64, 65, 71, 72, 111, 140

Haas, A. M. 131
Haas, C. M. 78, 85
Habermas, J. 174, 177
Habersetzer, K.-H. 8, 13, 14, 131, 171, 178, 179, 186
Hadewig, J. Chn. 63, 180
Händel, G. F. 156, 168
Händler, W. 186
Haerten, H. 31
Hahn, W. 140
Haider, J. 90
Halbig, M. C. 10, 143
Haller, E. 89
Hallmann, J. Chn. 2, 3, 8, 13, 22, 25, 26, 34, 42, 91, 103, 104, 105, 134, 138, 145, 148, 149, 159, 170, 172, 173, 179
Hammes, F. VI, 16, 27, 29, 40
Hankamer, P. 3, 14, 99, 104, 105, 112, 125, 138, 139
Hansen, G. 43
Hansen, Th. 175, 177, 178
Happ, A. 50, 51, 53, 54, 57, 58, 62
Harrer, M. 8
Harring, W. 24, 25, 26
Harsdörffer, G. Ph. 3, 8, 13, 14, 35, 36, 37, 44, 47, 49, 51, 53, 54, 55, 57, 58, 60, 61, 63, 64, 65, 66, 67, 145, 146, 148, 149, 150, 159, 161, 163, 168, 175, 185
Hartmann, A. 12, 75, 76
Hartmann, H. 4, 16, 123, 142, 144
Hartwich, F. 42, 43

Hase, C. 69
Haufe, E. 166, 167
Hauff, W. 7
Haug, W. 131
Haugwitz, A. A. v. 2, 3, 8, 13, 22, 32, 91, 105, 139, 159, 175, 179
Haupt, G. 74, 76
Haupt, O. 8
Hauptmann, G. 183, 186
Hausner, G. 186
Haxel, H. 110, 123, 124, 125, 140, 144
Hayneccius, M. 1, 8
Hecht, W. 11, 44, 126, 127, 144, 179, 180, 188
Heckel, H. 100, 136
Heckmann, H. 97, 98, 131
Heckmann (-French), H. 69
Hederer, E. 6, 184, 186
Heidenreich, D. E. 30, 32, 33
Heiduk, F. 1, 14
Heinrich Julius von Braun-schweig-Lüneburg 1, 2, 3, 8, 27, 28, 29, 37, 39, 40, 112, 141
Heinrich von Römhild 174
Heins, O. 69, 108, 139, 152, 153, 154, 165, 180, 188
Heinsius, D. 22, 29, 49, 51, 62, 93, 158
Heiseler, B. v. 184
Heisenberg, A. 131
Heitner, R. R. 8, 105, 139
Helmensdorfer, U. 186
Henkel, A. 13
Henrici, Ch. 42, 156
Herder, J. G. 182
Herrmann, H. 183, 186
Herrmann, H. P. 52, 61
Herz, E. 28, 145
Herzog, U. 8, 87
Heselhaus, Cl. 131
Hess, A. 110
Hess, G. 5, 17, 73, 76, 169, 170, 175, 176, 177, 184, 188
Hess, J. H. 12
Heusch, L. de 133
Heuser, N. 186
Heybey, Th. 170

Heyde, H. v. d. 141
Heydebrand, R. v. 186
Heyme, H. 185
Hiersemann, K. W. 14
Hildebrandt, H. 3, 17, 103, 138
Hildebrandt-Günther, R. 50, 52, 53, 54
Hille, C. 35, 37
Hillen, G. 131
Hinck, W. VII, 15, 17, 37, 38, 41, 42, 43, 44, 116, 118, 119, 121, 123, 138, 141, 142, 143, 144, 184,186
Hippe, M. 174, 177
Hirtzwig, H. 75
Hitzigrath, H. 41
Höfer, C. 42, 43, 121, 143, 165
Hölzl, N. 5
Hövel, E. 66, 67, 68, 69
Hoffmann, H. 24, 26
Hoffmeister, G. VI, 28, 45, 75, 76, 179, 186
Hofmann von Hofmannswaldau, Chn. 8, 46, 48, 148
Hofmannsthal, H. v. 167, 184, 186, 187
Holder, A. 7
Holl, K. VII, 2, 15, 37, 39, 40, 44, 54, 112, 118, 119, 123, 124, 125, 126, 127, 142, 144
Holland, W. L. 8
Hollonius (Holle), L. 1, 9, 40, 112, 121, 141
Holstein, H. 21
Holtzschuher 174
Homann, H. 167
Homburg, E. Ch. 13, 46
Hooft, P. C. 29
Horatz (1690) 33
Horaz 49, 53, 54, 55, 59, 72
Horn, H. A. 110, 125, 140, 144
Horvath, S. 17
Hospein, M. 1, 9
Hubatsch, W. 164
Huber, W. 167
Hübner, J. 9
Huff, S. 42, 43
Hulsen, E. v. 164

Hund, S. 169
Hunnius, A. 1, 9
Hunold, Chn. F. 59, 156

Ignatius von Loyola 77, 88
Immermann, K. v. 183
Ingen, F. v. 30, 31, 186
Isler, H. 131
Isnenghi, A. 90
Israel, S. 9

Jacobi, J. C. 75
Jacquot, J. 22, 23
Jäckel, G. 11, 144
Janell, W. 7, 76
Jantz, H. 13, 167
Japeta 9
Jaumann, H. 179, 186
Jauß, H. R. 129
J. B. B. B. 46
J. E. P. 36
Jendreieck, H. 184, 186
Jens, W. 95, 128
Jockisch, W. 131
Jöns, D. W. 131, 154, 155, 165, 171, 170
Johann Kasimir von Polen 175
Johannes, W. 34, 44
Joliphus, J. 28
Jontes, G. 28
Jordan, R. 11
Jürgens, H. 67, 69
Juhnke, S. 81, 88
Juker, W. 50, 52, 55, 56, 58, 138
Jung, A. 136
Jungandreas, W. 43, 44
Juretzka, J. C. 136
Just, K. G. 3, 4, 9, 15, 100, 102, 136, 161, 167, 183, 186, 188
Justinus 67

Kabiersch, A. 79, 84, 86
Kahle, W. 2
Kaiser, G. VII, 26, 31, 37, 44, 48, 91, 97, 98, 99, 114, 117, 118, 119, 120, 132, 133, 135, 142, 165, 178

Kaiser, M. 4, 10, 17, 107, 108, 110, 111, 124, 139, 141, 144
Kaiserspiele (Ludi Caesarei) 84
Kaldenbach, Ch. 9, 107
Kapp, F. 169, 177
Kappler, H. 94, 96, 97, 128, 135
Katz, M.-O. 102, 136
Kauffmann, G. VI
Kaufmann, J. 17
Kayser, W. 100, 136
Keiler, O. 27, 28, 39, 40
Keimann, Chn. 9
Keiser, R. 156
Keller, A. v. 6
Keller, P. 8, 150, 161, 162, 168
Keller, W. 97, 132
Kemp, F. 13
Kerckhoffs, A. 136
Keseling, I. 14
Ketelsen, U.-K. 5
Kettler, H. K. 75, 76, 179, 181, 182, 186
Kiesant, K. 4, 17, 96, 132
Kiesel, H. 118, 119, 142
Kindermann, B. 49, 51
Kindermann, H. 3, 5, 15, 85, 86, 89, 90, 173, 175, 177
King, N. 13
Kipka, K. 105, 128, 139, 179
Kirby, E. Th. 118, 142
Kircher, A. 24
Kirchhoff, J. H. 46
Kirchner, G. 128
Klaj, J. 9, 13, 22, 49, 50, 51, 62, 157, 158, 166
Klein, J. 100, 101, 103, 137
Kleinschmidt, P. 186
Klopstock, F. G. 179
Kluckhohn, P. 128
Knaust, H. 107
Knight, A. H. J. 28
Knorr, A. 13
Knudsen, H. 15
Kober, T. 9
Koberstein, A. 2, 105, 139
Koch, H.-A. 15, 159, 161, 167
Köhler, R. 182, 186
Koellner, R. 35, 150

Kölmel, A. F. 30, 31, 179, 188
König, J. U. 42
Köster, U. 81, 88
Kohl, J. A. 72, 76
Kolbe, J. 18
Koldewey, F. E. 12, 165
Kolitz, K. 26, 34, 47, 48, 104, 138, 146, 148, 149, 150, 179, 188
Kollewijn, R. A. 29, 44, 45, 142
Komiya, K. 186
Kongehl, M. 27
Kormart, Ch. 30, 32, 33, 35, 36, 39, 40, 170, 172, 179, 180
Kortholt, Ch. 68
Kosa, I. W. 137
Krämer, K. 103, 104, 138, 147, 149, 150
Krämer, W. 8
Kramer, M. 95, 128
Krapf, L. 81, 82, 88, 164
Krause, H. 107, 109, 139
Kraussold, M. 167
Krickeberg, K. 72
Krieg, W. 173, 177
Krispyn, E. 44, 45
Kröber, T. 42
Krul, J. H. 47
Krummacher, H. H. 15
Kühlmann, W. 132
Kuffstein, H. L. v. 75
Kuhn, A. 7
Kuhn, H. 132
Kurth, L. E. 167
Kutscher, A. 43
Kyd, Th. 9, 27, 28
Kydt, J. H. 9

Lachmann, O. F. 109, 110, 140
Lafond, B. 76
La Calprenède, G. de 32
Laktanz 67
Landa, E. V. 5
Lang, D. 165
Lang, F. 17
Lange, G. 33, 175, 182
Langen, A. 128
Lassenius, J. 68
Lazarowicz, K. 164, 178

Lederer, G. 48, 150
Lee, N. 137
Lefebvre, J. 22, 23, 27, 29
Lehmann, W. 183
Lehmeyer, F. R. 34, 159, 160,
    163, 167, 168
Leibniz, G. W. v. 3
Leighton, J. 168
Leisner, O. 10, 184
Lemcke, K. v. 2
Lenhart, P. P. 81, 88
Leopold, K. 34
Leopold, S. 167
Lessing, G. E. 17, 19, 51, 71, 111,
    129, 140, 141, 182
Lessing, K. 111, 140, 182
Levinstein, K. 44, 125
Liebe, J. 32
Liebeskampf (1630) 26, 28, 36, 46
Ligacz, R. 21
Linck, C. S. 33
Lindberg, J. D. 13, 66, 68, 69,
    122, 140, 167, 168
Link, F. 85
Link, K.-D. 167
Lipsius, J. 22, 29, 31, 62, 80, 133
Lischke-Verlag 172
Löwe, J. J. 162
Lohenstein, D. C. v. VI, VII, 1,
    2, 3, 4, 9, 13, 14, 17, 18, 22, 23,
    27, 31, 32, 34, 50, 51, 58, 84,
    89, 90, 91, 92, 93, 94, 95, 97,
    99, 99 f., 100, 101, 102, 103,
    104, 107, 110, 111, 123, 124,
    128, 129, 130, 131, 132, 134,
    135, 136, 137, 138, 163, 170,
    171, 173, 174, 175, 179, 180,
    181, 182, 183, 185, 187
Lohnes, E. 187
Lombardi, B. 49, 61
Lope de Vega, F. 35, 45, 113
Losius, J. Ch. 139
Lublinski, S. 186
Lubos, A. 102, 109, 137, 141
Ludi Caesarei, siehe Kaiserspiele
Ludvik, D. 28
Ludwig, A. 19
Ludwig, K. 172

Ludwig von Anhalt-Köthen 176
Lüther, J. M. 10
Lunding, E. VII, 3, 14, 17, 31, 35,
    37, 43, 44, 48, 94, 97, 98, 99,
    100, 101, 102, 104, 105, 119,
    120, 130, 135, 138, 139, 143
Lupton, P. W. 101, 137
Luther, M. 35, 68, 93, 106, 161
Lykurg 68
Lyttich, G. 10

Maassen, J. 21
Männling, J. Ch. 55, 63
Maggi, V. 49, 61
Mairet, J. 32, 46
Maltzahn, W. Freiherr v. 14
Mann, O. 15
Mann, Th. 21
Mannack, E. VI, VII, 11, 37, 41,
    43, 44, 96, 97, 108, 112, 114,
    116, 117, 119, 120, 139, 142,
    143, 154, 155, 170, 179, 181,
    182, 183
Mannack, H. 11
Mannlich, E. 46, 48
Mansfeld, F. 186
Maraka, A. 179, 186
Markus, P. 9
Markwardt, B. 21, 50, 52, 55, 57,
    63, 96, 135
Marlowe, Ch. 27
Martin, J., siehe Schnifis, L. v.
Martin, W. 101, 137, 179, 188
Martini, F. 50, 52, 107, 112, 128,
    140
Martino, A. VII, 4, 93, 97, 102,
    128, 137, 173, 174, 175, 177,
    179, 181, 183
Mascaron, P. 32
Masen, J. 1, 4, 10, 13, 37, 38, 50,
    51, 52, 54, 56, 57, 58, 59, 60,
    61, 62, 63, 64, 65, 66, 77, 89,
    121, 122, 143, 144, 150, 184
Massinger, Ph. 27
Mattheson, J. 156
Mauser, O. 12
Mawick, W. 97, 98, 132
Max, H. 161, 167

Maximilian Gandolph von
  Khuenburg 90
Mayer, A. 161, 167
Mayer, J. F. 68
Mayr, H. 129
Mazingue, E. 168
Mazon, A. 7
McClain, W. H. 167
Meichel, J. 6, 80, 172
Meinhardt, H. 17, 101, 138
Melanchthon, Ph. 68
Meltzer von Friedberg, J. 24
Menhennet, A. 132
Menius, F. 26
Merian, M. 164
Merkel, I. 14
Merwald, G. 14
Messenius, J. 26
Mewes, B. 6
Meyer, H. 132
Meyer von Waldeck, F. 117, 143
Meyes, G. P. 31
Michael, F. 67, 69
Michael, W. F. 21
Michelsen, P. 117, 132, 143
Micraelius, J. 72, 107, 150
Mieder, W. 44
Minor, J. 7
Minturno, A. 49, 60, 61, 62
Minucius Felix 67
Mira de Amescua, A. 45
Mitchell, P. M. 14
Mitternacht, J. S. 10, 13, 17, 18,
  37, 91, 93, 107, 108, 139
Molière 35, 36, 43, 44, 113
Monath, W. 17
Montchrétien, A. de 46
Monteverdi, C. 163
Montreux, N. de 46
Morhof, D. G. 39, 51, 63
Moritz Landgraf von Hessen 10
Morsbach, Ch. 83, 88
Moser, F. 151, 164
Moser, P. 139
Motekat, H. 37
Müller, A. 184
Müller, B. A. 76
Müller, Carl 11

Müller, Conrad 2, 17, 138
Müller, G. 3, 71, 72, 80, 95, 129,
  130, 156, 163, 166, 168
Müller, H. 185, 187
Müller, H. v. 14
Müller, H.-H. 179, 187
Müller, J. 2, 17, 26, 53, 61, 79,
  83, 85
Müller, J. A. 184
Müller, K. 10
Müller, O. 100, 132, 138
Müller-Seidel, W. 24
Mukařovský, J. 173
Mulagk, K.-H. 4, 17, 138
Murad, O. 28
Muschg, W. 127
Mylius, Ch. 181

Nachtwey, H. 81, 88
Nadler, J. 2, 80, 86
Nakada, Y. 143
Narssius, J. 1, 10, 75
Naumann, H. 72, 129
Naumann, W. 187
Nendorf, J. 10, 40
Nestroy, J. N. 15, 184
Neßler, N. 50, 56, 58, 59, 60, 61
Neubauer, K. 132
Neubuhr, E. 131, 136
Neumann, O. 105, 139, 179, 188
Neumark, G. 49
Neumayr, F. 4, 66, 77, 150, 179,
  186
Neumeister, E. 1, 14, 59, 104
Neumeister, H. 67, 68, 69, 178
Neumeyer, E. 37, 38, 72, 73, 76
Neuß, F.-J. 110, 111, 123, 125,
  141, 144
Newald, R. 88, 90, 101, 138
Nieschmidt, H. W. 132
Niesz, A. 50, 53
Niggl, G. 85
Ninger, K. 47, 71, 72, 145, 146,
  147, 148, 150
Nörr, D. 132
Nolle, R. W. 95, 97, 101, 129,
  135, 138
Novatian 67

Nowak, I. 31
Nuglisch, O. 94, 101, 129, 138

Oberufener Weihnachtsspiele 1
Oestreich, G. 29, 31, 137
Ogawa, M. 187
Oldenbourg, F. 171, 177
Olschki, L. 47, 48
Olsen, S. 45, 160, 163, 166, 167, 168, 181, 188
Omeis, D. 56, 57, 58, 62, 63, 65
Opitz, M. 1, 10, 13, 20, 21, 22, 23, 29, 37, 47, 49, 50, 51, 53, 55, 60, 62, 63, 65, 90, 103, 113, 119, 129, 134, 159, 160, 161, 167, 174, 175, 180, 182, 185, 187
Oppel, H. 40
Oppenheim, F. H. 34
Otto, K. F. 21
Overlack, G. 23

Pallavicino, F. 42
Palm, H. 2, 8, 96, 110, 129, 132, 141
Pandolfi, F. 41
Papst, W. 43
Parente, J. A. 17, 72
Pariser, L. 132
Passow, W. A. 137
Pasternack, G. 100, 137
Paulin, R. 183, 187
Paulsen, A. 175
Peschek, Chn. 140
Peschken, B. 133
Petersen, J. 2, 15
Petersen, J. W. 68
Petriconi, H. 43, 150
Petsch, R. 110, 125, 140, 144
Pfanner, H. 37, 38, 88, 90
Pfeiffer, E. 165
Pfeiffer-Belli, W. 179, 187
Pfund(t), G., siehe Pondo, G.
Pickelhering 27, 39, 41, 74, 83, 115, 117, 118, 180
Pietsch-Ebert, L. 124, 144
Piscator, E. 185
Plard, H. 14, 22, 23, 25, 26, 30, 31, 32, 34, 47, 97, 133, 188

Plato 49, 53, 60, 61, 62, 67, 68
Plautus 35, 36, 37, 38, 41, 50, 64, 67, 72, 73, 112, 170, 174
Plett, E. 140
Pörnbacher, K. 6
Pompejus, N. 169
Pondo, G. 10
Pontanus, J. 37, 49, 50, 51, 52, 55, 57, 58, 59, 61, 64, 65, 77, 79, 84, 85, 86, 87
Popp, G. 50, 54, 55, 57, 58, 65, 146
Porwig, J. 129
Post, H. v. 174
Postel, Chn. H. 10, 13, 45, 156, 159, 160, 163, 166, 167, 168, 170, 180, 181, 183
Pott, C. K. 31
Powell, P. H. 3, 4, 8, 12, 14, 34, 98, 117, 118, 133, 141, 143, 171, 177
Pradon, N. 33
Prang, H. 17, 110, 141
Prasch, J. L. 13, 72, 74, 75, 175
Price, L. M. 28, 40
Printz, W. C. 10
Prölß, R. 2, 15
Prohasel, P. 182
Pyritz, H. 14
Pyritz, I. VII, 1, 8, 10, 14, 72, 73, 74, 79, 80, 83, 84, 88, 95, 99, 103, 106, 108, 116, 121, 126, 152, 154, 157, 161, 162, 163, 164

Querlequitsch 124
Quinault, Ph. 43

Rabenalt, A. M. 137
Racine, J. 33
Rademann, H. 22, 187
Radičs, P. v. 8
Rädle, F. 6, 78, 80, 85, 87
Raehse, Th. 8
Raimund, F. 184
Rauch, Ch. 68
Razum, H. 164
Razzi, G. 35, 36

Reckling, F. 17, 21
Regenbogen, O. 23
Rehder, H. 187
Reibehand, C. F. 182
Reichelt, K. VII, 4, 11, 17, 30, 31, 34, 93, 94, 99, 129,133
Reinhaben, G. W. v. 46
Reinhardstöttner, K. v. 2, 18, 38, 78, 79, 85
Reiser, A. 66, 67, 68
Rembe, H. 11
Rener, F. M. 23
Rens, L. 31
Rettenpacher, S. 1, 4, 11, 38, 88, 89, 90
Rettler, A. 39, 40
Reuling, C. G. 40, 43, 142
Reuter, Chn. 1, 2, 3, 11, 13, 19, 35, 37, 39, 44, 113, 126, 127, 144, 145, 156, 170, 179, 180, 185, 187
Rhenanus, J. 150
Rhode, Th. 1, 37, 73, 75, 171
Ricaut, P. 32
Ricci, J. F.-A. 133
Richter, D. 54, 57, 64
Richter, G. G. 137
Richter, H. 7
Richter, J. D. 11
Richter, L. 140
Richter, W. VII, 28, 37, 39, 40, 48, 103, 109, 138, 141, 149, 150, 173, 178
Ridé, J. 76
Rieck, W. 123, 126, 141, 144, 169, 180, 187
Rieks, R. 43
Riemer, J. 3, 13, 30, 31, 91, 107, 108, 109, 139, 179
Riesel, E., siehe Grün-Riesel, E.
Rinckart, M. 1, 11, 13, 107
Rinser, L. 184
Rinuccini, O. 45, 161
Rist, J. 1, 3, 11, 13, 27, 37, 39, 41, 49, 50, 51, 55, 62, 69, 107, 139, 152, 153, 154, 164, 165, 170, 174, 175, 180, 183
Ritter, F. 187

Robertson, J. G. 39, 40
Robortello, F. 49, 61, 62
Roethe, G. 7, 72, 73, 76, 173
Rogge, A. 141
Rohr, G. 166
Rollenhagen, Gabriel 13
Rollenhagen, Georg 12, 13
Roloff, H.-G. VII, 5, 12, 18, 21, 35, 37, 73, 74, 75, 90, 151, 155, 164
Rolph, D. B. 187
Rommel, H. 184
Rommel, O. 3, 5, 15, 86, 116, 142
Ronsard, P. 53
Roose, W. A. 133
Rosefeldt, J. 75, 76
Rosner, F. 12
Rot, W. [Marianus] 12
Rotermund, E. 92, 93, 101, 102, 129, 138
Roth, N. 12
Rothweiler, P. 7
Rotrou, J. 87, 130
Rotth, A. 50, 51, 55, 56, 57, 58, 59, 61, 63, 64
Rouler, A. 1
Rudin, A. 17
Rudin, B. 129, 135, 175, 176, 177
Rudolph, J. 7
Rudolstädter Festspiele 41, 43, 113, 114, 121, 143, 151, 154, 180
Rue, Ch. de la 24
Rühl, P. 133
Rühle, F. 150
Rühle, G. 97, 185, 187
Rütsch, J. 18
Rusterholz, P. 99, 100, 112, 133, 138, 141, 187
Ryder, F. G. 133

Sachs, H. 21, 27, 117, 143
Sachs, H. G. 21
Sachse, R. 144
Sadil, M. 80
Sälzle, K. 91, 93, 127
Saint-Lazare, Sieur de 32, 34
Salvadori, A. 161

Sauer, A. 10
Sbarra, F. 160
Scaliger, Joseph 22
Scaliger, Julius Caesar 22, 49, 51, 53, 54, 55, 57, 59, 60, 61, 63
Scarron, P. 36
Schade, R. E. 76, 118, 141, 143
Schaefer, H. 74, 76
Schaefer, K. 110, 111, 125, 140, 144
Schaer, A. 9, 129
Schäublin, P. 97, 98, 133
Schaeve, H. 47
Schaffer, A. 143
Schaller, S. 12, 184
Scharnhorst, G. 133
Schauer, H. 109, 110
Schaufelberger, F. 137
Schebach, G. 12
Scheffner, J. G. 46
Scheibelauer, G. 9
Scheid, N. 2, 18, 38, 50, 51, 52, 54, 58, 77, 79, 84, 85, 86, 87, 117, 122, 143, 144, 150
Schelhammer, G. Chn. 33
Schenk, I. 142
Scher, H.-H. 47
Scherer, E. 7, 8
Schering, A. 11, 166
Scherle, A. 167
Scheurleer, Th. 31
Schiewek, I. 118, 119, 143
Schikaneder, E. 168
Schildknecht, W. 129
Schillemeit, J. 131
Schiller, J. F. v. 136, 182, 187
Schimmelpfennig, C. A. 79, 85
Schings, H.-J. VII, 3, 4, 18, 22, 23, 49, 50, 53, 54, 57, 59, 60, 61, 62, 63, 90, 91, 92, 93, 94, 95, 98, 100, 104, 105, 129, 133, 135, 139
Schlampampe 126, 127, 170, 180
Schlegel, J. E. 133, 182, 188
Schlenther, P. 123
Schletterer, H. M. 2, 11, 15, 152, 153, 159, 161, 165, 167, 183, 188

Schlienger, A. 41, 43, 114, 115, 116, 117, 118, 119, 120, 142, 143
Schlue, J. 12
Schmelzeisen, G. K. 133
Schmeling, M. 143
Schmid, Chn. H. 104
Schmidt, E. 25, 41, 43, 73, 74, 109, 142, 187
Schmidt, J. 68
Schmidt, J. H. K. 88
Schmidt, K. 181, 187
Schmidt, S. E. 168
Schneider, F. J. 9, 127, 144
Schneider, M. 46
Schnifis (Schnüffis), L. v. 12, 13
Schnur, F. 129, 187
Schoch, J. G. 1, 3, 12, 141
Schöffler, H. 98, 133
Schöne, A. VII, 4, 5, 9, 13, 18, 51, 53, 57, 92, 94, 98, 100, 102, 105, 129, 133, 139, 171, 178
Schönle, G. 29, 30, 31, 134
Schönrock, H. 140
Schönwerth, R. 28
Scholvin, J. 75
Schonaeus, C. 35
Schoolfield, G. C. 38, 122, 144
Schottelius, J. G. 1, 12, 13, 49, 153, 154, 165
Schröder, E. 9, 10
Schröder, G. 175
Schröder, J. 67, 68
Schubert, W. 106, 124, 141, 144
Schüling, H. 14
Schütt, P. 134
Schütz, H. 156, 161, 165
Schultz, D. M. 137
Schulz (-Burkhardt), D. 18
Schulz, G. 185, 187
Schulz, K. 134
Schulz-Behrend, G. 10
Schulze, J. 35, 37
Schulze, W. 167
Schupp, J. B. 68
Schuster, L. A. 12
Schwartz, R. 21
Schwarz, A. 47

Schwarz, D. 129
Schwarz, E. 187
Schwarz, S. 13
Schweigger, S. 75
Schwenter, D. 117
Schwetschke, G. 168, 177
Schwieger, J. 41
Scudéry, M. de 32
Seedorf, H. 152, 165
Selzer, A. 85
Seidlin, O. 187
Seneca VII, 20, 22, 23, 24, 29, 30, 58, 60, 62, 72, 84, 90, 99, 138, 139, 179
Seuffert, B. 170, 177
Sevelenberg, A. 75
Sexau, R. 18
Shakespeare, W. 27, 28, 35, 39, 75, 113, 130, 133, 135, 182
Sidney, Ph. 47, 146
Sieveke, F. G. 6, 77, 86
Silz, W. 38, 130, 144
Sim(e)ons, J. 25
Simmel, G. 173
Sinemus, V. 52
Singer, H. 4, 18
Skopnik, G. 76, 178
Skrine, P. N. 15, 31, 137
Sommer, C. 20, 51
Solon 68
Sommerfeld, M. 5, 129
Sommervogel, C. 85
Sonnenburg, F. 163, 168
Sophie Elisabeth v. Braunschweig-Lüneburg 3, 12, 155, 164
Sophokles 20, 22, 72, 90, 179
Sorg, N. 4, 18, 108, 139
South, M. S. 97, 98, 134
Spahr, B. L. VI, 6, 134, 150
Spangenberg, W. 1, 3, 12, 20, 90
Spellerberg, G. 4, 8, 18, 22, 24, 32, 34, 99, 100, 102, 103, 104, 105, 129, 134, 137, 138, 174, 177, 179, 188
Spener, J. 68
Spengler, F. 9, 112
Stachel, P. VII, 22, 24, 26, 29, 31, 97, 104, 105, 135, 138, 139

Stackhouse, J. G. 134, 135
Staden, S. v. 150, 162, 168
Stahl, K.-H. 52
Staiger, E. 52, 61, 127, 134
Stalder, X. 134
Stammler, W. 21
Stapel, E. 152, 165
Stefanek, P. 51, 60
Steffen, H. 19, 138
Steger, H. 104
Steinberg, H. 99
Steinhagen, H. 90, 93, 95, 96, 97, 98, 129, 135, 173, 178
Steinmetz, H. 125, 144
Stelz, M. 43, 44
Stickler, M. 167
Stiefel, A. L. 21
Stieler, C. v. 13, 27, 41, 42, 46, 58, 63, 65, 66, 145, 148, 149, 150, 160
Stopp, F. 76
Strada, V. 49
Stranitzky, J. A. 184
Strasser, G. 97, 134
Strauß, D. F. 7, 73, 76
Streicher, H. 137
Streller, S. 145
Strich, F. 127
Strutz, A. 134
Stübel, B. 12
Stümcke, H. 11, 183
Süß, W. 6, 74, 76, 184
Suringar, W. H. D. 9
Szarota, E. M. 4, 18, 25, 26, 30, 31, 48, 77, 78, 79, 81, 85, 86, 88, 98, 99, 100, 101, 103, 104, 105, 111, 134, 137, 138, 139, 141, 184, 187
Szondi, P. 97, 134
Szyrocki, M. 3, 4, 8, 51, 98, 99, 104, 118, 119, 134, 138, 143

Tacitus 23, 34
Tarot, R. 6, 9, 11, 14, 38, 52, 65, 79, 80, 81, 82, 86, 88, 96, 100, 134, 138, 145, 184, 187, 188
Tasso, T. 45, 46, 145, 149
Taylor, I. C. M. 165

Teichmann, H. 88
Telemann, G. Ph. 166
Terenz 35, 36, 37, 38, 67, 72, 112, 169, 174
Tertullian 67
Theile, W. 43
Theokrit 145, 147
Theuerkauf, N. 12
Thiel, E. 166
Thomasius, Chn. 144
Thomasius, J. 144
Thomke, H. 13, 69, 70
Tieck, L. 183
Tiedemann, R. 185
Tiemann, H. 45
Tintelnot, H. 18
Tiroler Fronleichnamsspiele 1, 5
Tisch (-Wackernagel), J. H. 88, 97, 134, 135, 143
Tittmann, J. 8, 41, 145, 157
Titz, J. P. 49, 51, 55
Tolle, H. 145, 148, 149, 150
Torelli, J. 85, 86
Trautmann, K. 187
Trenkle, J. B. 144
Treppmann, E. 18
Tieschler, V. 172
Tristan de l'Hermite 32
Trunz, E. 3, 14, 15, 18, 114, 169, 173, 174, 177
Tscherning, A. 13, 49, 161
Turk, H. 94, 97, 135

Übleis, G. 90
Ukena, P. 177
Ulmer, B. 129, 161, 167
Unwerth, W. v. 26, 141

Van Abbé, D. 21
Valentin, J.-M. VII, 4, 6, 14, 18, 23, 24, 34, 53, 67, 68, 70, 77, 78, 79, 80, 81, 83, 84, 86, 87, 122, 170, 178, 184, 187
Vennemann, Th. 135
Verhofstadt, E. 100, 103, 138
Velten, J. 43, 67
Vergil 145, 147

Vernulaeus/Vernulz, N. de 1, 12, 13, 75
Viëtor, K. 98, 173, 178
Villinger Passionsspiel 2, 12
Viperano, G. A. 49
Virdung, M. 22, 75
Vives, J. 121, 122
Vizkelety, A. 12
Vogler, F. 135
Vogt, E. 3, 18
Vondel, J. v. d. 29, 30, 31, 44, 45, 90, 113
Vormbaum, R. 37
Vormweg, H. 182, 187
Vos, J. 30
Vossius, G. 49
Voßkamp, W. 9, 18, 91, 97, 100, 130, 135, 138

Wagener, H. 135
Wagener, L. 187
Wagenknecht, Chn. 164, 169, 171, 178
Wagner, J. 3, 13
Wainwright, E. 21
Waldung, W. 75
Wallenstein 1
Walter, B. 165
Walter, C. 165
Wanner, I. 18
Waterhouse, G. 40
Weddige, H. 77
Weevers, Th. 29, 31, 45
Wehrli, M. 5, 6, 18, 26, 77, 80, 81, 82, 88, 98, 184, 187
Weier, W. 100, 129, 138
Weise, Chn. 1, 2, 3, 13, 16, 17, 19, 26, 27, 35, 37, 39, 40, 42, 44, 50, 52, 54, 56, 57, 58, 59, 63, 87, 91, 93, 107, 109, 110, 111, 112, 113, 116, 122, 123, 124, 125, 126, 139, 140, 141, 144, 170, 173, 174, 176, 179, 180, 182, 184, 185, 186
Weise, O. 124
Weismann, W. 67, 68, 70
Weitenauer, I. 77
Weithase, I. 165

Weller, E. 86
Welzig, W. 98, 130, 135
Wentzlaff-Eggebert, F.-W. 4, 18, 100, 102, 135, 138
Werfel, F. 183
Werlen, I. 9
Werner, I. 29
Werner, R. M. 104, 182 f., 187
Wessels, P. B. 135
Westermayer, G. 84, 87
Wetter, J. 3, 13, 69
Wheelis, S. 73, 77
Wich, 110, 111, 123, 124, 125, 141, 144
Wichert-Fife, H. 141
Wiedemann, C. VI, VII, 4, 9, 19, 93, 130, 147, 150, 157, 158, 163, 166, 175
Wiedmann, E. 7
Wiegmann, H. 49, 52, 53, 54, 60
Wiese, B. v. 15, 51, 88, 131
Wilpert, G. v. 169
Wimmer, R. 23, 24, 80, 81, 82, 84, 87
Windfuhr, M. 130, 181, 188
Winkler, J. 67, 68
Winniczuk, L. 35, 37
Wintterlin, D. 135
Witkowski, G. 7, 11, 127
Wodick, W. 27, 29, 35, 37, 39, 40
Wolff, H. Chn. 156, 163, 166, 167, 168

Wolff, M. J. 19, 109, 141
Wolters, P. 135
Wonisch, O. 7
Wright, B. D. 179, 188
Wünzer, M. 183, 184, 188
Wunberg, G. 188
Wuttke, D. 43
Wysocki, L. 105, 139
Wyß, H. 21

Zarncke, F. 2, 19, 126, 145, 169, 170, 180, 188
Zarneckow, M. 111
Zeidler, Chn. 17, 91, 107, 139
Zeidler, J. 19, 25, 26
Zelewitz, K. 89, 90
Zeller, K. 4, 19, 50, 56, 57, 58, 106, 107, 110, 111, 116, 122, 123, 124, 125, 126, 141, 142, 144, 173, 175, 176, 178, 182, 188
Zesen, Ph. v. 33, 46, 124, 152
Ziegler, K. 15, 71, 72, 98, 126, 135, 145
Zielske, H. 99, 135
Zigler und Kliphausen, H. A. v. 13, 76, 179, 186, 187
Zirnbauer, H. 14
Zschokke, H. 183
Żyguĺski, Z. 32, 135

SAMMLUNG METZLER

M   1   Raabe *Einführung in die Bücherkunde*
M   4   Grimm *Bertolt Brecht*
M   5   Moser *Annalen der deutschen Sprache*
M   6   Schlawe *Literarische Zeitschriften 1885–1910*
M   7   Weber/Hoffmann *Nibelungenlied*
M   8   Meyer *Eduard Mörike*
M   9   Rosenfeld *Legende*
M 10   Singer *Der galante Roman*
M 12   Nagel *Meistersang*
M 13   Bangen *Die schriftliche Form germanist. Arbeiten*
M 14   Eis *Mittelalterliche Fachliteratur*
M 15   Weber/Hoffmann *Gottfried von Straßburg*
M 16   Lüthi *Märchen*
M 17   Wapnewski *Hartmann von Aue*
M 18   Meetz *Friedrich Hebbel*
M 19   Schröder *Spielmannsepik*
M 20   Ryan *Friedrich Hölderlin*
M 22   Danzel *Zur Literatur und Philosophie der Goethezeit*
M 24   Schlawe *Literarische Zeitschriften 1910–1933*
M 25   Anger *Literarisches Rokoko*
M 26   Wodtke *Gottfried Benn*
M 27   von Wiese *Novelle*
M 28   Frenzel *Stoff-, Motiv- und Symbolforschung*
M 29   Rotermund *Christian Hofmann von Hofmannswaldau*
M 30   Galley *Heinrich Heine*
M 31   Müller *Franz Grillparzer*
M 32   Wisniewski *Kudrun*
M 33   Soeteman *Deutsche geistliche Dichtung des 11. u. 12. Jh.s*
M 34   Taylor *Melodien des Mittelalters I: Darstellung*
M 35   Taylor *Melodien des Mittelalters II: Materialien*
M 36   Bumke *Wolfram von Eschenbach*
M 37   Engel *Handlung, Gespräch u. Erzählung. Faksimiledruck*
M 38   Brogsitter *Artusepik*
M 40   Halbach *Walther von der Vogelweide*
M 41   Hermand *Literaturwissenschaft und Kunstwissenschaft*
M 43   Glinz *Deutsche Syntax*
M 44   Nagel *Hrotsvit von Gandersheim*
M 45   Lipsius *Von der Bestendigkeit. Faksimiledruck*
M 46   Hecht *Christian Reuter*
M 47   Steinmetz *Die Komödie der Aufklärung*
M 48   Stutz *Gotische Literaturdenkmäler*
M 49   Salzmann *Kurze Abhandlungen. Faksimiledruck*
M 50   Koopmann *Friedrich Schiller I: 1759–1794*
M 51   Koopmann *Friedrich Schiller II: 1794–1805*
M 52   Suppan *Volkslied*
M 53   Hain *Rätsel*
M 54   Huet *Traité de l'origine des romans. Faksimiledruck*

M 55 Röhrich *Sage*
M 56 Catholy *Fastnachtspiel*
M 57 Siegrist *Albrecht von Haller*
M 58 Durzak *Hermann Broch*
M 59 Behrmann *Einführung in die Analyse von Prosatexten*
M 60 Fehr *Jeremias Gotthelf*
M 61 Geiger *Reise eines Erdbewohners i. d. Mars. Faksimiledruck*
M 62 Pütz *Friedrich Nietzsche*
M 63 Böschenstein-Schäfer *Idylle*
M 64 Hoffmann *Altdeutsche Metrik*
M 65 Guthke *Gotthold Ephraim Lessing*
M 66 Leibfried *Fabel*
M 67 von See *Germanische Verskunst*
M 68 Kimpel *Der Roman der Aufklärung (1670–1774)*
M 69 Moritz *Andreas Hartknopf. Faksimiledruck*
M 70 Schlegel *Gespräch über die Poesie. Faksimiledruck*
M 71 Helmers *Wilhelm Raabe*
M 72 Düwel *Einführung in die Runenkunde*
M 73 Raabe *Einführung in die Quellenkunde*
M 74 Raabe *Quellenrepertorium*
M 75 Hoefert *Das Drama des Naturalismus*
M 76 Mannack *Andreas Gryphius*
M 77 Straßner *Schwank*
M 78 Schier *Saga*
M 79 Weber-Kellermann *Deutsche Volkskunde*
M 80 Kully *Johann Peter Hebel*
M 81 Jost *Literarischer Jugendstil*
M 82 Reichmann *Germanistische Lexikologie*
M 83 Haas *Essay*
M 84 Boeschenstein *Gottfried Keller*
M 85 Boerner *Tagebuch*
M 86 Sjölin *Einführung in das Friesische*
M 87 Sandkühler *Schelling*
M 88 Opitz *Jugendschriften. Faksimiledruck*
M 89 Behrmann *Einführung in die Analyse von Verstexten*
M 90 Winkler *Stefan George*
M 91 Schweikert *Jean Paul*
M 92 Hein *Ferdinand Raimund*
M 93 Barth *Literarisches Weimar. 16.–20. Jh.*
M 94 Könneker *Hans Sachs*
M 95 Sommer *Christoph Martin Wieland*
M 96 van Ingen *Philipp von Zesen*
M 97 Asmuth *Daniel Casper von Lohenstein*
M 98 Schulte-Sasse *Literarische Wertung*
M 99 Weydt *H. J. Chr. von Grimmelshausen*
M 100 Denecke *Jacob Grimm und sein Bruder Wilhelm*
M 101 Grothe *Anekdote*
M 102 Fehr *Conrad Ferdinand Meyer*
M 103 Sowinski *Lehrhafte Dichtung des Mittelalters*
M 104 Heike *Phonologie*
M 105 Prangel *Alfred Döblin*
M 106 Uecker *Germanische Heldensage*
M 107 Hoefert *Gerhart Hauptmann*
M 108 Werner *Phonemik des Deutschen*

M 109   Otto *Sprachgesellschaften des 17. Jh.*
M 110   Winkler *George-Kreis*
M 111   Orendel *Der Graue Rock (Faksimileausgabe)*
M 112   Schlawe *Neudeutsche Metrik*
M 113   Bender *Bodmer/Breitinger*
M 114   Jolles *Theodor Fontane*
M 115   Foltin *Franz Werfel*
M 116   Guthke *Das deutsche bürgerliche Trauerspiel*
M 117   Nägele *J. P. Jacobsen*
M 118   Schiller *Anthologie auf das Jahr 1782 (Faksimileausgabe)*
M 119   Hoffmeister *Petrarkistische Lyrik*
M 120   Soudek *Meister Eckhart*
M 121   Hocks/Schmidt *Lit. u. polit. Zeitschriften 1789–1805*
M 122   Vinçon *Theodor Storm*
M 123   Buntz *Die deutsche Alexanderdichtung des Mittelalters*
M 124   Saas *Georg Trakl*
M 126   Klopstock *Oden und Elegien (Faksimileausgabe)*
M 127   Biesterfeld *Die literarische Utopie*
M 128   Meid *Barockroman*
M 129   King *Literarische Zeitschriften 1945–1970*
M 130   Petzoldt *Bänkelsang*
M 131   Fischer *Karl Kraus*
M 132   Stein *Epochenproblem »Vormärz« (1815–1848)*
M 133   Koch *Das deutsche Singspiel*
M 134   Christiansen *Fritz Reuter*
M 135   Kartschoke *Altdeutsche Bibeldichtung*
M 136   Koester *Hermann Hesse*
M 138   Dietz *Franz Kafka*
M 140   Groseclose/Murdoch *Ahd. poetis be Denkmäler*
M 141   Franzen *Martin Heidegger*
M 142   Ketelsen *Völkisch-nationale und NS-Literatur*
M 143   Jörgensen *Johann Georg Hamann*
M 144   Schutte *Lyrik des deutschen Naturalismus (1885–1893)*
M 145   Hein *Dorfgeschichte*
M 146   Daus *Zola und der französische Naturalismus*
M 147   Daus *Das Theater des Absurden*
M 148   Grimm u. a. *Einführung in die frz. Lit.wissenschaft*
M 149   Ludwig *Arbeiterliteratur in Deutschland*
M 150   Stephan *Literarischer Jakobinismus in Deutschland*
M 151   Haymes *Das mündliche Epos*
M 152   Widhammer *Literaturtheorie des Realismus*
M 153   Schneider A. *v. Droste-Hülshoff*
M 154   Röhrich-Mieder *Sprichwort*
M 155   Tismar *Kunstmärchen*
M 156   Steiner *Georg Forster*
M 157   Aust *Literatur des Realismus*
M 158   Fähnders *Proletarisch-revolutionäre Literatur*
M 159   Knapp *Georg Büchner*
M 160   Wiegmann *Geschichte der Poetik*
M 161   Brockmeier *François Villon*
M 162   Wetzel *Romanische Novelle*
M 163   Pape *Wilhelm Busch*
M 164   Siegel *Die Reportage*
M 165   Dinse/Liptzin *Jiddische Literatur*

M 166 Köpf *Märendichtung*
M 167 Ebert *Historische Syntax d. Deutschen*
M 168 Bernstein *Literatur d. deutschen Frühhumanismus*
M 169 Leibfried/Werle *Texte z. Theorie d. Fabel*
M 170 Hoffmeister *Deutsche u. europ. Romantik*
M 171 Peter *Friedrich Schlegel*
M 172 Würffel *Das deutsche Hörspiel*
M 173 Petersen *Max Frisch*
M 174 Wilke *Zeitschriften des 18. Jahrhunderts I: Grundlegung*
M 175 Wilke *Zeitschriften des 18. Jahrhunderts II: Repertorium*
M 176 Hausmann *François Rabelais*
M 177 Schlütter *Das Sonett*
M 178 Paul *August Strindberg*
M 179 Neuhaus *Günter Grass*
M 180 Barnouw *Elias Canetti*
M 181 Kröll *Gruppe 47*
M 182 Helferich *G. W. Fr. Hegel*
M 183 Schwenger *Literaturproduktion*
M 184 Naumann *Literaturtheorie u. Geschichtsphilosophie, Teil I*
M 185 Paulin *Ludwig Tieck*
M 186 Naumann *Adalbert Stifter*
M 187 Ollig *Der Neukantianismus*
M 188 Asmuth *Dramenanalyse*
M 189 Haupt *Heinrich Mann*
M 190 Zima *Textsoziologie*
M 191 Nusser *Der Kriminalroman*
M 192 Weißert *Ballade*
M 193 Wolf *Martin Luther*
M 194 Reese *Literarische Rezeption*.
M 195 Schrimpf *Karl Philipp Moritz*
M 196 Knapp *Friedrich Dürrenmatt*
M 197 Schulz *Heiner Müller*
M 198 Pilz *Phraseologie*
M 199 Siegel *Sowjetische Literaturtheorie*
M 201 Kaempfer *Ernst Jünger*
M 202 Bayertz *Wissenschaftstheorie u. Paradigma-Begriff*
M 203 Korte *Georg Heym*
M 204 Weissberg *Edgar Allan Poe*
M 205 Wisniewski *Dietrichepik*
M 206 Apel *Literarische Übersetzung*
M 207 Wehdeking *Alfred Andersch*
M 208 Fricke, *Aphorismus*
M 209 Alexander, *Das deutsche Barockdrama*
M 210 Krull, *Prosa des Expressionismus*
M 211 Hansen, *Thomas Mann*
M 212 Grimm, *Molière*
M 213 Kashinger-Riley, *Clemens Brentano*
M 214 Selbmann, *Der deutsche Bildungsroman*

Printed in the United States
By Bookmasters